U0086234

世界哲學家叢書

伏　爾　泰

李鳳鳴著

1995

東大圖書公司印行

國立中央圖書館出版品預行編目資料

伏爾泰／李鳳鳴著. -- 初版. -- 臺北市：東大發行：三民總經銷，民84
面； 公分. --(世界哲學家叢書)
參考書目：面
含索引
ISBN 957-19-1730-3 (精裝)
ISBN 957-19-1731-1 (平裝)

1. 伏爾泰 (Voltaire, François Marie Arouet de. 1694-1778)
—學術思想—哲學

146.44　　84001134

©伏爾泰

著作人　李鳳鳴
發行人　劉仲文
著作財產權人　東大圖書股份有限公司
臺北市復興北路三八六號
發行所　東大圖書股份有限公司
地址／臺北市復興
郵撥／
印刷所　東大圖
總經銷　三民
門市部
基本定價
行政院新聞局登記證局版臺業字第〇一九七號

有著作權·不准侵害

114061

ISBN 957-19-1731-1 (平裝)

「世界哲學家叢書」總序

本叢書的出版計畫原先出於三民書局董事長劉振強先生多年來的構想，曾先向政通提出，並希望我們兩人共同負責主編工作。一九八四年二月底，偉勳應邀訪問香港中文大學哲學系，三月中旬順道來臺，卽與政通拜訪劉先生，在三民書局二樓辦公室商談有關叢書出版的初步計畫。我們十分贊同劉先生的構想，認為此套叢書（預計百册以上）如能順利完成，當是學術文化出版事業的一大創舉與突破，也就當場答應劉先生的誠懇邀請，共同擔任叢書主編。兩人私下也為叢書的計畫討論多次，擬定了「撰稿細則」，以求各書可循的統一規格，尤其在內容上特別要求各書必須包括(1)原哲學思想家的生平；(2)時代背景與社會環境；(3)思想傳承與改造；(4)思想特徵及其獨創性；(5)歷史地位；(6)對後世的影響（包括歷代對他的評價），以及(7)思想的現代意義。

作為叢書主編，我們都了解到，以目前極有限的財源、人力與時間，要去完成多達三、四百册的大規模而齊全的叢書，根本是不可能的事。光就人力一點來說，少數教授學者由於個人的某些困難（如筆債太多之類），不克參加；因此我們曾對較有餘力的簽約作者，暗示過繼續邀請他們多撰一兩本書的可能性。遺憾的是，此刻在政治上整個中國仍然處於「一分為二」的艱苦狀態，加上馬列教條的種種限制，我們不可能邀請大陸學者參與撰寫工作。不過到目前為止，我們已經獲得八十位以上海內外的學者精英全力支持，包括臺灣、香港、新加坡、澳洲、美國、西德與加拿大七個地區；難得的是，更包括了日本與大韓民國好多位名流學者加入叢書作者的陣容，增加不少叢書的國際光彩。韓國的國際退溪學會也在定期月刊《退溪學界消息》鄭重推薦叢書兩次，我們藉此機會表示謝意。

原則上，本叢書應該包括古今中外所有著名的哲學思想家，但是除了財源問題之外也有人才不足的實際困難。就西方哲學來說，一大半作者的專長與興趣都集中在現代哲學部門，反映著我們在近代哲學的專門人才不太充足。再就東方哲學而言，印度哲學部門很難找到適當的專家與作者；至於貫穿整個亞洲思想文化的佛教部門，在中、韓兩國的佛敎思想家方面雖有十位左右的作者參加，日本佛教與印度佛教方面卻仍近乎空白。人才與作者最多的是在儒家思想家這個部門，包括中、韓、日三國的儒學發展在內，最能令人滿意。總之，我們尋找叢書作者所遭遇到的這些困難，對於我們有一學術研究的重要啓示（或不如說是警號）：我們在印度思想、日本佛教以及西方哲學方面至今仍無高度的研究成果，我們必須早日設法彌補這些方面的人才缺失，以便提高我們的學術水平。相比之下，鄰邦日本一百多年來已造就了東西方哲學幾乎每一部門的專家學者，足資借鏡，有待我們迎頭趕上。

以儒、道、佛三家為主的中國哲學，可以說是傳統中國思想與文化的本有根基，有待我們經過一番批判的繼承與創造的發展，重新提高它在世界哲學應有的地位。為了解決此一時代課題，我們實有必要重新比較中國哲學與（包括西方與日、韓、印等東方國家在內的）外國哲學的優劣長短，從中設法開闢一條合乎未來中國所需求的哲學理路。我們衷心盼望，本叢書將有助於讀者對此時代課題的深切關注與反思，且有助於中外哲學之間更進一步的交流與會通。

最後，我們應該強調，中國目前雖仍處於「一分為二」的政治局面，但是海峽兩岸的每一知識分子都應具有「文化中國」的共識共認，為了祖國傳統思想與文化的繼往開來承擔一份責任，這也是我們主編「世界哲學家叢書」的一大旨趣。

傅偉勳　韋政通

一九八六年五月四日

自序

歐洲經過中世紀千年封建黑暗統治之後，發生了一系列激烈的社會變革，展開一幅波瀾壯濶的近代史畫卷。其中最為著名、對歷史的走向影響深遠的事件，首推1517年在德國發生的路德宗教改革運動，繼之為1640年爆發的英國革命和1789年開始的法國大革命。在接連三個世紀裡分別發生在西歐三個大國的三次歷史大搏鬥中，法國大革命聲勢最大，革命最徹底，對西歐資本主義制度的確立起了決定性作用。法國大革命之所以能取得這樣的成功和產生這樣大的影響，除去有其政治、經濟和社會歷史的原因之外，著名的十八世紀法國啓蒙運動為這次革命作了思想上和理論上的長期準備，是一個十分重要的因素。

要瞭解十八世紀 法國啓蒙運動， 必然要研究啓蒙巨人伏爾泰。伏爾泰是法國啓蒙運動公認的領袖和導師，是這一場法國資產階級發動和領導的第三等級思想解放運動的靈魂。伏爾泰享年八十四歲，在啓蒙運動中積極活動了六十餘年。高壽使他有幸幾乎經歷了啓蒙運動歷史發展的全過程。他多才飽學，博大精深，旣是哲學家、史學家、政論家，又是詩人、小說家、劇作家。他的成就遍及人文科學的所有部門，而且在他所涉足的每一領域，都成為才華橫溢的巨匠。他的著作極為豐富，十八世紀末編輯的第一部《伏爾泰全集》八開本有七十卷，十二開本竟達九十卷之巨，僅他的內容豐富、文筆俏麗的書信就編了十卷以上。中國人喜歡用「著作等身」讚美一位學者的成就，實際上古今中外真正堪享此譽的人寥若晨星，而伏爾泰卻當之無愧。

本書擬在十八世紀法國啓蒙運動的廣濶背景下，拓寬視野，全方位追踪伏爾泰的歷史足跡；同時著眼於他的主要學術著作，深入開掘伏爾泰作為啓蒙泰斗的思想底蘊，力圖通過廣度和深度兩個座標點，重現一代大師的歷史風采。

伏爾泰是「通才」，但首先是一位哲學家。

以上議論權作本書作者自序。或許這是一篇不合通例的序言。但是對於讀者來說，重要的是伏爾泰，而不是作者如何寫作《伏爾泰》。研究和寫作的辛勞盡在書中，用不著在序裡表白。

李鳳鳴
1994年3月於北京中國
社會科學院哲學研究所

伏爾泰 目次

第三章　伏爾泰的自然神論及其對宗教迷誤的批判

第四章　伏爾泰的政治哲學及其反對封建專制主義的鬥爭

第五章　伏爾泰的美學思想及其文藝創作實踐

第六章　伏爾泰的歷史哲學及其對西方史學的貢獻

第七章　伏爾泰與中國傳統文化

他的武器是什麼

那就是電閃雷鳴般的一枝筆

他用這個武器戰鬥

他用這個武器取勝

維克多•雨果

1878年5月3日在巴黎紀念伏爾
泰逝世 100 週年大會上的演說

第一章　伏爾泰生活戰鬥的歷史舞臺
——十八世紀法國啓蒙運動

一、啓蒙運動興起的社會條件

法國是一個古老的封建國家。早在西元五世紀末封建制度已在法國初步建立起來。經過中世紀漫長的封建割據和教會統治，到了十六世紀，隨著資本主義生產關係的產生和發展，傳統的封建秩序發生變化，在一部分貴族和力量不斷壯大的市民階級支持下，王權得到加強，地方割據勢力被削弱，建立起以國王爲首的高度中央集權體制，法國社會進入封建君主專制時期。十七世紀後半葉路易十四（1643-1715）執政時，法國空前強盛，稱霸歐洲，封建專制制度發展到頂峰。

路易十四1648年時年五歲登基，在位七十二年，親政五十五年，是法國歷史上頗負盛名的「太陽王」。1661年路易十四親政以後，採取措施獨攬大權，宣稱「朕卽國家」，依靠羅馬天主教會的支持，打擊與其爭權的封建貴族和高等法院的法官，強化國家機器，親自主持國務會議，聽取大臣的報告，簽署一切國事公文，向各省派駐握有財政、司法、行政和軍事大權的官吏，親自任命各城市的官員，實行高度專制統治　。

路易十四任命柯爾柏（1665-1683）爲財政總監，積極推行重商主義政策，開闢生財之道，力求增加國家經濟實力。爲此，專制政府採取了一系列有力措施，一方面改革稅收制度，增加國庫收入，一方面舉辦大規模手工工場，開鑿運河，修築道路，取消一部分國內關卡，降低商品稅率，獎勵工業生產，設立許多專利特許貿易公司，建立龐大艦隊供軍事和貿易使用，並積極參加西歐各國掠奪海外殖民地的競爭。推行重商主義政策的結果，法國不但有了規模宏大的王家手工工場，而且出現了肥皂廠、冶煉廠、造船廠、火藥廠、兵器廠、紡織廠、織毯廠、工具廠、車輛廠等各業手工工場，法國仿製的威尼斯式鏡子和花邊、英國式襪子、荷蘭式呢絨以及德國式銅器，暢銷歐洲各國。重商主義力爭對外貿易順差，柯爾柏創立的享有壟斷特權的東印度公司、西印度公司、北方公司、中東公司、近東公司等對外貿易公司，加強了王國政府與各法屬殖民地的聯繫。當時法國的殖民地包括加拿大、阿卡地、紐芬蘭、密西西比河流域、路易斯安娜、安的列斯群島、圭亞那、塞內加爾、波旁島、馬達加斯加、印度的本地治理和昌德納戈爾等美洲、非洲和亞洲廣大地區。

以經濟實力爲後盾，路易十四建立歐洲最強大的陸海軍。1667年法國陸軍不過七萬二千人，1703年達到四十萬，包括擁有四萬七千匹戰馬的騎兵和訓練有素的大量炮兵。海軍有戰艦兩百多艘，以敦刻爾克、瑟堡、羅什福、布雷斯特、土倫等良港爲基地，把觸角伸向世界各地。

然而盛極而衰。法國在路易十四長期專制統治的表面強盛之下，社會矛盾逐漸積累和日益激化，封建專制制度開始沒落，進入十八世紀以後，更面臨經濟、政治和思想領域的全面危機。

法國本是一個農業國家，農業是封建經濟的基礎。但是到了十八世紀，在專制王朝、封建領主和教會僧侶的重重盤剝之下，法國的農業形勢十分險惡。特別是貴族和僧侶兼併土地造成嚴重惡果。土地大量集中，農民負擔沈重。全國土地的三分之二被三十四萬貴族和僧侶占有，占全國人口絕大多數的二千三百萬農民卻只占有土地的三分之一。農村中大部分是所謂「份地農」，他們在土地和司法關係上依附封建領主，一些地區甚至還存在更為落後的農奴制。農民除遭受領主殘酷盤剝外，還要向國家和教會繳納人丁稅、什一稅等各種苛捐雜稅。敲骨吸髓的封建剝削，使得農村普遍凋敝，農民紛紛棄家外逃。豐年滿目瘡痍，荒年餓殍載道。1777年，法國竟有十萬名乞丐。一個當時記載的文件說，法國貧苦農民吃野菜，穿樹皮，「像蒼蠅一樣地死亡」。總之，十八世紀的法國農村一片衰敗景象，封建專制制度的經濟基礎遭到嚴重破壞。

與農業凋敝相應，專制王朝的財政也陷入困境。路易十四窮兵黷武，宮廷貴族縱情揮霍，早已把法國弄得民窮財盡。當西班牙王位繼承戰爭（1701-1713）結束時，法國政府的財政赤字高達二十五億里弗。被孟德斯鳩斥為「對自己的百姓貪求無厭」的路易十四，此時早已失去「太陽王」的光輝，甚至在他「駕崩」後，懾於群情激憤，宮廷治喪處不得不乘月昏夜黑偷偷出殯。繼位的路易十五（1715-1774）比路易十四有過之而無不及。他有一句傳世名言：今生盡夠享用，管它身後洪水滔天。他不但自己縱情揮霍，而且豢養四千家貴族長年居住在凡爾賽宮，靡費無度，入不敷出，時人稱宮廷為「國家的墳墓」。路易十五為挽救財政破產，任用蘇格蘭人約翰・勞進行財政改革。勞興辦銀行，濫發紙幣以清償大量國債，又發行西印度公司股票煽動投機狂熱，把路易十四以來實行的重商主義經濟政策推向極端。結果，約翰·勞的所謂改革在暫時刺激了一下現金流通和信貸發展以後，由於並無充分的工商業基礎，紙幣迅速貶值，銀行在擠兌風潮下倒閉，一些宮廷顯貴和大投機商發了橫財，許多富有的資產階級和大量小生產者傾家蕩產，法國財政更瀕臨絕境。孟德斯鳩曾譏諷這一「改革」猶如飲鴆止渴，說勞以爲已使法國恢復了豐腴，其實僅使她腫脹。從十八世紀三〇年代到六〇年代，法國又參加了歷時多年的波蘭王位繼承戰爭、奧地利王位繼承戰爭、對英國和普魯士的七年戰爭，耗費大量金錢和兵力，並使法國在北美和印度的殖民地都被英國攫取。巨額軍費和海外財源大大萎縮，進一步加重了財政危機。

農村普遍凋敝和政府陷入財政困境是一種併發症，它們生動地反映出十八世紀法國社會險惡的經濟形勢，封建專制王朝陷入了無法擺脫的經濟危機。

在經濟危機形成的同時，專制王朝的政治形勢也日趨黑暗。其主要表現爲，在等級森嚴的封建社會結構中，作爲統治階級的僧侶貴族和世俗貴族，與無權的第三等級廣大群衆處於尖銳的對立之中。路易十四的長期統治，早已養成許多隱患，路易十五當政以後，王權旁落，行政混亂，機構失靈，賄賂公行。貴族官僚昏庸暴虐，國王公然賣官鬻爵。專制王朝呈現一派末日景象。爲了維持搖搖欲墜的封建統治，軍隊和警察殘酷鎮壓此伏彼起的農民暴動和城市起義，恐怖氣氛瀰漫全國，社會矛盾空前尖銳。

在思想文化領域，爲封建專制制度塗灑靈光聖水的天主教教會勢力，肆無忌憚地推行文化專制主義和蒙昧主義，更進一步把法國推入黑暗的深淵。

羅馬天主教會是封建制度的國際中心。它建立了嚴密的封建教階制，把封建的西歐聯合爲一個政治體系，使各國的封建王權披上神聖外衣。同時，教會本身就是最有勢力的封建領主，擁有天主教世界三分之一的地產。因此歐洲各國反封建的革命鬥爭，總是首先向天主教會發難。

天主教是法國的國教，在法國植根極深。遠在西元二世紀基督教便傳入高盧。西元五世紀以來，它深入鄉村和城鎮，廣設教區和修道院，建立嚴密的教會組織，勢力遍及社會各領域，成爲封建制度的重要組成部分。到了十六世紀，法國人加爾文(1509-1564)，受馬丁·路德（1488-1546）宗教改革影響，在日內瓦創立新教教會，廢除主教制，代之以共和式長老制，以眞正法國式的尖銳性突出了宗教改革的資產階級性質，在法國市民階層產生廣泛影響，形成胡格諾教派。經過三十六年的宗教戰爭，波旁王朝的創立者亨利四世頒佈〈南特敕令〉，有限度地承認信教自由，才使胡格諾教派暫時取得合法地位，短時間打破天主教會在法國一統天下的局面。十七世紀中葉，法國大約有一百萬胡格諾教徒，主要居住在南部、西部、巴黎和亞爾薩斯。新教在資產階級和城市下層群眾中間很有影響，許多工業家、金融家、幫工和手工業者都是胡格諾教徒。1685年，路易十四在天主教會的唆使下，頒佈〈楓丹白露敕令〉，取消亨利四世寬容新教的〈南特敕令〉，強迫胡格諾教徒改信天主教，再次掀起迫害新教徒的狂潮。胡格諾教徒的教堂被拆毀，教士被放逐，禮拜儀式被禁止。宗教迫害迫使幾十萬新教徒逃離家園，把資本和技術帶到瑞士、德國、愛爾蘭和荷蘭，法國工業因此受到巨大損失。

但是無論宗教戰爭、〈南特敕令〉、〈楓丹白露敕令〉及其後果，都並未動搖天主教會在法國的絕對統治。在十八世紀，天主教會在法國擁有極大的政治和經濟勢力。遍佈全國的一千七百多座修道院和其他教會組織，擁有大量地產和資金，教會年收入高達三億五千萬里弗。一些大主教年俸三十萬里弗，與世俗貴族一樣過著奢侈豪華的生活。在政治上，高級僧侶身居政府要職，大權在握，更與世俗貴族結爲一體。

正由於天主教會在法國具有這樣強大的勢力和巨大利益，才可能和必然實行無孔不入的神權統治。在維護封建政權上，天主教會起著特殊重要作用。它利用一切宗教手段，控制人們的思想，支配文化生活，成爲專制王朝反動統治的精神支柱。王朝政府則頒佈限制言論自由的法令，嚴禁攻擊教會，違者處以極刑。教會教條同時就是政治信條，《聖經》詞句在各法庭中都有法律效力。

在法國天主教會中，「耶穌會」僧團充當了教會血腥統治的急先鋒。耶穌會在法國有星羅棋佈的據點網，不但控制官方輿論，它的一些教士還充當國王和宮廷顯貴的懺悔神父。他們手握大權，窮兇極惡地扼殺、撲滅科學與民主自由思想。他們的行動信條是：爲了教會的榮譽，一切手段都是好的。1759年，耶穌會爲了「紀念」查禁《百科全書》，居然專門鑄造了一塊紀念牌，上刻十字架踩躪地球儀和科學書籍的圖樣，並題字：被踩躪的無神論者的虛僞和智慧。由此可見天主教會的思想統治和文化專制主義達到了多麼狂妄的程度。

然而在科學方興未艾，民主思想四處傳播的十八世紀，天主教會的倒行逆施只能進一步激起進步人士的強烈反對，從而使專制王朝在思想文化領域也陷入了尖銳鬥爭和深刻危機，而且這方面的危機是促使啓蒙運動蓬勃發展的直接原因。

與法國封建制度出現全面危機恰成鮮明對照，法國的資本主義在十八世紀得到迅速發展，資產階級日益壯大，新的生產力和在法國城鄉到處出現的新的生產關係要求突破封建上層建築的束縛，歷史的進程把法國資產階級推向反封建鬥爭的社會舞臺。路易十四推行重商主義，鼓勵發展工商業，支持文化藝術活動，目的是增強專制王朝的經濟實力，加強王權，鞏固中央集權的封建專制制度，客觀上爲資本主義工商業的發展創造了條件。到了十八世紀，資產階級羽毛逐漸豐滿，與封建統治的矛盾也日益尖銳。富有的資產者不再甘心僅僅充當納稅人以供養高據於社會之上的宮廷顯貴和貴族僧侶的角色。封建社會固有的農民與封建主的矛盾和鬥爭在十八世紀的法國早已極端尖銳，法國資產階級的日益革命化，更給這種傳統的社會矛盾注入了全新的因素。資產階級開始成爲第三等級廣大群眾反對封建統治的領導者，使這種傳統的鬥爭發生了質的飛躍。舊式的農民反對地主貴族的沒有出路的鬥爭，此時變爲以資產階級爲首的第三等級人民大眾反對封建主義、創造新世界的自覺運動。第三等級各階層群眾革命力量的壯大既是封建專制王朝爆發全面危機的產物，又爲啓蒙運動和爾後的社會革命提供了堅實的階級基礎。

具體來說，進入十八世紀，法國成爲歐洲除英國以外工商業最發達的國家。法國的城市已有發達的工場手工業，大規模生產提上日程。例如里昂的絲織工人已有六萬五千餘人，亞爾薩斯等地的冶金業也有了相當規模。資本主義農場經營開始在北部一些地區發展。封建的生產關係已經成爲這種日益壯大的先進生產力的沈重桎梏。衰落的農村自然經濟，不能爲資本主義工商業提供自由勞動力、充分的原料和市場，而關稅壁壘、壓制自由貿易、封建行會制度扼殺先進技術、當權者巧取豪奪利用重稅等手段剝奪資產階級的利潤和資本積累等等，已令資產階級無法忍受。資產階級已有強大實力，渴望排除進一步發展經濟的巨大障礙。他們所代表的先進生產關係已經日趨成熟和鞏固，徹底戰勝陳腐的封建生產關係並取而代之，符合社會發展的方向。特別是當封建制度發生深刻危機，專制王朝頑固維護僧侶貴族反動統治而加強鎮壓措施時，更進一步堅定了法國資產階級的革命立場。例如，在反對天主教會的教權主義問題上，法國資產階級不可能像他們的德國兄弟那樣，通過宗教改革擺脫天主教會的統治，因爲法國教會與專制王朝緊密勾結，到處設立宗教裁判所，殘酷地實行宗教迫害，這種火與劍的血腥統治，使得法國新教徒胡格諾派只能逃亡國外；在參政問題上，法國資產階級也不可能像英國市民資產者那樣通過妥協與貴族分享政權。早先，他們之中一些人曾重金購買貴族頭銜，企圖憑藉金錢的力量晉身統治階層，但是路易十四宣佈，凡是花錢買來的貴族稱號一律作廢，即使是在司法界有一定勢力的「長袍貴族」，也難以忝列世家貴族行列，從而完全堵死了資產階級的政治晉身之路。法國資產階級只能同封建貴族徹底決裂，尋求農民和其他勞動群眾的支持，動員整個第三等級的力量同封建勢力對抗，用非宗教的、不妥協的、純粹政治的形式爭得自己的地位。這樣，作爲歐洲近代史上最大的一次資產階級反封建政治鬥爭的先導，十八世紀法國啓蒙運動便應運而生了。

二、啓蒙運動產生的科學背景

十八世紀法國啓蒙運動以高揚民主與科學精神著稱於世。「民主」自然指的是反對封建專制主義，追求人的解放，爭取平等、自由、財產和各項政治權利。各位啓蒙大師，通過他們各自的理論和學說，從不同角度和各個側面，描述了、論證了通達民主的途徑、方式和理想，無論是「君主立憲」、「社會契約」，還是「三權分立」、「人民主權」，諸般學說議論，無不浸透對民主的渴望。「科學」既是對偏執迷信而言，以之與教會神學和宗教狂熱對抗，又是倡導科學的精神和方法，以理性爲旗幟，探索自然的奧祕，宣傳教育的功效，期待科學研究在各個領域的突破與發展，追尋精神文明大步前進。

然而啓蒙運動本身卽是近代科學發展的產物。啓蒙思想家們的熱切追求，正有著深厚的科學背景。

歐洲隨著中世紀的結束、封建生產方式走向沒落和新的資本主義關係的產生，社會經濟生活爲自然科學的發展提供了強大動力。傳統的自然經濟極少依賴科學進步，新的資本主義生產方式卻需要能盡力發掘自然能力的科學和技術。正像封建專制制度在政治和經濟領域與資產階級發展生產力的要求發生衝突一樣，作爲封建專制制度精神支柱的天主教會及其宗教神學，也與適應生產力發展需要而誕生的近代科學處於對抗之中。中世紀以來天主教會迫使科學充當神學的奴婢，把科學禁錮於神學體系之中。1543年哥白尼（1473-1543）發表《天體運行論》一書，提出太陽中心說，推翻被天主教會奉爲正統的托勒密地球中心說，向神學發出了挑戰書，從此自然科學日新月異，飛奔向前。

在十七世紀的歐洲，以英國爲中心，基礎科學和應用科學迅速發展，取得出色成果，並且卓有成效地應用於航海技術和工業生產，顯示了強大生命力。各地陸續建立各種科學社團，科學研究日益活躍。英國於1660年成立皇家學會，並且取得重大科學研究成果，在歐洲享有盛譽。路易十四爲與英國爭雄，也於1666年建立法蘭西科學院，重金聘請意大利、荷蘭、丹麥等國科學家到法國工作。路易十四還於1661年下令修建天文臺，於1669年責成多米尼克·卡西尼和皮爾卡從事實地劃定子午線等宏偉工作。在英法兩國帶動下，後來普魯士和俄國也分別建立了柏林科學院和俄羅斯科學院。科學工作不再是分散的個人活動，而成爲有組織的事業和力量。歐洲進入十八世紀前後，自然科學更有重大發展，直接影響了啓蒙運動的產生和進程。

概述十八世紀自然科學狀況，可以看到如下兩個特點:

第一個特點是，數學和力學得到較爲完善的發展，實現了科學上的第一次大綜合。

數學和力學是文藝復興以來發展的最基本的自然科學學科。在十七世紀，隨著對數、解析幾何和微積分的建立，數學方法不斷完善。同時，由於不斷改進觀察和實驗手段，重視量的分析，力學的發展日趨精密化，逐漸形成統一完整的力學體系。開普勒（1571-1630）根據精確測算，發現了行星運動的三大規律，指出行星運動的軌道是橢圓形而不是正圓形，太陽則處在橢圓的焦點上，從而對哥白尼體系作了重要修正。伽利略（1564-1642）用望遠鏡開擴了人類的宇宙視野，並且發現了物體下落定律、慣性定律、拋物體運動定律等重要的力學規律。笛卡爾（1596-

1650）深入研究了動力學，作出了對物質的廣延、動量、質量、時間、空間等基本力學範疇的科學闡述，並且提出了動量守恆假說，宣稱：給我運動和廣延，我就能構造出世界。他的天體旋渦運動的假說，雖然缺乏科學的論證，卻是希圖把天體運動歸結爲受統一的力學規律支配的勇敢嘗試。然而，以上這些成就，都還是孤立的、分散的、零散的。對所有數學和力學成果進行科學上的首次大綜合，把地球上的物體和天體聯結起來，根據物質的普遍運動規律進行精確概括，確立完整的力學體系，這一艱巨科學課題，終於由生活於十七、十八世紀之交的英國偉大科學家牛頓完成。

牛頓（1642-1727）是經典物理學的奠基人。英國資產階級革命成功後的社會環境，爲他從事科學活動提供了良好條件。他在數學和物理學領域進行深入的創造性研究，取得了輝煌成就。這些成就，集中體現在他1687年出版的《自然哲學的數學原理》一書中。牛頓概括出三條動力學基本定律，即慣性定律、加速度定律和作用與反作用力相等定律，提出了萬有引力學說，證明了無論地球上的物體還是天體，都服從普遍一致的運動規律。牛頓用嚴密的數學方法，精確地描述了整個宇宙體系按照嚴格的自然規律構造和運動的和諧圖景。錯綜複雜、神祕遙遠的天體運動現象，全都可以科學地理解和預測。就連過去認爲神奇莫測、象徵災異的彗星，也可以描繪出它的運動軌跡。牛頓確立的經典物理學，使得人們可以比較科學地認識物質世界的統一性和物質運動的普遍規律，在科學和哲學上都具有重大意義。但是牛頓學說也有缺陷。首先是它的形而上學局限性。牛頓解釋的絕對空間、絕對時間，是與物質運動割裂的，他不瞭解時間空間不過是物質運動的存在方式，時空與物質不可分離；他只從機械運動的角度，把宇宙解釋成爲一部碩大無比的機器，開天闢地以來就是如此，沒有演化的歷史，不瞭解除機械運動之外，物質還有其他運動形式，而且後來的科學發現證明宇宙處於永恆的發展、變化、運動之中；他認爲物質運動的原因來自外力，要靠神的「第一推動力」來敲響「宇宙的時鐘」，並且要靠神經常對天體作些調整，來解釋當時還不能科學地予以說明的土星、木星運動不甚規則的現象。儘管如此，牛頓學說是科學上的一次重大革命，它支持、推動物理學發展達二百年之久。正是牛頓，在十八世紀培育了法國啓蒙思想，成爲法國唯物主義哲學的科學基礎。牛頓的學說是對宗教神學的沈重打擊。

許多法國啓蒙思想家都是牛頓學說的忠實信徒和熱情傳播者。伏爾泰首開其端。他在十八世紀三〇年代分別出版的《哲學通信》和《牛頓哲學原理》兩部著作中熱情地介紹牛頓，對在法國思想界和科學界傳播牛頓學說產生巨大影響。牛頓學說以其嚴謹、精確的科學性征服了法國的進步知識份子。例如，牛頓認爲地球赤道處的引力比兩極附近的引力小，因此地球的形狀不是正圓形，而是一個偏平的球，在南北兩極較平，在赤道凸出來。這一見解，在法國科學院引起激烈爭論。啓蒙學者、科學家莫柏都依（1693-1759）原先懷疑牛頓的說法，爲弄淸地球的眞實面貌，以便準確測定經度，莫柏都依等人組織了遠征隊，分別赴拉普蘭和祕魯測量當地一度經線的弧長，結果證明牛頓的見解是正確的。莫柏都依從此成爲牛頓學說的熱心倡導者。除伏爾泰、莫柏都依之外，其他法國啓蒙學者如狄德羅（1713-1784）、霍爾巴赫（1723-1789）等人，都致力於傳播牛頓學說，並從唯物主義無神論角度進行總結和哲學概括，使之成爲同宗教神學作戰的犀利武器。

牛頓學說不僅以其科學性啓廸人的心智，以其精確性戳穿宗教神學的荒誕體系，從而爲法國啓蒙學者提供了與天主教會和群衆性的宗教迷信鬥爭的利劍，使啓蒙學說具有堅實的科學基礎，而且它本身也在啓蒙運動中得到完善和發展，從而增強了十八世紀的法國人對牛頓的服膺和科學的信賴。在啓蒙精神薫陶下成長起來的法國科學家歐勒（1707-1783）、拉格朗日（1736-1813），以及拉普拉斯（1749-1827）等人，都對發展牛頓學說做出重要貢獻。例如拉普拉斯1770年以後仔細研究天體結構，證明太陽系是一個完善的可自行調節的天體系統，所謂土星和木星運行軌道不規則變動，原來只是它們的引力相互作用的結果，並不需要牛頓請上帝作局部調整。拉普拉斯還提出了著名的太陽系星雲起源的假說，提出天體並非亙古以來永存不變，而有其自身演化的歷史。據說拿破倫（1769-1821）曾問拉普拉斯，他在自己《宇宙體系論》這部著作中，爲什麼不提上帝是宇宙的創造者，拉普拉斯直率回答說：我不需要那個「假設」。

十八世紀自然科學發展的第二個特點，是此時除數學和力學得到比較充分的發展以外，其他各門科學處在搜集、整理材料階段，開始形成獨立的學科，取得了不同程度的進展，自然科學開始出現全面發展的趨勢。

化學已經從煉金術中解放出來。十八世紀上半葉，化學家之間還盛行燃素說，到了下半葉，法國的拉瓦錫（1743-1794）發現了空氣中的氧，奠定了實驗化學的基礎。地質說處於礦物調查階段。探險航行和地形勘察結合，形成了系統的地理學。哈維（1578-

1657）最終證實了血液循環學說，推動了生理解剖研究。在搜集、整理材料方面，生物學進展較快。瑞典植物分類學家林耐(1707-1778) 運用人爲分類方法，詳細確定了一萬八千種植物。但是他宣傳物種不變理論，與牛頓一起成爲十八世紀形而上學自然觀的代表。法國啓蒙學者、生物學家布封不同意林耐的分類法和物種不變論，在其1749年出版的巨著《自然史》中，提出自然分類法，運用比較解剖學的方法研究生物之間的親緣關係，指出生物有演化的歷史，生物界是一根由演化相連續的鏈條。布封顯然已爲十九世紀的達爾文（1809-1882）進化論作了準備。

在數學和力學比較完備，其他學科也開始形成或有重大進展的狀況下，十八世紀的科學家和哲學家試圖揭示各門具體科學之間的相互聯繫，形成關於自然的統一知識體系。生物學家布封提出自然界是統一的。哲學家狄德羅認爲自然界中一切事物都以不被察覺的差異而彼此連續。他們編撰《百科全書》，就是試圖建立一切科學和一切技術的譜系，體現組成自然界的那些事物或遠或近的聯繫，把以往的科學成果作爲相互聯繫的統一整體，作爲「人類知識之樹」表現出來。然而由於在十八世紀，自然科學的各個學科大多尚未充分發展，它們之間的內在聯繫還只是初現端倪，所以十八世紀的科學家和哲學家還未能掌握自然界各種運動形態之間的辯證關係。他們理解的「知識之樹」，他們構造的自然知識體系，還帶有較大的主觀性和虛構成分。他們看到了各門科學的聯繫，卻還不瞭解它們之間怎樣聯繫，所以只能把它們簡單地並列起來，只能採取百科全書的形式。

這就是十八世紀法國啓蒙運動產生和發展的科學背景。這就是法國啓蒙思想萌發、生長的自然科學土壤。這一背景和生長土壤，深刻影響了啓蒙思想的內涵。

科學促使法國啓蒙運動洋溢著崇尚理性、確信社會進步的樂觀主義精神。傑出的科學成果及其廣泛應用，推動著生產技術的進步。這使啓蒙思想家們深信，人只要從屈服於神轉而面向自然、征服自然，就能從愚昧和迷信中解放出來，獲得巨大力量，推動社會前進。科學的本質就是啓蒙，啓蒙必須依靠科學。科學能揭示自然之光，也能點燃理性之光，引導人們從黑暗走向光明。法國啓蒙思想家是科學戰士，他們大力倡導科學精神，研究自然科學，傳播科學知識，力圖以此來促進社會革新。

科學爲法國啓蒙學者提供了批判宗教神學的有力武器。十七、十八世紀自然科學的長足進步，使許多神學教條不攻自破。科學使客觀世界物質統一性的本來面貌日益清晰地展現在人們面前，宗教信仰體系的荒誕不經便易於爲人們認識。崇尚科學的法國啓蒙思想家運用科學的武器，批判天主教信仰主義和矇昧主義，不僅具有摧枯拉朽的氣勢，而且得心應手，攻無不克。科學既是啓蒙思想家的追求，也是他們劈向天主教會和宗教神學的利劍。

三、啓蒙運動的發展過程

啓蒙運動發軔於十八世紀二〇年代，經歷了一個發生、發展和達到高潮的過程，直到1789年法國大革命爆發，一場思想革命終於引發爲政治革命，加上它的準備階段，前後近百年，涉及哲學、政治學、經濟學、文學藝術、科學教育各個思想領域，先後約有二百位啓蒙學者參加，是西歐近代最壯觀的一次文化革命。

啓蒙運動的準備階段早在十七世紀就開始了。繼笛卡爾之後，十七世紀法國哲學家比埃爾·貝爾（1647-1706）以懷疑論爲武器，針對天主教信仰體系發起攻擊，對後來許多啓蒙學者思想的形成起了很大作用。特別是他的《歷史批判詞典》一書，更產生了深遠影響。貝爾提出，天主教道德充滿了虛僞和欺騙，而無神論者卻可能具有十分高尚的品德，因而一個由無神論者組成的社會是可能的。貝爾的論斷打破了對教會所宣揚的蒙昧主義的盲目信仰，批駁了教士們對無神論者的肆意誣衊，被十八世紀的進步思想家廣爲引用。同時，貝爾的朋友、著名科學家豐特涅爾(1657-1757）也爲呼喚新世紀思想風暴的來臨作出了貢獻。豐特涅爾一生小心謹愼，避免公開抨擊封建制度，卻致力於傳播先進的自然科學知識。他寫了《關於宇宙的眾多性的談話》、《傳說的起源》、《神諭的歷史》等通俗著作，宣傳哥白尼和伽利略的思想、笛卡爾的物理學以及伽桑狄（1592-1655）的原子論，對宗教神學和被教會奉爲顚撲不破的眞理的許多陳腐說教發動進攻，從而用科學思想薰陶了新一代啓蒙學者。

進入十八世紀，啓蒙運動正式展開。發難者是一位造反的天主教神父讓·梅里葉（1664-1729）。梅里葉本是一位默默無聞的鄉村神父，臨終留下三卷巨著《遺書》，公開了自己隱藏多年的眞實思想。他堅決否定一切宗教和教會，尖銳批判天主教教義，無情揭露教會和專制王朝狼狽爲奸，長期蒙騙、盤剝人民的反動本質，號召人民高舉無神論大旗，奮起鬥爭，推翻國王和貴族的統治，打碎天主教加諸法國社會的精神枷鎖。他預言一個徹底平等和普遍幸福的理想社會必將來臨。

《遺書》的內容表明，批判教權主義和專制制度的根本任務，決定了啓蒙運動必然圍繞著哲學和社會政治問題兩大領域展開，梅里葉作爲它的開路先鋒，緊扣運動的這一主題，爲運動的全過程創造了一個良好的開端。同時，《遺書》的內容還表明，梅里葉不僅激烈反對封建制度，而且反對一切剝削壓迫，概括了第三等級中破產農民和無產者群眾的要求，從而生動地體現出啓蒙運動具有極爲廣泛的群眾基礎。

如果說梅里葉吹響了新時代的號角，緊接著便有兩員大將出現在歷史的前沿，這就是伏爾泰(1694-1778)和孟德斯鳩（1689-1755)。

伏爾泰從十八世紀二〇年代起投身於反封建的思想鬥爭，至法國大革命爆發前十年逝世，在啓蒙運動中積極活動了一生。無論從奮鬥時間之長和著作數量之巨，還是從鬥爭範圍之廣和思想影響之大來說，伏爾泰都是啓蒙運動無可爭辯的領袖。由於評介和分析伏爾泰的生平、著作、思想是本書主旨，後文將分專題向讀者詳細交待，因此關於伏爾泰此處暫不贅述。

孟德斯鳩出身貴族世家，還繼承了男爵爵位和波爾多法院院長的世襲職務。但他是封建階級的叛逆者。當大多數像他這樣的貴族都在極力維護專制王朝的反動統治的時候，孟德斯鳩卻感受到時代精神，投身於資產階級思想革命的洪流。十年法院院長的閱歷和後來長期而專注的社會考察，使他深刻瞭解到封建秩序的黑暗、封建法律的弊端和專制制度造成的社會苦難。他通過《波斯人信札》、《羅馬盛衰原因論》、《論法的精神》等著作，一方面無情地揭露、諷喻專制王朝的腐敗和僧俗貴族的罪惡，另方面認眞探尋歷史發展的規律性，試圖從理論上論證專制制度必然滅亡和社會革新勢在必行。

孟德斯鳩對啓蒙運動的最大貢獻，是他具體規劃了資產階級國家的政治模式和各項基本制度， 特別是他發展約翰 · 洛克（1632-1704）的分權思想， 建立了三權分立的政治學說 。英國十七世紀哲學家洛克在其政治著作《政府論》中提出，爲實行民主和法制，國家機構必須分權，實行立法權、聯邦權（對外事務權）和行政權分立。孟德斯鳩發展洛克的主張，更明確地提出了立法權、司法權、行政權三權分立的原則。他認爲立法權應「由人民集體享有」，司法獨立， 君主享有行政權， 但不得超越立法和司法，否則就會形成專制統治。

孟德斯鳩的三權分立學說，雖然具有某些對君主和貴族妥協的內容，是在他所力主的君主立憲制政治主張的框架內設計的，但它解決國家權力機構內部相互關係的辦法周詳合理，在一定條件下普遍適用於資本主義制度，因而爲以後美國、法國等許多資本主義國家權力機構的建立提供了系統的政治理論和設計藍圖。唯其如此，孟德斯鳩被公認爲堪與伏爾泰媲美的啓蒙學者。

十八世紀中葉，代表第三等級內不同階級和階層利益的啓蒙學者競相出現。其中最引人矚目的是小資產階級的思想代表、激進的民主主義思想家盧梭。

盧梭（1712-1778）祖籍法國，出生於日內瓦一個鐘錶匠家庭。由於家境貧寒，盧梭從青少年時代起就過著饑寒交迫、浪迹天涯的生活。這種經歷，使他得以廣泛接觸社會，體察封建專制統治的黑暗和社會不平等，培養了他反對剝削壓迫、爭取民主自由的革命情緒。盧梭1741年來到巴黎，1749年因應徵論文〈論科學與藝術〉獲獎而聲譽鵲起。在這篇論文中，盧梭提出文明進步造成人類墮落和社會苦難的新奇論點，在思想界引起長期爭論。以後十幾年，盧梭又連續發表《論人類不平等的起源和基礎》、

《社會契約論》、《新愛洛綺絲》、《愛彌爾》等幾部代表作，建立了一個代表十八世紀法國平民和小資產階級利益的思想體系，其核心是反對封建專制制度和社會不平等、倡導人民主權論的激進的民主主義思想。

盧梭不同意霍布斯（1588-1679）等人用社會契約思想爲君主專制辯護的觀點，認爲在按照這種「契約」建立的君主制政體中，所看到的只是一個主人和一群奴隸，看不到人民和他們的首領。他認爲眞正的社會契約，不是人民向統治者「轉讓自由」，而是人民與人民自己結成的政治共同體訂立契約，因而「人民作爲整體來說就是主權者」。這種社會契約並沒有摧毀自然的平等，而是把它發展爲道德和法律的平等。盧梭強調的是「主權在民」的原則，反對君主專制，倡導民主共和。

在啓蒙運動中，盧梭的思想引起巨大社會反響。他的社會契約論和人民主權論成爲第三等級中中下層群眾的理論旗幟，並在後來發生的法國大革命中一度成爲居支配地位的革命思想，在〈人權宣言〉和雅各賓專政時期的政策中得到鮮明反映。羅伯斯比爾（1758-1794)本人就是盧梭思想的熱烈信徒。

啓蒙運動經過伏爾泰、孟德斯鳩和後來盧梭的發動、引導，聲勢壯大，深入人心，給天主教會和專制王朝政權以沈重打擊，影響和教育了廣大進步青年，新一代啓蒙學者大量出現，十八世紀五〇年代以後逐漸走向高潮。

高潮到來的標誌，是著名的《百科全書》的編輯和出版。

《百科全書》全名《百科全書，或科學、藝術、技藝詳解詞典》，共三十五卷。其中，前二十八卷詞典正文（包括圖片十一卷），從1751年第一卷問世起，直到1772年才出齊。前七卷由哲學家狄德羅（1713-1784）和科學家達朗貝（1717-1783）共同主編，第八卷到第二十八卷由狄德羅一人主編完成。後來，孔多塞（1743-1794）和哈勒等人又續編了補遺五卷和索引二卷，分別於1776-1777年和1780年出版，總計歷時三十年。

《百科全書》既是啓蒙運動的豐碩成果，又是促進運動深入發展的強大動力。圍繞《百科全書》出版發行所展開的激烈鬥爭，是啓蒙運動全部進程的中心環節。而編撰《百科全書》，則爲形成和鞏固反對封建專制和教權主義聯合戰線提供了極好的機會和恰當的形式。《百科全書》匯集了當時自然科學和社會科學的最新成果，也團結了思想領域一切反封建的戰士。它用科學成果對抗宗教迷誤；它用民主理想反對專制統治；它沈重打擊了封建勢力，也對人民進行了深入持久的教育，在當時和後世都產生了重大影響。唯其如此，參加編撰《百科全書》的啓蒙思想家，被人們尊稱爲「百科全書派」。

三十年間，前後參加《百科全書》編輯部工作的有三十餘人，撰稿者多達一百六十人以上。這近二百人的隊伍，就是百科全書派的全部陣容。絕大部分啓蒙學者都匯集在《百科全書》的旗幟下，團結奮鬥，組成了極爲廣泛的反封建陣線。其中，既有老一代啓蒙學者伏爾泰、孟德斯鳩和中途因意見分歧決裂而去的盧梭，也包括自然科學家達朗貝和布封、孔多塞、哈勒，哲學家孔狄亞克（1715-1780）、奈戎，文學家馬爾蒙代爾、博馬舍（1732-1799），以及重農學派的政治經濟學家魁奈和杜爾閣等人。百科全書派的核心人物是以狄德羅爲首的幾位唯物主義哲學家，即狄德羅、拉美特利(1709-1751)、愛爾維修（1715-1771)、霍爾巴赫等人。他們公開宣揚唯物論和無神論，爲《百科全書》

奠定了堅實的哲學基礎，在批判宗教神學和教權主義的鬥爭中最堅決、最徹底，是啓蒙運動高潮時期的中堅力量。特別是《百科全書》的主編狄德羅，爲《百科全書》的編撰出版嘔心瀝血，艱苦奮鬥幾十年，在伏爾泰等老一輩啓蒙思想家和眾多年輕進步學者的支持下，克服各種困難，頂住教會、政府和反動文人幾次三番、各種形式的迫害，衝破一道道禁令，終於按計畫全部出齊，既成就了一樁近代科學史上的空前盛事，也爲法國啓蒙運動樹立了一座歷史豐碑。

《百科全書》是一部宏篇巨著。它不但卷帙浩繁，圖文並茂，氣勢磅礴，而且幾乎囊括了十八世紀中葉以前歐洲人所取得的全部科學成果，立足於當時哲學和自然科學的最高水準，對各個領域的學術和技術做了一次全面總結。具體來講，《百科全書》所取得的成績可以按如下三個問題分述：**第一，科學價值**：《百科全書》以大量篇幅刊載自然科學條目，而且大多是約請當時傑出的學者和專家撰寫的，反映了十八世紀科學和技術的最新成果，對促進自然科學的進一步發展和科學知識的普及起了很大作用，直到今天，仍然是研究科學技術史的重要參考書。尤其可貴的是，《百科全書》十分注重選載實用科技資料，對當時各種工藝和技術、各種工具和機械的製造與操作都有詳細說明和圖解，眞實地記錄了十八世紀歐洲工農業發展的水平。**第二，文獻價值**：《百科全書》全面記載了十八世紀法國的社會面貌，對封建制度衰亡時期的政治、經濟、文化、宗教、典章制度、生活習慣、社會風情等等，無不設立專門辭條予以記述，爲後世描繪了一幅啓蒙時代法國社會的風俗畫，對今天我們瞭解當時法國的經濟生活、階級關係、文化藝術乃至人們的精神面貌，都是難得的歷史文獻。**第三，啓蒙價值**：《百科全書》並不是一部純科技辭典或人文科學辭條匯編，而是十八世紀法國啓蒙運動中各個領域的啓蒙學者共同鍛造的戰鬥武器。它的編纂具有明確的政治目的。它是一部「戰爭機器」。它以科學和民主爲旗幟，向封建的經濟基礎和上層建築展開全面進攻，既重點打擊宗教勢力和專制統治，又橫掃與封建制度共生的一切舊傳統、舊觀點、舊文化，爲新世界的誕生做充分的思想準備。因此，在《百科全書》的全部歷史價值中，在啓蒙運動中發揮現實的戰鬥作用，是它的最大價值。它的體例、內容、影響，都體現著這種戰鬥精神。

啓蒙運動進入高潮，引起社會各方矚目，也牽動了統治階層中一部分具有改革意識的貴族和官員。這些來自上層的開明人士，企圖以經濟改革的理論和實踐，挽救危機深重的法國社會，謀求向資本主義制度的過渡和發展。他們力圖既不觸及封建專制政權，又能克服發展資本主義的重重障礙，確立本質上是資本主義的社會秩序。這就是以魁奈、杜爾閣爲代表的政治經濟學重農學派。

魁奈（1694-1774)出生在一個小地主家庭，受到啓蒙運動中科學思潮的薰陶，以後成爲著名醫生。1749 年被任命爲宮廷侍醫。1752年被封爲貴族。他身居凡爾賽宮，廣泛接觸政界人士和思想家，對法國政治經濟情況比較熟悉。1753 年，他年屆六十高齡時，開始轉而研究經濟問題，並爲《百科全書》撰稿。1758年，魁奈發表了著名的《經濟表》，剖析了資本主義生產方式，系統地表述了重農主義經濟體系和政策，成爲建立重農學派的基本綱領。魁奈認爲，經濟規律是整個社會自然秩序的核心內容，經濟學是「作爲社會制度的基礎的偉大學科」。他主張從經濟事實出發，同科學的抽象相結合，來探尋社會生活中的經濟規律。魁奈強調，經濟研究的重心應從流通領域移向生產領域。他認爲經濟學研究的最主要對象是農業生產。因爲土地是財富的唯一源泉，農業是唯一的生產部門，農業生產是唯一的生產性勞動。魁奈根據重農主義理論，向封建統治者提出了一系列經濟改革政策。例如，以經營者向地主租地的方式發展資本主義大農業，改造封建的自然經濟；提倡自由競爭和自由貿易；實行只向地主徵稅的「單一稅」制等。魁奈在晚年領導重農學派積極活動，力圖實行社會經濟改革。

重農學派另一傑出代表杜爾閣（1727-1781)出身於一個資產階級化的貴族家庭，受到啓蒙思想和魁奈重農學說影響，成爲重農主義者。杜爾閣於1766年寫成其代表作《關於財富的形成和分配的考察》，系統地闡述並發展了重農主義學說。1774年他出任財政大臣，大力推行重農主義的改革，主要內容爲：取消對國內穀物貿易的限制，建立國內的穀物自由貿易，減少輸入城市的糧食稅，並把這種稅轉派到封建特權者身上；以賦稅代替徭役，取消農民的徭役義務，代之以向貴族地主徵收道路稅；實行酒類貿易自由，取消封建領主的專利權。杜爾閣的改革遭到封建特權階級的強烈反對。1776年他被免職，全部改革化爲泡影。

啓蒙運動無疑是一場反封建的資產階級運動。啓蒙運動的理論基礎、思想主導、矛頭所向、領袖人物和基本隊伍都說明了這一點。但是它同時又匯集了第三等級中各個階級和階層的力量，而且運動伊始就顯示出，無財產的貧苦群眾的思想代表，使這場運動超出資產階級的眼界，而具有十分激進的性質。這一特點不僅經過小資產階級的思想代表盧梭的發揚，極大地影響了後來法國大革命的歷史進程，而且還由於運動高潮時期湧現了馬布利、摩萊里的烏托邦社會主義理論，而使這場思想鬥爭的批判精神更其激烈。

馬布利 (1709-1785)是十八世紀法國著名的歷史學家和政治理論家，出身於一個司法界貴族家庭。在啓蒙運動中，這個家庭是非常有名的，出了好幾位啓蒙思想家：百科全書派哲學家孔狄亞克是馬布利的胞弟，《百科全書》主編之一達朗貝是馬布利的堂弟。馬布利的著作很多，《馬布利全集》有十五卷之巨。在大量著述中，馬布利不僅從政治歷史的角度表達了他反對封建秩序的啓蒙思想，而且通過討論現實政治經濟問題反映了他的烏托邦的（卽空想的）社會主義思想。

摩萊里（生卒年月不詳）是啓蒙思想家中最神祕的一個人物，至今人們對他的情況所知甚少。他的著作或者匿名發表，或者只署一個大寫字母M和六個星花符號。經過摩萊里研究者多年考證，知道十八世紀四〇到七〇年代出版的六部著作屬於他的手筆。它們是：《人類理智論》、《人心論》、《美的物理學》、《君主論》、《巴齊里阿達》、《自然法典》、《路易十四書信集》、《伊曼復仇》。這些著作內容涉及哲學、教育學、美學、歷史、政治、法律等許多領域，其中《自然法典》和《巴齊里阿達》最爲著名。

馬布利和摩萊里繼承梅里葉的政治思想，把反對封建主義推進到完全否定私有財產制度，憧憬一種實行財產公有，人們之間不僅在法律和政治上，而且在經濟上也實現徹底平等的社會。在十八世紀的法國，歷史所呼喚的是推翻封建統治，實現資本主義，馬布利和摩萊里的政治理念無疑是一種空想。但是他們反映了法國當時無財產的貧苦群眾的心聲，標明隨著啓蒙運動高潮的到來，啓蒙思想已經深入社會下層，生動地顯示出這一場思想革命的人民性和群眾性，第三等級已經全都被發動起來。

總之，通過眾多啓蒙學者的宣傳和實踐活動，通過《百科全書》的編撰、出版、發行過程中持續多年的鬥爭，啓蒙運動蓬勃發展，人民日益覺醒，運動所倡導的科學和民主精神深入人心，天主教會受到沈重打擊，專制王朝人心喪盡。1778年巴黎發生的一個戲劇性事件可以充分反映出，啓蒙運動由幾簇思想火花終於燃起燎原大火的歷史辯證法——這一年，被迫在外流亡半生的伏爾泰以八十四歲高齡不顧禁令重返巴黎，受到首都人民的熱烈歡迎。群眾迎接這位啓蒙泰斗的狂熱場面，形同對封建勢力的一次聲勢浩大的示威，極端仇視伏爾泰的天主教會和王朝政府，這次再也不敢將他逮捕或驅逐，預示了一場徹底摧毀封建關係的人民革命風暴即將來臨。

四、法國啓蒙運動的基本特徵

十八世紀法國啓蒙運動雖然持續時間很長，有幾代啓蒙學者參加，各個啓蒙思想家又有不同階級、階層和社會關係背景，在許多具體問題上存在各不相同的意見，甚至彼此之間也不斷發生爭吵、分化和決裂事件，而且由於僅是一次思想文化運動，並沒有統一的組織形式，百年之間始終保持著自發性質，但是透過這些表面現象，我們卻可以發現這場思想革命具有極爲鮮明的歷史個性。時代的要求決定了它產生的歷史必然性，也同樣決定了它發展過程的基本特徵。

首先，作爲一次資產階級和第三等級其他群眾的思想代表聯合起來共同反對封建勢力的運動，啓蒙運動近一個世紀的發展從來沒有偏離自己的目標，始終如一地把鬥爭矛頭對準封建專制制度和爲這種制度辯護的天主教會勢力。各個啓蒙思想家之間儘管有分歧，有爭論，但是，凡是涉及到與封建勢力鬥爭，他們總是採取共同行動；各個啓蒙學者從不同角度，根據自己在各自研究的文化領域的具體情況和條件，自始至終把主要攻擊、批判的鋒芒對準天主教會和專制王朝，用理論的、文藝的、科學的各種思想武器，與專制主義、教權主義、矇昧主義、信仰主義鬥爭。他們高唱「理性」的讚歌，嚮往「理性的王國」，呼喚用理性的陽光驅逐現實的黑暗，消滅專制王權、貴族特權和等級制度，追求政治民主、權利平等和個人自由。

其次，啓蒙運動之所以百年之間保持了明確的鬥爭目標，除歷史發展的客觀要求這一根本原因之外，各位啓蒙學者之間有共同的哲學基礎作爲各自學說的根據，也是極爲重要的因素。在參加反封建思想陣線的各位啓蒙學者中間，雖然大部分是自然科學家或歷史學家、政治學家、經濟學家、文學家，甚至還包括空想社會主義者和某些宗教學者，哲學家人數並不多，但是批判封建統治的精神支柱天主教神學和十七世紀唯心主義形而上學的鬥爭需要，決定了哲學是啓蒙活動的主要領域，哲學家構成了啓蒙隊伍的主力、核心、先鋒和領袖。梅里葉、伏爾泰、盧梭、狄德羅、愛爾維修等人在啓蒙運動中的主導作用，在當時就是公認的。即使是那些沒有專門哲學著作的啓蒙學者，也有著大體一致的哲學信仰。他們的啓蒙思想的哲學基礎，就是廣泛吸收自然科學最新成果和繼承笛卡爾的物理學、洛克的經驗論而形成的唯物主義的自然觀和認識論。這種以伏爾泰、狄德羅、霍爾巴赫等人爲代表的唯物主義哲學，有自然神論和公開的無神論兩種表現形式，它們不僅在運動發展的不同階段都成爲批判宗教神學的有力武器，而且構成啓蒙運動始終沒有偏離目標的理論保障。如果說在十八世紀的法國，哲學革命作了政治革命的先導，那麼它首先也作了啓蒙運動這場思想革命的先導。

再次，各個啓蒙思想家之間不但有基本相同的哲學思想作爲理論基礎，而且也有大體一致的政治追求作爲行動綱領。這一特徵，可以從兩方面分析。一方面，所有啓蒙思想家的社會思想和政治主張，都建立在當時流行的自然法理論之上。無論是伏爾泰、孟德斯鳩、盧梭、狄德羅、魁奈、杜爾閣還是馬布利、摩萊里，都根據所謂「自然狀態」或「自然法權」論來闡發自己的社會歷史觀和政治思想，他們之間的眞正區別，只是都企圖根據同一社會理論論證不同政治思想的合理性和必然性。另一方面，除去並列於啓蒙學者行列的空想社會主義者反對封建統治的同時也否定資本主義，因而具有特殊性之外，絕大部分啓蒙思想家所共同信仰和追求的，都是自由、平等、博愛原則，他們之間儘管存在著主張仿效英國實行君主立憲（伏爾泰、孟德斯鳩、狄德羅等）和推翻君主制建立民主共和國（盧梭）之爭，但那只是關於建立怎樣一種資本主義政權形式的不同主張，在取代封建統治建立資產階級國家問題上，都是一致的。他們之間的分歧是所謂「政體」問題而不是「國體」問題。

最後，啓蒙運動的基本特徵之一，還在於這場長期的思想文化運動，不僅有著深厚、廣泛的群眾基礎，而且也是直接面向群眾，以整個第三等級的廣大群眾爲宣傳對象的。啓蒙學者自覺地以向群眾作宣傳工作卽「啓廸民智」爲己任。他們宣傳科學思想，以廣大青年爲對象；他們反對宗教狂熱和宗教偏執，揭露教會黑暗和教士罪行，也以法國信仰天主教和新教的絕大多數居民爲對象。在宣傳教育，卽「啓蒙」的形式和手段上，他們不僅完成了許多專門的學術性、理論性著作，出版了普及科學知識的《百科全書》，而且面向社會，面向群眾，大量出版發行通俗易懂的文章和小册子，並多方面利用小說、戲劇、詩歌等接近大眾的文藝形式，力求讓更多的群眾接受教育。這些思想敏銳、學識淵博和才華橫溢的思想戰士，絕大多數都是令後人驚異的多面手。數學家也寫哲學著作；政治理論家可以創作充滿浪漫情調的文學作品；而哲學家不但寫小說，寫長詩，也寫劇本。孟德斯鳩、盧梭、狄德羅、達朗貝、博馬舍等等莫不如是。這一群天才人物的導師和領袖伏爾泰更是一個典型。他不但在哲學領域由於介紹和宣傳洛克的唯物主義經驗論而開闢了法國哲學的新時代，著有多部哲學專著；在史學領域因史學理論上的創新和完成多部功力深厚的歷史著作而成爲舉世公認的歷史學家；而且年紀很輕就以大量諷刺詩和好幾部長詩、史詩獨步法國詩壇；同時又寫了許多轟動一時的悲劇、喜劇和歌劇，而且令人叫絕的是他不但是這些劇作的「編劇」，有時竟也能粉墨登場親自扮演某一角色；此外，他還創作了幾十篇別開生面的中短篇小說，成爲啓蒙文學的傑作，至今享有盛譽。

五、啓蒙運動的歷史意義

十八世紀法國啓蒙運動猶如一首氣勢磅礴的歷史交響樂，深刻地反映了法國以資產階級爲首的第三等級廣大群眾反對封建秩序的時代精神， 在社會發展史和人類思想史上寫下了燦爛的篇章，不僅對法國，也對世界近代歷史的發展產生了廣泛而深遠的影響，具有重大歷史意義。具體來說， 可以概括爲如下四個方面:

(一)啓蒙運動爲法國大革命作了充分的思想準備。

十八世紀法國啓蒙運動是在法國封建專制制度陷入政治、經濟和思想文化全面危機的情況下發生和發展的。它是封建專制統治和宗教壓迫的直接產物。它批判的對象也是封建制度及其精神支柱天主教教會勢力。這種規模宏大、鬥爭深入的思想革命，必然成爲政治革命的先導。在啓蒙運動中，形成了系統的、成熟的民主革命的理論，啓發、教育了廣大群眾並激起了群眾運動的巨浪，滌蕩封建意識，衝擊封建制度，爲資產階級發動武裝起義奪取政權創造了理論的、思想的和群眾的有利條件。1789年爆發的法國大革命之所以能在歐洲資產階級與封建勢力的幾次大搏鬥中表現得最堅決最徹底，啓蒙運動爲它作了充分的思想準備，是一個重要因素。

(二)十八世紀法國啓蒙運動是整個歐洲啓蒙思潮的中心。

近代歐洲各國在完成資產階級政治革命之前，都經歷了啓蒙運動的思想變革。文藝復興就是早期資產階級的啓蒙運動。十七世紀的進步哲學家、思想家更爲十八世紀法國啓蒙大軍探索了道路。 但是這些早期的啓蒙活動， 限於當時的歷史條件和階級條件，活動比較分散，理論不夠成熟，反封建帶有妥協性。十八世紀法國啓蒙運動則不同，它的力量雄厚壯大，掃蕩封建意識猛烈無情， 展示的新思想、新理論絢麗多彩，直接影響和推動了德國、俄國等封建大國中啓蒙思潮的傳播。在德國，產生了「狂飆運動」，萊辛（1729-1781）、歌德（1749-1832）、席勒（1759-1805）領導的文學革命和康德（1724-1804）開啓的哲學革命；在俄國，促進了普希金（1799-1837）、拉吉舍夫（1749-1802）反對封建農奴制的思想鬥爭和十二月黨人的活動；在意大利，誘導、啓發產生了許多啓蒙社團，它們的主要領導者都自稱是十八世紀法國啓蒙思想家的信徒和學生。

（三）推動、影響了歐洲和北美的民主革命和獨立戰爭。

法國啓蒙運動中提出的許多原則和理論，例如孟德斯鳩的三權分立學說，盧梭的人民主權論和許多法國啓蒙學者都倡導的平等、自由、民主、博愛和天賦人權等思想，在歐美各地迅速傳播，有力地促進了當地資產階級民主革命的進程。特別是在美國，表現得十分鮮明。法國啓蒙運動還在蓬勃發展之際，北美十三州爆發獨立戰爭，1776 年通過的由傑斐遜（1743-1826）起草的〈獨立宣言〉，許多思想來源於洛克的政治學說，同時也受到盧梭的深刻影響。〈獨立宣言〉宣稱：人有生而平等、自由和追求幸福的天賦人權。正是爲保障這些權利才建立政府，而政府的正當權力是被治理的人民授予的。任何政府一旦損害到這些權利，人民就有權改換它或廢除它，成立新的政府，等等。這些作爲美國立國之本的理論和原則，不正是盧梭和其他法國啓蒙學者所創立的社會理論和所倡言的政治理想的美洲版嗎？〈獨立宣言〉受盧梭影響之深，更可以從這樣一個事實看出來：與後來頒佈的美國憲法不同，〈獨立宣言〉沒有把私有財產權列爲人類的「自然權利」，這種作法恰與盧梭的學說完全吻合。

（四）十八世紀法國啓蒙運動中湧現的哲學和政治理論，是一

筆重要歷史遺產和人類思想發展史的一個重要環節。

十八世紀法國啓蒙思想家在哲學領域，把機械唯物主義發展到頂峰，有的哲學家如狄德羅和盧梭的哲學思想裡，還有辯證法因素，對哲學發展作出貢獻，直接影響了德國古典哲學的產生。德國古典哲學就是法國革命的德國理論。從康德到費爾巴哈（1804-1872）都深受法國哲學的影響。費爾巴哈的人本主義，更是對法國唯物主義在發展基礎上的「復歸」。在經濟學領域，法國啓蒙運動中的重農學派，是古典政治經濟學的創始者。英國的亞當·斯密（1723-1790）和李嘉圖（1772-1823）的古典政治經濟學理論，正是吸收和改造了重農學派的基本理論而建立起來的。在美學和文學藝術領域，西歐從新古典主義到浪漫主義的過渡，正是通過十八世紀法國啓蒙運動中產生的美學理論和文藝創作實踐作爲過渡階段而完成的，伏爾泰、狄德羅等人對此做出了重要貢獻。以伏爾泰的哲理小說和博馬舍的《費加羅的婚禮》爲代表的一批啓蒙時代的文藝作品，至今爲世界各國人民所熟悉、欣賞和珍愛。

十八世紀法國啓蒙運動所提出的口號、思想和原則，由於其鮮明的反封建性質，在中國也產生過歷史的回響。百餘年來，法國啓蒙思想家的名著不斷被介紹到中國來，啓發和鼓舞過不止一代憂國憂民的仁人志士。康有爲（1858-1927）的變法維新，孫中山（1866-1925）的思想和實踐，辛亥革命所追求的政治理想，「五四」新文化運動對「德先生」和「賽先生」的讚頌，無不體現出法國啓蒙思想的影響。爲了反對封建專制制度，法國的啓蒙大師伏爾泰等人曾把中國的封建秩序理想化，向十八世紀的法國人民推薦一種經過他們美化了的「東方的開明政治」；同樣爲了反對封建專制統治，中國的革命先人們又把法國啓蒙思想家的學說奉爲救國救民的法寶，東西方先進人物思想交往的這一史實，堪稱世界近代史上的一段佳話。

第二章　啓蒙運動領袖伏爾泰的生平著述

一、家庭、童年、求學、初涉社會

伏爾泰本名弗朗索瓦・瑪麗・阿魯埃，1694年11月21日出生於巴黎。伏爾泰是阿魯埃的筆名。自他成名之後，當時或後世很少有人再稱其阿魯埃，而直呼伏爾泰。

少年伏爾泰生活在一個富裕的資產階級家庭。其父弗朗索瓦・阿魯埃是巴黎夏德萊區法院的公證人，後曾任審計院司務。老阿魯埃的前輩是一些從事皮革、呢絨買賣的商人。伏爾泰的母親瑪麗・馬格麗特・德・阿魯埃，娘家姓德・奧馬爾，出身貧寒，但她姓名中的「德」字表明她有貴族血統，老阿魯埃爲此甚感榮幸。

伏爾泰有一個大他十歲的哥哥阿爾芒和比他小十五歲的妹妹瑪麗亞。阿爾芒早年被父母送進奧拉多利安修道院，深受冉森教派影響，終生遵循冉森教派信條。冉森派信奉原罪說，否定自由意志，提倡苦修苦行，是基督教的一個狂熱教派，但冉森派的教義不被羅馬教廷認可。伏爾泰的妹妹瑪麗亞與伏爾泰關係密切，成年以後常常得到伏爾泰的照顧，後來她的大女兒德尼夫人孀居後成爲舅舅伏爾泰後半生的女管家和情婦。

伏爾泰的父親老阿魯埃工作勤懇，有條不紊。他把時間和精力全部傾注在他的業務賬簿上，除維持自己的家庭舒適生活和經濟收入以外，無暇顧及他事。老阿魯埃是十八世紀法國典型的中產階級一員，有很好的業務能力和可靠的經濟來源，比貴族階級具有明智的判斷和智力、知識上的優勢，但處事謹愼，不露鋒芒，盡力適應等級森嚴的社會環境。他關心自己兩個兒子的教育，希望他們懂得如何進入自己的社會角色。他看到了兩個兒子氣質上的差異：小兒子快樂、詼諧、不虔誠；大兒子嚴肅、穩重、對宗教狂熱入迷。鑑於阿爾芒在修道院受到非正統的冉森派的不良影響，老阿魯埃沒有送伏爾泰也進修道院。

伏爾泰身體羸弱但天資聰慧，幼年深受其教父沙多納夫影響，很早就對文學發生興趣，據說他三歲就能背誦拉・封丹的寓言，十二歲已會作詩。後來他在一首詩中曾形象地說：離開搖籃後我就會結結巴巴地用詩來講話。沙多納夫是位神父，做了伏爾泰的教父以後，不僅教這個孩子背誦寓言，而且教他背誦關於摩西的聖詩〈摩西亞特〉。〈摩西亞特〉是一首公開攻擊宗教的哲理詩。作者盧德是一個不可知論者，他把摩西描繪成假裝看到神靈顯示的騙子，揭露摩西利用人們的輕信販賣個人的思想和意見。沙多納夫神父教伏爾泰背誦這首詩的本意是刺激一下篤信冉森派的阿爾芒，不想卻在伏爾泰幼小的心靈裡播下了懷疑論的種子，影響了他後來的生活道路。伏爾泰對這首瀆神的詩印象極深，直到二十六歲還能完整地吟誦它。

伏爾泰十歲時進耶穌會辦的大路易中學接受傳統的正規教育。大路易中學是法國一所非常有名的貴族學校，老阿魯埃不是貴族，但社會地位不算很低，他希望自己的兒子能受到與貴族子弟一樣的教育。

大路易中學的教學內容保守陳舊，致力於使學生熟悉上流社會的禮儀和繁瑣的神學，此外還講授希臘文、拉丁文、修辭學、詩學、醫學、歷史和戲劇，注重培養學生對古典文學的興趣，很少開設反映當時先進科技水平的課程。但在傳統課目內，教員的學術水平較高，有的教師和選用的教材有自然神論傾向，對伏爾泰後來的哲學思想的發展有一定影響。伏爾泰對許多陳腐的教學內容不滿意，卻對歷史和政治學很感興趣，更非常喜愛詩歌和戲劇課程，也直接促進了他未來的發展。事實上，他的文學天賦在這一所注重古典教育的學校中受到鼓勵，他在十二歲時就創作了悲劇《阿穆利烏斯和努彌托爾》(後被他自己毀掉了，現存幾頁殘稿)，他的詩才受到卜萊神父等教師的著力培養。

在大路易中學，伏爾泰閱讀了不少宣傳自由主義的書籍，特別是比埃爾·貝爾反對宗教狂熱和宗教偏執的著作，對他思想的形成起了很大作用。從此以後，伏爾泰開始走上一條反對教權主義和封建秩序的人生之路。

由於大路易中學是一所貴族學校，伏爾泰的同學大多是名門貴族子弟。伏爾泰與這些權貴之後相處甚好，有些人成爲他終身好友，其中不少人成年後在王朝政府中擔任要職，給不斷受到教會和專制政府迫害的伏爾泰提供某些幫助和照顧，使他得以生存和堅持鬥爭。例如達讓塔爾伯爵，被稱爲伏爾泰的保護神，給予伏爾泰諸多關照；達讓松侯爵和達讓松伯爵，兄弟倆都是王室大臣，1744年正是達讓松侯爵擔任外交大臣後立即疏通關節，才使流放在外的伏爾泰得以回到巴黎；特別是里舍利厄公爵，本身就有啓蒙思想，當他在王朝政府掌權時，給伏爾泰不少幫助，伏爾泰也幾次把自己的作品公開題簽給這位開明貴族。

1711年 8 月，伏爾泰中學畢業，迫於父命進了一所法科學校深造。老阿魯埃希望兒子將來成爲法官，但伏爾泰的文學天賦和詩人氣質，使他除後來擔任過一個極短時期的法庭書記之外，一生與法院工作無緣。

還在伏爾泰在大路易中學讀書期間，他結識了巴黎一群稱爲「聖殿集團」的貴族紈袴子弟。這個集團的首領是法蘭西大修道院院長菲力浦・德・望都姆公爵。他是亨利四世一個私生子的後代。在他的周圍，經常聚集一些不得志的王公貴冑，終日飲酒作樂，賦詩言志，譏諷朝政，不敬神明。他們信奉十七世紀法國哲學家伽桑廸所提倡的伊壁鳩魯（前 341-前 270）的享樂主義，過著奢華放逸的生活。不久以後成爲攝政王的奧爾良公爵有時也參加他們的聚會。伏爾泰混跡於這群世家子弟中間，喜歡和他們一起高談闊論，或者當眾朗誦自己的詩文，他年紀雖輕，卻以談鋒犀利和妙語連珠引人矚目。

老阿魯埃爲小兒子放蕩不羈擔憂，生怕他招惹是非。此時恰逢伏爾泰的教父沙多納夫神父的兄弟沙多納夫侯爵即將出任法國駐尼德蘭大使，因教父這層關係，侯爵任命伏爾泰爲自己的隨員，1713年 9 月把他帶往荷蘭。在老阿魯埃看來，這本是愛子從此進入外交界工作的極好機會，可是年方十九、風度翩翩的伏爾泰到達荷蘭首都海牙不久，卻因愛上一個逃亡到荷蘭的胡格諾教徒姑娘引起麻煩，並且由於不服從沙多納夫侯爵的管教而被遣送回國。

1714年初，伏爾泰在巴黎一家律師事務所作見習律師。他不喜歡這個工作，但還是堅持幹了幾年。這使他在法律和金融方面獲得不少知識和經驗，對他後來精明地做生意發財和利用法律手段與專制政府鬥爭都不無裨益。與此同時，伏爾泰繼續參加聖殿集團的聚會，並追求當時法國著名女演員阿德烈娜・勒庫弗勒小姐（1692-1730）。勒庫弗勒小姐頗具演戲天賦且性格溫柔，後來成爲伏爾泰的好友和情婦。

老阿魯埃風聞小兒子又在狂放的環境中厮混，便把伏爾泰打發到位於楓丹白露附近的聖昂熱侯爵的別墅向這位年屆八十的老人學習法律。聖昂熱侯爵即路易——烏爾班・勒費弗爾・德・古馬爾丁，是一位資深政治家，在路易十四王朝鼎盛時期，曾任國家樞密官，深諳宮廷歷史和人物，讀過大量外人無法接觸的史料，心中裝著那個時代一部活生生的歷史。被迫離開熱鬧的巴黎，年輕的伏爾泰卻意外得福。古馬爾丁老人給他講述大量歷史掌故，激發了伏爾泰的創作欲望，幾年以後使他名噪全歐的史詩《亨利亞特》和歷時二十餘載始告完成的史學巨著《路易十四時代》，就是在楓丹白露，在古馬爾丁老侯爵的啓發下開始構思的。

正當伏爾泰傾心聆聽古馬爾丁講述路易十四朝廷故事的時候，那個在位七十二年的太陽王於 1715 年 9 月 1 日在凡爾賽逝世，由他的也是年方五歲的曾孫路易十五（1715-1774）嗣位，奧爾良公爵菲力普攝政。伏爾泰對攝政王執政前鬼混於聖殿集團紈袴子弟中間時的揮霍靡爛生活瞭如指掌，1716年他寫了兩首諷刺攝政王的詩，其中談到攝政王與自己的女兒德・貝利公爵夫人有亂倫關係。伏爾泰爲此獲罪，攝政王命令將他逐出巴黎，流放到距巴黎不遠的蘇里。

同年10月伏爾泰獲准回到巴黎，並決心放棄法律學習。他不聽父親規勸，不接受教訓，繼續寫詩批評時政。在一首題爲〈我曾看見〉的詩中，他強烈譴責社會上的罪惡；1717年春他又創作另一首詩〈幼主〉，從時年七歲的法王談起，繼而涉及攝政王，結尾是「法國將要滅亡」。這首針對宮廷的諷刺詩給他招來新的禍事，1717年5月11日被投入巴士底獄。

學法律不成，搞外交無望，年紀輕輕淪爲無業文人，且因詩獲罪，伏爾泰初入社會即爲自己選擇了一條荆棘叢生的人生之路。

二、身陷巴士底與亡命英格蘭

這是伏爾泰第一次被禁於巴士底獄，但他對這裡的情況並不陌生。這座1789年被憤怒的巴黎人民攻陷因而成爲法國大革命爆發起點的城堡，這個封建專制主義的象徵，二百多年以來早已在世人心中形成暗無天日、陰森恐怖的固定形象。其實在伏爾泰坐牢的時候，它還有一個專門關押社會上有影響有地位人士的特殊區域，大約有五十間房子，犯人仍然可以在其中過比較舒適的生活，甚至可以帶著僕人服刑。當伏爾泰還在大路易中學讀書時，他的學友里舍利厄公爵十五歲時曾被關在這裡，伏爾泰來這裡看望過這位後來保護過他的朋友。在巴士底獄這些特殊牢房裡，生活必需品很充裕，並且全都免費供犯人享用，由國庫開支。犯人可以得到毛毯、銀餐具、書籍、椅墊、幔帳、鏡子、蠟燭，還有優質葡萄酒和享受取暖、洗衣服務。各個牢房夜晚上鎖，白天犯人可以在大牆內自由活動，相互拜訪、聊天、下棋、玩牌，也可接待賓客。

在巴士底獄，伏爾泰被關了十一個月。他利用這段時間，開始動手撰寫醞釀已久的史詩《亨利亞特》，並最後完成了他的第一部悲劇《俄狄浦斯王》。

1718年4月11日伏爾泰有條件獲釋。條件是離開巴黎，返回郊區老家夏德萊地區，交家長監管。老阿魯埃爲這個使他操心的兒子求情，不久攝政王允許伏爾泰返回巴黎。回到巴黎，他設法將《俄狄浦斯王》用「伏爾泰」的筆名出版。同年11月18日，《俄狄浦斯王》在巴黎上演，並一砲而紅。人們知道作者持反政府立場，剛剛從巴士底獄釋放出來，都想知道他的劇作有何驚人之筆，所以觀眾踴躍，連演四十五場，觀眾多達兩萬七千人，在巴黎引起轟動。老阿魯埃也悄悄來到劇場，面對臺上感人的演出和臺下觀眾持久的熱情，他感動至極，悲喜交加，老淚縱橫，爲兒子的才華而驕傲，舐犢之情不能自已。攝政王也帶著女兒來劇院觀看，後劇團又在王宮爲國王作專場演出。1722年4月10日，劇團還到倫敦爲喬治一世舉辦御前演出。

伏爾泰的第一部悲劇大獲成功，極大地鼓舞了他的創作熱情，他繼續潛心撰寫史詩《亨利亞特》。1721年10月史詩終於完成，但未能取得王國政府的出版許可，伏爾泰不得不用《同盟》的書名於1723年秋天將其在里昂祕密印刷發行。後來伏爾泰又將其從三千二百行擴充到四千三百三十一行，1728年在英格蘭出版，正式定名《亨利亞特》。伏爾泰從二十歲在楓丹白露從師古馬爾丁侯爵時開始構思和創作這部史詩，至1728年完稿，歷時十四年，凝結了他大量心血。《亨利亞特》通過歌頌波旁王朝的第一位國王統一法國、平息叛亂、推行宗教寬容政策的業績，抒發了伏爾泰的政治理想和對宗教狂熱的批判。

《同盟》的出版在法國受到廣泛歡迎，連同《俄狄浦斯王》

的成功,伏爾泰贏得了「法蘭西優秀詩人」的桂冠。此後幾年，伏爾泰一方面繼續其詩人生活，相繼創作哲理詩〈贊成和反對〉、悲劇《阿德米斯》和《瑪麗安娜》、喜劇《冒失鬼》、論文〈論法蘭西內戰〉和〈從荷馬到彌爾頓的歐洲諸民族的史詩〉等著作；另一方面,通過社會關係,利用從父親那裡繼承的經濟頭腦,積極從事各種經營活動，積累了大筆財富，加上1722年元旦老阿魯埃逝世留給他的遺產和攝政王利用老阿魯埃逝世的時機爲了安撫和拉攏伏爾泰賜給他的每年兩千法郎的年金，伏爾泰此時成了富有的文人。他在晚年所寫的回憶錄中曾就他積累財富問題解釋說：「我看見過多少窮苦的和受人鄙視的作家，因此我早就決心不讓自己加入他們的行列。」

在此期間，還有一件事對他的成長和哲學思想的形成很有影響，那就是1722年12月，伏爾泰在奧爾良附近的蘇斯，拜訪了因國內政爭被迫長期僑居在那裡的英國托利黨領袖約翰・博林布羅克（1678-1751）勳爵。博林布羅克是英國當時頗有名氣的自然神論哲學家，伏爾泰在勳爵那裡受到歡迎和對他的詩才的稱讚。博林布羅克向伏爾泰介紹了洛克（1632-1704）哲學和牛頓的科學與哲學思想，指導伏爾泰讀洛克的《人類悟性論》，並激烈批評笛卡爾和馬勒布朗士（1638-1716）的形而上學體系。伏爾泰此時還年輕，哲學思想尙未定型。他本來就有粗淺的自然神論傾向，經博林布羅克的提示，這種哲學取向越發傾斜。這次拜訪，對他最終形成自己的哲學立場無疑產生直接影響，也激發了他研究英國先進的哲學和科學的興趣。

伏爾泰此時旣有名又有錢，快樂自信，躊躇滿志。然而榮譽和財富並不能眞正突破封建等級隔閡，不久以後發生的一件事使他從這種飄飄然狀態猛醒。

1725 年12 月，有一天伏爾泰與勒庫弗勒小姐在歌劇院的包廂裡與法國最有權勢的貴族洛昂公爵唯一的孫子德·洛昂騎士相遇。洛昂早就對伏爾泰在社會上受到的尊敬耿耿於懷，同時他也在追求這位有名的女演員，此時狹路相逢，洛昂對伏爾泰傲慢無禮，兩人發生衝突，洛昂騎士憤然而去。這個驕傲的貴族不能容忍一個文人對他的冒犯，兩三天後，當伏爾泰在蘇里公爵府第吃飯時，洛昂設計把伏爾泰從席間誘出，自己坐在馬車裡指揮僕人把伏爾泰痛打一頓。伏爾泰狼狽返回，求主人陪他去警察總監那裡告狀，蘇里公爵不願得罪洛昂家族，在座的其他貴族也不肯幫忙。此事深深刺痛了伏爾泰，他終於懂得童年時老阿魯埃教導他「要瞭解自己的社會地位」的眞諦。他認識到，不論自己有怎樣的才華和取得怎樣的成功，在貴族們的眼裡，他仍然只是個「第三等級」，仍然只是個卑賤的「文人」。他決心伺機復仇，洛昂家族又羅織罪狀向已經親政的路易十五誣告伏爾泰「威脅國家安定」，於是 1726 年 3 月28日國王簽署命令將他第二次投進巴士底獄。

伏爾泰擔心被長期監禁，審時度勢，決定向國務大臣莫勒柏申請出國，當局也顧慮他的問題難以處理，所以很快批准了他的請求，以國王的名義下達放逐令，其中規定未經允許不准進入巴黎五十哩以內。於是，入獄一個多月以後，伏爾泰被押送到加來，渡過加來海峽到達英格蘭。

被迫流亡英國，開始了伏爾泰生平的一個新時期。洛昂事件使伏爾泰蒙受恥辱，但得到深刻教訓，彷彿是一頓棒打使他突然成熟了。如果說伏爾泰第一次被投入巴士底獄刺激了他的詩才，出獄後成爲享有盛譽的劇作家和詩人，那麼第二次被投入巴士底獄和被放逐流亡國外，卻把他造就成哲學家和戰士。

遠在伏爾泰到達英格蘭以前八十餘年，英國已經發生了資產階級革命，1688年「光榮革命」以後，確立了君主立憲的政治體制。進入十八世紀以後，英國的自由民主制度吸引了許多法國進步知識份子渡過海峽尋求民主與科學眞理。除伏爾泰以外，布封、孟德斯鳩、愛爾維修、布里索、古爾內、朱西約、拉法耶特、莫萊里、米拉波、讓・雅克・盧梭等都先後到這裡感受新時代的氣息。就伏爾泰而言，在法國的遭遇使他對封建制度的反動性有了切身體會，實行君主立憲制度的生氣勃勃的英國則大大開闊了他的眼界，鞏固了他反對封建秩序的革命意識，有力地促進了他在哲學、宗教和政治思想方面的長足進步。伏爾泰在英國居住了將近三年，考察英國的政治制度，研究洛克唯物主義經驗論，學習牛頓的科學成果，形成反對封建專制主義的政治主張和唯物主義的哲學觀點，進一步堅定了反對天主教神學和宗教狂熱、宣傳信仰自由、主張宗教寬容的立場。後來伏爾泰出版的第一部哲學和政治思想專著《哲學通信》，便是他在英國的觀感和心得的總結。

伏爾泰在英國受到朝野各界人士的歡迎。1727年1月，英王喬治一世接見了伏爾泰，並賜款兩千克朗作爲對《亨利亞特》的贊助。剛剛回國的博林布羅克勳爵則把伏爾泰介紹給英國文學界與上流社會。輝格黨和托利黨的領導人都熱情接待他。他結識了英國著名文學家如詩人蒲伯、劇作家威切爾萊、諷刺作家斯威夫特等。斯威夫特（1667-1745）的著名諷刺作品《格列弗遊記》1726年出版，恰逢伏爾泰旅英期間，這部作品得到伏爾泰讚賞並建議將其譯成法文。此外，他還拜訪過詩人湯姆森和揚格、劇作家蓋伊等人，並以極大的興趣欣賞、研究和學習當時不爲法國戲劇界重視的莎士比亞（1564-1616）的作品。他也研究彌爾頓（1608-1674），後來曾這樣讚美過彌爾頓：「對他的批評之詞用光耗盡，而對他的讚揚之詞卻永不枯竭。彌爾頓永遠是英國的光榮和讚賞的對象。」❶總之，他對英國文學家，無論是早已故去的前輩還是仍然健在者評價都很高。

英國人尊重知識、尊重科學、尊重學者文人科學家的社會時尚與法國形成強烈對比，也令伏爾泰感慨良多。他一直認爲文學才能高於高貴的出身，傑作比姓氏更榮耀，他看到新制度下的英國實現了自己的理想。他在《哲學通信》裡說，在英國，對國家的貢獻可以得到光榮的報酬，卽人民對於才能的尊重，首相的畫像只掛在辦公室的壁爐架上，而詩人蒲伯的畫像卻掛在許多人家裡。伏爾泰旅英期間時值牛頓逝世，他有幸參加牛頓的葬禮，英國人對科學家的厚待令他十分感動。他說：「牛頓先生在世的時候曾經受到尊崇，死後也得到了他所應得的榮譽。國家要人互相爭奪執拂的榮幸。請您走進西敏寺去，人們所瞻仰讚嘆的不是君王們的陵寢，而是國家爲感謝那些爲國增光的最偉大人物所建立的紀念碑。」❷英國著名女演員奧爾菲爾德的葬禮更增加了伏爾泰對英國人尊重人才、消滅了封建等級觀念良好時尚的崇敬。英國人也把這位小姐葬於西敏寺，葬禮進行得與牛頓的一樣，這與法國演員卑賤的社會地位眞有天壤之別。

伏爾泰在英國發現了新世界，他充分利用這裡的條件學習和

---

❶ 伏爾泰:《路易十四時代》，中文版，吳模信等譯，頁494。
❷ 伏爾泰:《哲學通信》，中文版，高達觀等譯，頁108。

充實自己，同時爭取各方面的支持在倫敦出版了《亨利亞特》的英文版。伏爾泰苦心孤詣創作這部意在爲法蘭西民族爭光的史詩，在法國竟不得不祕密出版，而在英國卻大受歡迎，頭三個星期就印刷了三次而且銷售一空。此外，在英國逗留期間，他還完成了史學專著《查理十二史》，以瑞典國王查理十二爲典型，刻劃了一個好大喜功、奴役人民、窮兵黷武、侵略成性的專制暴君形象；創作悲劇《布魯圖斯》，頌揚了爲反對專制而犧牲個人利益的理想精神；並於1728年開始撰寫《哲學通信》，他的這部代表作是回到法國以後才最後完成的。

從階下囚到座上客，從横遭侮辱到優禮有加，個人的際遇使伏爾泰得出一個結論：法蘭西民族要想成爲一個繁榮自由的文明民族，就必須擺脫教權主義和專制主義的雙重壓迫，向英國人學習，發揚科學與民主精神。他把向法國上至國王大臣下至普通百姓介紹、宣傳資本主義英國一切美好事務，當作自己的義務。

三、西雷城堡的愛情與事業

1729年2月，伏爾泰從英國滿載而歸。但國王的放逐令尚未撤銷，不能進入巴黎周圍五十哩以內地區，伏爾泰只能暫時躲藏在鄉下。直到4月初，經同窗好友里舍利厄公爵的疏通，他才獲准進入巴黎。這一年的剩下時間，除推動悲劇《布魯圖斯》公演並獲得成功之外，伏爾泰的主要精力用於完成他的第二部史詩《奧爾良的少女》，塑造了十四世紀法蘭西民族女英雄貞德的形象。這部史詩直到1755年才出版，在此期間一直以手抄本流傳。

第二年伏爾泰的情婦、法國著名女演員勒庫弗勒小姐逝世。

由於她是被封建時代的法國人看作「賤業」的職業演員，教會當局藉口她在死前未找神父完成最後的宗教儀式，不准將她葬入正式墓地，她的遺骸被埋在塞納河畔的荒野。伏爾泰對自己的女友和天才女演員慘遭侮辱悲憤至極，他聯想自己曾經目睹的英國人爲英國女演員奥爾菲爾德小姐舉行隆重葬禮和像君王一樣將她葬於西敏寺的文明之舉，寫了題爲〈勒庫弗勒小姐之死〉的挽歌，其中將兩位女演員的不同遭遇作了對比，通過歌頌英國人對藝術和藝術家的尊重強烈抗議天主教會和法國政府的野蠻行徑。挽歌這樣寫道:

難道人們只有在英國才敢自由思想?
噢倫敦！你這可以媲美雅典的名城，你這塵世的樂園，
你會掃除引起糾紛的偏見，好似驅逐專制的魔王一般。
在此大家才無話不談，無功不賞;
沒有一種藝術會受輕蔑，沒有一項成功不獲光榮，
崇高的特列鄧，明哲的阿狄生，
還有那不朽的牛頓，紀念堂中都有他們的份，
要是勒庫弗勒生在倫敦，一定也會，
在哲人賢士英雄明主之旁有她的墓墳。❸

伏爾泰的這首悼亡詩引起當局不滿。伏爾泰聞風而逃，先是躲在諾曼底，後又喬裝爲英國人到里昂祕密辦理《查理十二史》的出版事宜，風聲過後他才敢回到巴黎。

---

❸ 《伏爾泰全集》法文版，卷4，頁 370，譯文引自《傅譯傳記五種》，頁644-645。

此後一年多的時間裡，伏爾泰完成和公演了兩部悲劇《愛麗菲勒》和《查伊爾》，寫了評論文章〈趣味的殿堂〉，開始撰寫悲劇《凱撒之死》和歷史著作《路易十四時代》。其中《查伊爾》首次上演卽大獲成功，以後又多次公演，觀眾的熱情經久不衰，伏爾泰本人也偏愛這個劇本，在其後的歲月裡，在他家中舉辦的私人演出中，他往往挑選這個劇本，並親自扮演劇中角色。

伏爾泰從二十四歲時公演他的第一個悲劇《俄狄浦斯王》至今，早已蜚聲文壇，成爲年輕婦女崇拜的對象，他也愛過幾個美貌的貴婦，但她們對他的生活、思想和創作並無明顯影響。直到三十九歲時，命運終於使他贏得一位女友至死不渝的愛情，並決定了他未來十幾年的生活方式和精神狀態，甚至也影響了他的創作的內容、數量和質量。一個女人對啓蒙大師能有如此巨大的影響力，在某種意義上說超過了巴士底獄的羈押、凡爾賽宮的權勢或者加來海峽的波濤，這個女人一定具有特殊而持久的魅力，而且自身絕對不同凡響。她就是與伏爾泰一道名垂史册的夏德萊侯爵夫人。

夏德萊侯爵夫人時年二十九歲。她是前宮廷禮賓官布雷德伊·普勒伊利男爵的女兒，原名艾米莉，1725年嫁給一位軍官夏德萊侯爵，已有一兒一女。侯爵夫人是有名的才女。據說當時有人誇讚她拉丁文說得像西塞羅（前106-前43）那樣流利，數學演算可與阿基米德（前287-前212）媲美，幾何學造詣能令歐幾里得（前330-前275）困惑。這種說法雖然帶有誇張和奉承的味道，不過無論如何這是事實：除拉丁文以外，她還懂英文和意大利文，研究過數學和牛頓力學，對洛克、笛卡爾、萊布尼茲（1646-1716）和沃爾夫（1679-1754）的哲學著作懷有濃厚興趣，在與伏爾泰熱戀之前，她已譯過維吉爾（前70-19）的史詩《埃涅阿斯記》，撰寫過關於萊布尼玆哲學和牛頓微積分的論文。她喜歡唱歌跳舞，酷愛梳妝打扮，熱中巴黎的社交生活，沈醉於時尚的風流隨意，同時又極爲勤奮好學，敏感睿智，熱愛科學，思想解放，既著迷於物理實驗，又善於哲學思索，集學者與貴婦、刻苦與嬌慵、果敢與溫柔、專一與放任等各種矛盾的品質於一身。她能在賭場上一擲千金，又能鑽研學問夜以繼日。這樣一位風流才女，與時值盛年才華橫溢的伏爾泰自是天造地設的一對情人。

夏德萊侯爵夫人對伏爾泰鍾情已久，當他們終於有機會見面時，便從容投入他的懷抱。伏爾泰喜歡侯爵夫人年輕、熱情，既有哲學興趣，又具科學頭腦，與他有共同語言，理解他，相信他，支持他。沒有其他女人博得伏爾泰如此傾心之愛。伏爾泰也以結識她爲自己愛情的歸宿。尤爲難得的是，身爲軍人的夏德萊侯爵通情達理，豁然大度，不僅沒有怨恨妻子移情別戀，也不怪罪伏爾泰奪人之美，反而寬容地支持和幫助他們，當不久以後伏爾泰又遇到專制政權新的迫害時，甚至同意伏爾泰移居夏德萊侯爵祖傳的西雷城堡，爲伏爾泰提供庇護所。對伏爾泰來說，如果沒有侯爵夫人長期相伴，他也許不能享有後來那樣的高壽和創作那樣多的作品；對於伏爾泰和侯爵夫人兩個人來說，如果沒有夏德萊侯爵寬厚、愛才、克己的品德和他人難以具備的法國人的幽默感，他們的愛情生活也難以持久。侯爵夫人有一次曾動情地說：「倘使我不承認夏德萊是最好的丈夫，那麼我就是最壞的妻子。」

1733年冬天，經伏爾泰作媒，夏德萊侯爵的一位親戚嫁給里舍利厄公爵，婚禮由伏爾泰和夏德萊侯爵夫人共同操辦。婚後不久，里舍利厄公爵率隊支援法國與奧地利和俄國之間爆發的波蘭王位繼承戰爭並在戰鬥中負傷，伏爾泰聞訊趕到戰場，不顧個人安危把公爵運回家。當伏爾泰通過前線時被孔代軍團的士兵當作敵探抓起來險些吊死，幸虧有一個軍官及時認出他就是大名鼎鼎的《查伊爾》的作者，才從絞索上把他救下來。伏爾泰與里舍利厄公爵學生時代結下的友誼此時愈見篤深。

1734年伏爾泰的《哲學通信》法文版在里昂祕密出版並運進巴黎銷售。這部全面論述伏爾泰哲學和政治觀點的著作立即被巴黎高等法院以「違反宗教、有傷風化、不敬權威」的罪名判處查禁和當眾銷毀，出版商若爾也被關進巴士底獄。伏爾泰得到消息，立即逃亡到夏德萊侯爵的西雷別墅。這座建於十三世紀的城堡位於法國東北部香檳省的邊境地區，距比利時很近，一有風吹草動，即可越境而逃。伏爾泰1734年5月動身去西雷，夏德萊侯爵夫人留在巴黎向科學家莫柏都依學習數學，同時繼續往日的社交和賭博。在巴黎幾乎沒有人知道伏爾泰的確切地址，侯爵夫人對別人議論她與伏爾泰的關係則不屑一顧，直到五個月以後她才離開巴黎來到伏爾泰身邊。

在西雷別墅，伏爾泰和侯爵夫人及其子女像一家人一樣生活在一起，侯爵夫人的一兒一女兩個孩子由家庭教師林南先生照顧，侯爵或在前線，或在他的部隊的駐地。伏爾泰和侯爵夫人白天分別在自己的房間裡工作，一個專心致志作詩或編劇，另一個一門心思演算幾何或作科學實驗，大廳裡堆放著數學、物理、化學、天文學等各種科學實驗的儀器。晚飯後稍事休息，又各自分頭工作直至深夜。侯爵有時從部隊回到西雷，也從不干擾他們的事情。當他們分頭各自在房間裡工作時，侯爵就與孩子們及林南先生一起玩耍、吃飯、安歇。工作之餘，或者有客人時，這個「家庭」也有豐富的娛樂活動，或者享受豐盛的晚餐，伴之以趣味高雅的談話和表演節目，或者興之所至一起排演戲劇。

在西雷城堡，伏爾泰一住十六年，期間只有短期外出。有了安身之地和相對穩定的生活環境，加之侯爵夫人的愛情滋潤，伏爾泰的才能得到全面發揮，在哲學、科學、歷史和文學領域都取得了豐碩成果。

1734年夏天，伏爾泰在西雷完成了《形而上學論》的書稿。這是伏爾泰全面論述自己的哲學思想的哲學專著。在這部著作中，伏爾泰總結自己過去不很系統地觸及的哲學問題，集中闡述和論證了他的自然神論唯物主義哲學觀。鑒於《哲學通信》的遭遇，伏爾泰一直未將《形而上學論》印刷出版，這部著作是他逝世以後才問世的。伏爾泰在西雷時期完成的最重要的著作，除《形而上學論》以外，尚有《牛頓哲學原理》，以及戲劇《凱撒之死》、《穆罕默德》、《放蕩的兒子》、《梅洛普》和哲理小說《查第格》等。這些著作雖然涉及不同學科，創作形式極不相同，卻都圍繞著一個共同的主題，即補充、完善和宣傳伏爾泰流亡英國期間確立的哲學思想、政治主張和宗教觀點。爲了避免進一步遭到迫害，伏爾泰有時不得不隱晦曲折地表達自己的思想，而且不得不用各種化名出版其中的某些著作。他一生用過的筆名竟有一百多個!

不過對《牛頓哲學原理》一書，伏爾泰卻不想用其他筆名出版。因爲他寫此書的目的，是繼續《哲學通信》已經開始的工作，在法國傳播牛頓學說，宣傳牛頓的科學精神。他說，他要把牛頓學說解釋得像拉・封丹的寓言一樣淸楚明白。還說，這部著作不是為聰明人設計的，而是為他自已也榮幸地屬於其中的「無知平民階層」設計的。當時牛頓的原理主要是在英國被接受。牛頓的著作是用拉丁文和數學公式寫的，普通人難以理解，在法國瞭解的人更少。伏爾泰的《牛頓哲學原理》是把牛頓思想通俗化的一種嘗試，目的是推動法國科學家從笛卡爾等人的形而上學抽象推論中走出來從事實證研究，並且盡可能廣泛地用科學對抗教會神學和群眾的宗教迷誤。科學是啓蒙運動兩大旗幟之一，伏爾泰自已雖不是一個有創見的自然科學家，但他自覺地高擎著這面大旗，後起的啓蒙學者狄德羅、達朗貝等人繼續了伏爾泰的追求。

1738年《牛頓哲學原理》在荷蘭首次出版。應該說明，伏爾泰的這一重要著作是在夏德萊侯爵夫人啓發和幫助下完成的，可以說是他們的愛情結晶之一。事實上，正是在侯爵夫人的影響下，伏爾泰對自然科學的興趣越來越濃。他自已在英國學習過牛頓學說，也曾給侯爵夫人講解過牛頓，但是侯爵夫人的自然科學基礎比伏爾泰強，尤其是數學、物理學和光學知識比伏爾泰深厚。在一個時期內，他們一起深入研究牛頓的物理學和自然哲學，伏爾泰從她那裡獲益匪淺。

漫長的十六年西雷城堡寫作生涯，是伏爾泰生平的一個重要階段，期間不乏小的波折變動和事件，伏爾泰也有過幾次短暫的外出，有時與侯爵夫人一道，有時獨自前往。他去過荷蘭、比利時、普魯士等國。在里舍利厄公爵、夏德萊侯爵及侯爵夫人的努力下，伏爾泰獲准可以回到巴黎，他也時間或長或短回去過幾次，但西雷仍是他的避風港。有一段時間，由於應國王首席侍臣里舍利厄公爵之邀協助籌辦王太子的婚禮有功，伏爾泰被任命為宮廷史官和國王侍臣，但不久因出言不愼有誹謗宮廷之嫌，侯爵夫人擔心再次把他投入巴士底獄，二人不得不連夜逃走。充當朝臣這段經歷，雖然時間不長，伏爾泰後來一直引以爲耻。他的本意是盡力改善與路易十五的關係，從而影響國王，實現自己的改革方案。他在政治上一直主張實行君主立憲，推行開明君主政治，旣抑制貴族封建勢力，又保護資本主義工商業發展。他一再說過，當君主是一個哲學家時，那是人類的最大幸福。但是路易十五不是哲學家，他甚至因識字有限而念不通伏爾泰寫給他的頌詩，伏爾泰指望這樣一個昏君推行改革實在是白日作夢。這次他在凡爾賽宮碰了壁，但並未眞正覺醒，幾年以後在普魯士他還要體味到對一個專制國王充滿幻想是多麼不切實際。

伏爾泰生平中的西雷時期，還有一件事應該記述，即幾經周折，伏爾泰終於成爲法蘭西學院院士。

法蘭西學院是法國最高學術研究機構，由十七、十八世紀陸續成立的五個皇家學院組成。它們是：法蘭西語言學院（建立於1636年）、金石和文學院（建立於1663年）、科學院（建立於1666年）、倫理學和政治學院（建立於1795年）、藝術學院（建立於1795年）。法蘭西學院院士名額是固定的，只有名額空缺時，才能選舉新院士。新院士須經國家元首批准。

成爲法蘭西學院院士是一種很高的榮譽。自從伏爾泰在悲劇和史詩創作中取得一系列成功以後，他就希望被選入法蘭西學院成爲它的院士。但是法蘭西學院雖是一個學術機構，遴選院士的工作卻受到多種因素的影響，並不很公平。以資格最老的法蘭西語言學院爲例。這個學院是由法國歷史上著名首相黎賽留（1585-1642）紅衣主教倡議建立的，主要任務是研究語法、整理辭典資料和使法語規範化， 其院士大多爲文學家 。 伏爾泰就是最終成了它的院士。但是法國歷史上也有相當多的大文學家被它拒之門外，如狄德羅、巴爾扎克（1799-1850)、左拉（1840-1902)、福樓拜（1821-1880）等。1736 年法蘭西學院有兩個空額，伏爾泰提出申請，由於宮廷的反對，他連候選人的資格都未得到。1743年又有一個空額，伏爾泰再次提出申請，輿論普遍認爲伏爾泰是當今文壇泰斗，塡補空席非他莫屬。但是有選舉權的原有院士們擔心把這顆耀眼的文曲星選進來，他們自己將變得暗淡無光，因而別有用心地提請國王定奪。於是，在教會和大臣們的反對下，伏爾泰落選。一直在拉攏伏爾泰的普魯士國王弗里德里希二世（亦譯腓特烈二世，1712-1786）聽到這個消息寫信給伏爾泰深表同情，熱情邀請伏爾泰來柏林，說柏林對他的天才會有正確評價。伏爾泰在英國享有盛譽，當伏爾泰競選法蘭西學院院士失敗的消息傳到海峽那邊時，英國人於1743年11月直截了當地接納他爲英格蘭皇家學會會員。冷暖之間，伏爾泰自然感慨良多。現在對他來說，爭取入選法蘭西學院已經不僅僅是一個個人榮譽問題了。維護個人權利就是維護啓蒙運動所宣傳的思想和學說。爭取入選就是反擊教會和封建貴族勢力。世界上本沒有絕對公平的事情，在評價一個學者的成就時更是這樣。但是當事情變成一個原則問題而早已超出個人私利時，那就非爭不可了。後來當狄德羅遭受迫害伏爾泰伸出援手時，他就一再寫信給達朗貝，建議用把狄德羅選入法蘭西學院的辦法給對手以回擊。

1746年初，法蘭西學院院士又空出一席，伏爾泰請老朋友達讓塔爾幫他說情。此時伏爾泰正任凡爾賽的宮廷史官，路易十五對伏爾泰的態度有所變化。主要是有兩件事路易十五十分滿意。

一是伏爾泰協助里舍利厄公爵籌備王太子的婚禮時，與著名音樂家拉摩（1683-1764）合作專門創作的音樂喜劇《納瓦爾公主》在婚禮過程中演出，博得國王和王后讚揚；二是1745年5月，路易十五率法軍在豐特諾瓦與英國——漢諾威聯軍打仗獲勝，作爲宮廷史官，伏爾泰根據前線來信及時用史詩體材寫了頌詩三百句〈路易十五取得反對聯軍的豐特諾瓦戰役的勝利〉，簡稱〈豐特諾瓦〉。用寫史詩的形式作新聞報導，路易十五非常高興。因此這次國王表示支持伏爾泰當選，加上伏爾泰朋友的多方幫助，1746年4月法蘭西學院經祕密投票同意接納伏爾泰爲院士。

伏爾泰如願以償。但是苦苦追求的東西，得到時也許已經變味。實際上伏爾泰是懷著某種苦澀的感覺接受這早就應該給予他的榮譽。這不僅是因爲得來艱難，經過了兩次失敗，還因爲得到它的直接根據，不是他以往的多部力作和他對法蘭西思想文化發展的巨大貢獻，而是他此後很快就懊悔和感到羞耻的作朝臣時的御用文字和奉承作品。他用幾句詩表達此時的感受：

我的亨利四世和我的查伊爾，
我的美洲的阿勒齊爾，
從未博得君王的青睞，
我仇敵眾多榮譽很少，
終於一篇平淡無味的滑稽戲，
榮譽和財富傾盆而來。❹

❹《伏爾泰全集》，法文版，卷1，頁89。譯文轉引自葛力、姚鵬著《啓蒙思想泰斗伏爾泰》，頁127。

在巴黎充當宮廷史官和辭官回到西雷的幾年裡，伏爾泰又有許多佳作問世。悲劇《塞米拉米斯》、《得救的羅馬》，喜劇《納尼娜，或戰勝了的成見》以及《如此世界》等多部哲理小說，都是此一時期的作品。而伏爾泰與侯爵夫人的愛情生活，經歷了十多年的風雨，不僅沒有褪色，反而愈益深沈。對於一對年齡相差較大又沒有合法婚姻保障的情人來說，能做到感情上如此難分難捨，事業上始終相互勉勵，名副其實地同呼吸共命運，可以說世所罕見。人們愛說，一個成功的男人身後通常一定有一個非凡的女人。中國人喜歡用「賢內助」表達這種愛情的力量。事實上這兩種說法都帶有夫權社會的偏見。伏爾泰與侯爵夫人的關係絕然不同。他們不是夫唱婦隨，而是相得益彰。特別是伏爾泰，不僅從侯爵夫人那裡得到了溫情，更得到了力量。她不但利用自己的出身和社會地位，為伏爾泰提供了避難所和保護傘，多次幫他擺脫困境轉危為安，從而為他能夠長期專心著述創造了條件，而且發揮自己的知識、才幹、思想和眼光，直接涉及了伏爾泰大量著作的內容和形式。不僅伏爾泰寫作《牛頓哲學原理》一書得益於侯爵夫人的科學素養，而且他的主要哲學著作《形而上學論》也是在侯爵夫人的影響下寫成的。他的著名史學專著《風俗論》更是侯爵夫人提議和督促的產物。其他戲劇作品或詩篇，以及膾炙人口的哲理小說，或是與侯爵夫人交談中忽發靈感而成，或是受到她的啓發命筆，甚至是為了表達愛情直接獻給她的作品。侯爵夫人博聞強記，在諸多學術領域有較深造詣，這種難得的交流夥伴，使伏爾泰涉獵的範圍越來越寬廣。在「通才」的形成過程中，侯爵夫人功不可沒。特別是她的刻苦治學精神，對伏爾泰起了很好的榜樣作用和監督作用。伏爾泰自己對此感觸頗多，他在書信中一再直言不諱。例如，侯爵夫人喜歡巴黎的社交和奢侈生活，但爲了伏爾泰，她寧願長期隱居在偏僻孤寂的西雷別墅；她鑽研學問鍥而不捨，工作起來沒日沒夜，帶動和鼓勵伏爾泰也採取同樣的生活方式。有一件事可以看到她的性格特點和工作態度：1749年初，年近四十四歲的侯爵夫人意外懷孕，妊娠反應較重。此時她正在翻譯牛頓的著作。她不顧身體不適，加快工作進度。她每天上午八點開始工作，一直幹到下午三點，喝點咖啡後繼續幹到晚上十點吃晚飯，飯後與伏爾泰聊一兩個小時，然後接著工作到第二天凌晨五點休息。這樣的生活節奏，她幾乎堅持到分娩！

然而不幸就在眼前。1749年9月3日侯爵夫人生下一女，產後突發高燒，10日溘然長逝。這個打擊非同尋常，伏爾泰幾乎難以承受。侯爵夫人突然意外逝世，使他處於半瘋狂狀態：一個人離開城堡，跑到郊野，跌倒路旁。被找回以後，他夜不成眠，從一個房間踱到另一個房間，悲痛地呼喚著她的名字。他寫信給外侄女德尼夫人說：「我失去的不是一個情人。我失去了半個自己。失去了構成我的靈魂的那個靈魂。失去了二十年的朋友。」

失去了夏德萊侯爵夫人，西雷城堡變得荒涼陰冷，伏爾泰決定永遠離開這裡。

四、普魯士宮廷侍臣的甜酸苦辣

普魯士國王弗里德里希二世早在太子時代就與伏爾泰見過面並多年書信往來，登基以後更極力拉攏伏爾泰，固執地要把這位法蘭西文人之首請到柏林，以裝點他的宮廷。

普魯士本是一個封建專制的軍營式國家，弗里德里希二世卻在對內加強專制統治，對外頻繁擴張的同時，千方百計把自己打扮成一個開明君主形象。似乎他崇尚民主事業，支持一切自由思想家，要把柏林建成歐洲現代文明的中心和反對羅馬天主教會的自由民主聖地，甚至附庸風雅地自己也寫詩爲文，在各國尋找文友。伏爾泰對這位僞善的君主的本質始終認識不清。弗里德里希二世一直投伏爾泰之所好，經常通過信函與他大談哲學和文學，並對天主教會和法國宮廷屢露微詞，因而赢得伏爾泰的好感。夏德萊侯爵夫人在世時，她以女人的直覺和地位、閱歷、修養形成的判斷力，多次阻止伏爾泰落入普魯士國王的圈套。侯爵夫人逝世以後，正當伏爾泰痛感孤苦之時，弗里德里希二世頻施誘惑，伏爾泰於1750年初終於答應應邀到德國宮廷供職。伏爾泰充當路易十五朝臣時已幾次奉命去過德國，但對普魯士的眞實情況並不瞭解。他接受普王邀請，一方面是想換換環境，從對侯爵夫人思念造成的長期抑鬱情緒中掙脫出來，另一方面基於他的政治主張，希圖依靠理性的力量對君主施加影響，勸說和輔佐弗里德里希二世推行開明政治，實現君主制下的社會民主自由，同時用去普魯士宮廷任職的行動抗議法國一再施加於他的迫害。

1750年6月，伏爾泰從巴黎來到普魯士，住進柏林附近波茨坦城郊普王新落成的一座行宮中。他受到弗里德里希的熱情歡迎和優待。普王任命他爲宮廷侍臣，親自授予他宮廷侍臣的金鑰匙，並發給他兩萬法朗的年金，分派給他的任務是爲國王的文稿修改潤色。

當伏爾泰來到波茨坦的時候，一向以「哲學家國王」和開明君主自詡的弗里德里希二世，經過多年努力，已經把一批有才華的歐洲各國的學者網羅到普魯士。他們包括：法國科學家和文學家莫柏都依，當時任柏林科學院院長；意大利科學家阿加羅特，1747年被任命爲國王內侍；法國作家和編輯、《百科全書》撰稿人讓・亨利・佛爾美，任柏林科學院常任祕書；法國哲學家拉美特利，他是十八世紀法國唯物主義哲學代表作之一《人是機器》的作者，雖然他因其著作在西方哲學史上成爲一種哲學思潮或流派的典型而成爲有名的哲學家，他本人的職業卻是醫生和生理學家，他到普魯士後擔任弗里德里希二世的御醫；以及與伏爾泰早就是朋友，在氣質和趣味上與伏爾泰最爲接近的開明貴族達爾讓侯爵，早在1740年他就在伏爾泰的鼓勵和推薦下來到普魯士；等等。普魯士王環顧聚集在柏林的這批科學家和文人學者，本已躊躇滿志，現在法國文壇泰斗、譽滿歐洲的伏爾泰也來到他的身邊，更是得意忘形。他熱心而大方地把眾多學者安置在柏林並最終把伏爾泰也從法國挖來，既不是像他寫給伏爾泰的信中反覆表達的對伏爾泰屢遭迫害的同情和願爲伏爾泰發揮其才能提供良好環境，也不是出於求賢若渴、願爲科學文化繁榮進步作貢獻的無私精神，而是利用伏爾泰等人在歐洲各地享有的巨大聲譽，爲他的侵略政策打掩護和粉飾他在普魯士的野蠻專制統治。伏爾泰來到柏林雖然受到熱烈歡迎和款待，但是他此行的動機和目的，與弗里德里希二世之間是如此不同，他們之間的衝突也就在預料之中了。

伏爾泰初到柏林，對在這裡的生活感到十分愜意。他和牛頓的崇拜者，機智、和藹、彬彬有禮的意大利人阿加羅特以及老朋友達爾讓侯爵三人經常在一起聚會，親密無間，情同手足。1750年11月，他在給外侄女德尼夫人的信中，曾描述他在波茨坦行宮的生活說：這裡的生活是自由而忙碌的，日常活動豐富多彩，有歌劇、喜劇、騎術比賽、閱兵、音樂會、研究和讀書；與國王進餐時充滿機智的談話，晚餐美味有趣；柏林城很大，道路比巴黎寬闊、平坦，有豪華的王宮和劇院，和藹可親的公主、迷人的王后，侍奉國王的女士們都美麗大方、端莊勻稱，等等。但是不久伏爾泰也發現，弗里德里希二世並非他想像中的「哲學家國王」，他並不體恤民間疾苦，一個人牢牢控制著整個國家，開明有限，專制有餘，整個國家治理得像一座兵營，雖紀律嚴明，但等級森嚴，談不到平等、自由和民主，實際情況與弗里德里希經常自我標榜的大相逕庭。這使伏爾泰失望，他對「哲學家國王」的幻想開始破滅。與伏爾泰對德國社會的觀察逐漸深入的同時，弗里德里希對伏爾泰的瞭解也日益全面。原來這位文壇巨子不僅有睿智的哲學頭腦和藝術天才，還有深刻的社會洞察力和平民百姓的思想感情，既不囿於哲學的象牙之塔，也不躭於藝術的情感殿堂，他的哲學關注社會，他的藝術靈感爲啓蒙而發，優禮有加和奢侈豪華並不能阻止他對國王治下的普魯士社會弊端的認識。他人格獨立不羈，氣度不同凡響，敢說、敢笑、敢怒、敢罵，文人的傲氣和社會使命感與宮廷的奴顏卑膝氣氛很不協調。弗里德里希二世對伏爾泰由敬重變爲畏懼，進而逐漸反感。

伏爾泰與弗里德里希二世的關係惡化由於莫柏都依而加深。在伏爾泰來到柏林之前，莫柏都依身爲歐洲知名科學家和柏林科學院院長，一直是普魯士宮廷中最得意的英才，普王對他恩寵備至。莫柏都依學術有成，思想進步，本是法國啓蒙運動中的幹將，但他心胸狹窄，嫉妒心強，擔心新寵臣的到來使自己遭冷落。特別是他與伏爾泰之間還有些私人芥蒂，更使他一開始就把伏爾泰當成了假想之敵。原來在巴黎爲夏德萊侯爵夫人講授數學時，他與侯爵夫人不僅僅是師生，還有過更親密的關係，侯爵夫人最終選擇了伏爾泰，他默默吞下一杯苦酒。伏爾泰來到普魯士後，曾向國王極力推薦法國啓蒙思想家雷納爾神父，使之經弗里德里希二世御批進入柏林科學院，莫柏都依認爲伏爾泰越過自己直接求助於國王，不把他這個院長放在眼裡，是侵犯了他的領地。此時恰逢伏爾泰擔任了一段時間宮廷近侍職務以後，對爲國王修改詩文工作感到厭煩，曾發牢騷說爲國王改稿子「就像洗髒衣衫」，並把自己比作曾處於西西里暴君德尼宮中的柏拉圖，說柏拉圖還不必虛擲光陰去洗髒衣服呢。莫柏都依將此話廣爲散佈，弗里德里希二世聞之自然對伏爾泰十分不滿。伏爾泰後來在他的回憶錄裡說，正是莫柏都依關於「洗髒衣衫」的誹謗惡化了他與國王的關係。

與此同時，身爲御醫的拉美特利與弗里德里希二世曾談及伏爾泰在宮廷的特權地位和由此引起的妒嫉，國王作了一個比喻，說最多再需要伏爾泰一年，橘子擠乾了，皮就要扔掉。拉美特利將此話悄悄告訴伏爾泰，後者自然明白柏林已非久居之地。不過此時他正等待他的《路易十四時代》在德國出版，他不想與弗里德里希二世鬧翻。

1752年柏林科學院發生了院長莫柏都依與院士柯尼希的學術之爭，伏爾泰發表文章加以評述，導致與普魯士王的最終決裂。莫柏都依發表了一篇題爲〈論宇宙學〉的論文，提出一個「最低限度律」原則，認爲自然界總是以最低限度分配各種原動力，試圖用這個原則解釋宇宙中的一切運動。德國科學家柯尼希信奉萊布尼茲哲學，不同意院長的論證，寫了一篇文章駁斥「最低限度律」，文中引用萊布尼茲關於運動理論的一部未完成著作，其中涉及的論點與莫柏都依的「最低限度律」相似，並被萊布尼茲擯棄。柯尼希的文章未點莫柏都依的名字，莫柏都依卻認爲這仍構成對自己作爲著名學者榮譽的威脅。他在柏林科學院提出柯尼希所引用的萊布尼茲未完成著作手稿的可靠性成問題，要求作者提供原始憑證。1752 年 4 月柏林科學院宣佈萊布尼茲的手稿是僞作，柯尼希被迫辭去院士職務。

這件事引起伏爾泰的關注。這年 9 月他在阿姆斯特丹一家雜誌上發表文章〈柏林院士給巴黎院士的答覆〉，客觀地介紹這場爭論。文章並未袒護柯尼希，但認爲莫柏都依太霸道，違背學術道德。與此同時，柯尼希也發表一篇文章〈呼籲輿論反對柏林皇家科學院的判決〉，有力地證明手稿不是僞作，並提出爲了弄清眞相和保證公正，應由另一家科學院來檢查證據作出定論，而不是由當事人莫柏都依作院長的柏林科學院作結論。讀了這篇文章，伏爾泰確信柯尼希淸白無辜。此時弗里德里希二世爲挽救柏林科學院的聲譽，親自出馬爲莫柏都依辯護，匿名發表〈柏林院士致巴黎院士〉一文，針鋒相對、言辭激烈地攻擊伏爾泰說謊、輕浮、無知、道德敗壞。伏爾泰沒有直接與普王對抗，而是拿起他最厲害的武器——諷刺，針對莫柏都依剛發表的一個小册子《關於科學的進步》，化名發表《教皇御醫，阿卡基亞博士的諷刺》一書，由譏諷的手法猛烈攻擊學術上和政治上的專制主義，它對弗里德里希的打擊超過對莫柏都依的打擊。普魯士國王對伏爾泰竟敢暗中蔑視自己的權威怒不可遏，決定公開燒毀這部剛剛印出來的書。1752年12月24日，柏林公共廣場舉行儀式，將《教皇御醫，阿卡基亞博士的諷刺》公開燒毀。

燒書事件標誌弗里德里希與伏爾泰公開決裂。儘管伏爾泰誤認弗里德里希二世是一位開明君主，爲他喜歡談論哲學和藝術、標榜崇尚理性、民主、自由和對宗教不虔誠的假象長期蒙蔽，一旦識破他專制君王的本質，便勇敢與之抗爭。1753 年元旦，伏爾泰把作爲官符的侍從鑰匙和十字徽章退還國王，決意離開普魯士。弗里德里希還想維繫所謂「開明君主」的名聲，不想讓伏爾泰這樣離去。他拒絕接受官符，並寫信請伏爾泰原諒，希望和解。但伏爾泰不再受騙，他傲氣十足地於 3 月26日踏上旅途。

途中，伏爾泰先在萊比錫逗留二十多天，在這個印刷業中心祕密重印他的《教皇御醫，阿卡基亞博士的諷刺》一書，倔強地用行動對弗里德里希二世焚書作出回答，後又在法蘭克福被地方當局根據普王的命令扣留一個多月，幾經波折才於 7 月 8 日到達法國的美因玆地區，了結了與弗里德里希二世延續十六年的瓜葛。

伏爾泰在普魯士宮廷的三年經歷雖然只是他生平中的一段插曲，卻像兩進巴士底獄一樣有力地影響了他此後的生活道路。在柏林嘗到的甜酸苦辣使他終於確信，他的才華在德國像在法國一樣都得不到統治者的重視和愛護，接近宮廷必以喪失人格獨立爲代價，這是他所不願爲的，也是與他所倡導的啓蒙運動的原則相悖的。自由各式各樣，壓迫卻到處一樣。他決心尋找一個遠離專制和壓迫的所在，用他的筆，不僅對教會和宗教狂熱，而且對專制和一切壓迫形式展開新的進攻。他是頑強的思想戰士，柏林受挫只激起了他繼續戰鬥的決心和意志。

五、定居凡爾那與凱旋巴黎城

脫離普魯士王的控制以後，伏爾泰在法國邊境的美因茲休息了三個星期，十月初轉移到科爾馬，準備隱居一個多天。利用這段時間，伏爾泰一方面整理出版他應德意志哥塔公爵夫人請求編寫的德國簡史《帝國編年史》，撰寫劇本《中國孤兒》，並開始寫自傳。這部自傳的題目是《伏爾泰先生本人寫的他的生平的回憶錄》，完成於1759年，1786年逝世以後才問世。另一方面，他在認眞考慮今後的去向。雖經多方努力，他仍未獲准回巴黎，法國的其他地方也不宜久居。幾經輾轉周折，伏爾泰於1754年底帶著外侄女德尼夫人來到日內瓦，決心在這裡購置房產定居下來。日內瓦是瑞士聯邦的一個小共和國，環境優美，交通便利，政治上也比法國和德國自由。幾年之間，伏爾泰先在日內瓦城牆外不遠處購得一所豪華住宅，又在瑞士境內的洛桑長期租賃一所房子，後因日內瓦新教徒的宗教狂熱有所抬頭，爲防不測，又在緊臨瑞士的法國邊境一側凡爾那和圖爾那兩地購置兩處地產。這樣，他自稱「有了四條腿」，狡兎三窟，可以進退自如。他自述這裡沒有國王，沒有監督者，沒有耶穌會士，除了自己的願望外沒有其他責任，獲得了比較大的自由和獨立，不必再過長途奔波的流亡生活。此後二十四年伏爾泰一直在這個法國和瑞士的邊境地帶生活，爲了敍述的方便，我們籠統地稱之爲定居凡爾那時期。

定居凡爾那是伏爾泰平生戰鬥生活的新階段。這時伏爾泰已入晚年，普通人或者頤養天年虛擲而過，或者病魔纏身坐以待斃，而在伏爾泰，卻是他一生中最輝煌、最珍貴的時期。時間之長達四分之一世紀，歷史時機恰逢啓蒙運動高潮來臨。正是這一時期最後奠定了伏爾泰在十八世紀法國啓蒙運動中領袖和導師的歷史地位。在這裡，他進一步密切了與年輕一代啓蒙思想家的聯繫，熱情支持百科全書派的鬥爭，認爲狄德羅和達朗貝所主編的《百科全書》是爲國增光的空前巨著，是法蘭西民族的紀念碑，並積極爲它撰寫條目；在這裡，他利用通信與法國知識界及歐洲各國著名人士聯繫，瞭解各方面的動態，闡述自己的觀點，把通信當作一種重要的宣傳手段；在這裡，他殷勤接待法國和其他國家的民主戰士，他的家成爲歐洲進步輿論的中心和反對封建專制、批判宗教狂熱的聖地，人們尊稱伏爾泰爲「凡爾那教長」，前來問候、拜會、請教他的各國客人絡繹不絕，據他自己講，在不到十年的時間裡，僅前來拜訪的英國客人就有二百多位，瑞士、法國和大陸其他各地客人之眾自不待言；在這裡，他用化名或匿名寫作和印發大量小册子，猛烈抨擊天主教和新教的宗教迫害，揭露專制政府草菅人命的暴行，產生了異常廣泛的社會影響，有力地打擊了敵人，教育和動員了廣大群眾；在這裡，他除繼續創作戲劇作品外，還完成了歷史、政論、哲理詩、中短篇小說等一大批著作。

定居凡爾那時期是伏爾泰創作的又一個高峰期。年邁和不平凡的閱歷，使他的思想全面成熟，各方面的才華都達到了金黃的收穫季節。同時，在這裡他獲得相對自由，對教會和專制政府的鬥爭越加勇猛頑強和直截了當，鬥爭的藝術也日臻完善，取得的成果有口皆碑。

在來到日內瓦前夕，伏爾泰終於完成了悲劇《中國孤兒》。

這個劇作以中國元曲《趙氏孤兒》爲藍本，伏爾泰按照法國古典悲劇創作的「三一律」原則作了根本改造。《中國孤兒》是伏爾泰晚年最成功的悲劇作品，它的創作和演出也是中西文化交流的一件盛事，由於它涉及伏爾泰對中國文化和中國社會的認識和態度等深層問題，與它有關的內容我們留待本書第七章再向讀者詳細交待。

在定居凡爾那時期，除《中國孤兒》以外，伏爾泰還創作了《唐克萊德》(1759)、《蘇格拉底》(1759)、《蘇格蘭女人》(1760)、《奧林匹亞》(1762)、《祆教徒，或寬容》(1769)等多部悲劇。

1755年末葡萄牙首都里斯本發生大地震，死傷慘重。地震恰巧發生在基督教的萬聖節，葡萄牙耶穌會士借機汚衊無神論者和進步思想家，用地震是上帝對人類的懲罰恐嚇群眾，並在里斯本舉辦功德會，用活活燒死無辜者禳災。里斯本大地震在歐洲其他各國也引起震驚和思想混亂，連有些科學家也相信地震體現了上帝的意志。伏爾泰於地震後七八天寫了哲理詩〈里斯本的災難〉，憤怒抨擊教會以及它的急先鋒耶穌會士的胡言亂語和胡作非爲，強調里斯本慘劇的原因應在自然界和自然法則中去尋找，而不應妄言什麼「上帝的旨意」，體現了伏爾泰的科學精神和與宗教迷誤鬥爭的原則態度。伏爾泰寫過另一首哲理詩〈自然法則〉，是1752年在柏林寫的，題獻給弗里德里希二世，闡釋了伏爾泰的自然神論世界觀，此時他把此詩與〈里斯本的災難〉放在一起出版。這本書受到熱烈歡迎，1756年一年之中就出了十八版，當然同時也遭到反動份子的攻擊。

1756年伏爾泰的重要歷史著作《風俗論》出版。此書全名

《試論通史與各國人民的風俗和精神》，《風俗論》只是簡稱。這部著作早在西雷時期在夏德萊侯爵夫人鼓勵下開始動手撰寫，陸陸續續直到伏爾泰逃離普魯士以後方才完成，前後歷時近二十年，期間部分手稿曾單獨發表，1756年正式出版時共七卷，是體現伏爾泰的史學思想和在歷史研究中創新的代表作之一。除此之外，伏爾泰在凡爾那完成的史學著作還有《彼得大帝治下的俄羅斯帝國歷史》、《巴黎高等法院史》等。

1759年伏爾泰發表《老實人，或樂觀主義》。這部作者僞稱譯自德國拉爾夫博士的作品，是伏爾泰最著名、影響最大的哲理小説。他此後創作的哲理小説還有：《讓諾和科蘭》(1764)、《天眞漢》(1767)、《有四十個金幣的人》(1768)、《巴比倫公主》(1768) 等。

本書第一章論述十八世紀法國啓蒙運動的發展過程時我們曾經談到讓・梅里葉神父和他的《遺書》在批判教權主義和宗教迷誤中起了很大作用。但是《遺書》起初是以手抄本流傳的。一部巨著靠手抄本流傳所產生的影響畢竟極爲有限，而它的全文直到1864年才在阿姆斯特丹出版，那已是啓蒙運動乃至法國大革命大功告成七八十年以後的事了。眞正使《遺書》在啓蒙運動中產生廣泛影響、發揮了巨大戰鬥作用的是伏爾泰。1762年伏爾泰在日內瓦匿名出版了《遺書》的摘要本，題爲《梅里葉號召教區人民反對腐朽透頂集團的呼籲書》❺。伏爾泰是在1735年就從他的朋友、巴黎的出版商季里奧那裡得知梅里葉的事跡，並且請季里奧

❺ 霍爾巴赫於1772年在阿姆斯特丹和倫敦兩地同時出版《遺書》的另一摘要本，題爲《神父梅里葉的健全思想》，與伏爾泰的摘要本在編選方法、內容取捨上均有不同。

設法爲他找到《遺書》的手抄本。伏爾泰非常推崇梅里葉，讚賞梅里葉臨終拋棄僧袍的勇氣，說梅里葉善良、質樸、純眞、誠懇、善於議論和論證，比九十九個男爵加在一起還要機智，是像洛克一樣的哲學家，認爲《遺書》是罕見的一本書和了不起的著作。同時，伏爾泰認爲《遺書》在寫法上有冗長、拖踏、重覆等毛病，不易普及。他根據《遺書》手抄本第一卷的材料，側重梅里葉對天主教教義、宗教產生發展的原因和對教會僧侶不法行爲的批判，逐字逐句摘錄成一個摘要本，克服原著文筆和論述上的缺陷，使這個摘要本具有流暢的文體和精鍊的內容，易於理解和便於流傳，附錄梅里葉生平事跡簡介以後付印出版。伏爾泰選編的這個《遺書》摘要本出版後大受歡迎，連續再版數次，在法國廣泛流傳。伏爾泰極爲重視這本書的出版發行，從1762到1764兩三年間，他不斷寫信給在巴黎的友人，向他們寄送梅里葉的書，一再催促他們翻印和推銷，請他們不倦地宣傳這位反宗教神權的前輩。在這些通信中，伏爾泰熱情地說：梅里葉的這本書應當人手一册；必須讓它成爲人人皆知的書，因爲它可以在法國各省教育出許多新的反封建、反教權的戰士；梅里葉的書是揭露宗教的欺騙性、反動性和打擊教權主義份子的有力武器；任何著作在任何時候都不會比神父的這本《遺書》起更大的作用；等等。

早在去普魯士前夕，1750年5月，伏爾泰發表《聖賢和百姓的聲音》時，就提出一個口號——消滅敗類，此後他在與友人的通信中經常署上這句話，以此表明自己與天主教會誓不兩立的決心和激勵啓蒙學者們與宗教迷誤進行頑強鬥爭。在凡爾那，他進一步將這一口號付諸行動，掀起了「消滅敗類」高潮，梅里葉《遺書》摘要本就是投向教會的重磅炸彈。同一年，伏爾泰還發表了自己的新作〈五十個說教〉。這是一篇伏爾泰對教會的宣戰書，公開全面否定了基督耶穌和《聖經》，對新舊基督教進行全面討伐。與「消滅敗類」主題相關的還有《論寬容》(1763)、《哲學辭典》(1764)、《英國紳士博林布羅克的重要研究》(1767)、《關於百科全書問題》(1770)、《終於得到解釋的聖經》(1776)等。

凡爾那時期伏爾泰生平中另一重要內容是支持、捍衞《百科全書》的編撰出版。

伏爾泰與狄德羅、達朗貝主編《百科全書》工作一開始並沒有直接關係。他支持和稱讚這一宏偉工程，卻沒有參加這個工程的設計和開工典禮。當 1751 年 6 月和 1752 年 1 月《百科全書》頭兩卷出版以後遭到教會勢力的圍攻、編輯工作遇到困難時，伏爾泰才捲入其中，從各個方面給它以支持、關心和協助，才開始直接參與出版《百科全書》的鬥爭。普拉德神父事件促成了《百科全書》與伏爾泰的結合。普拉德神父是爲《百科全書》積極撰稿的神學家，他寫的「確實性」辭條曾引起轟動。1751年底他向索邦學院神學系提交博士論文〈天國的耶路撒冷〉，1752年初答辯時因論文有接近百科全書派啓蒙學者的觀點而未獲通過，他的論文遭查禁，巴黎大主教又下令燒毀。早已伺機破壞《百科全書》出版的耶穌會士和冉森派教徒借機興風作浪，大肆攻擊百科全書派，甚至散佈流言說〈天國的耶路撒冷〉一文是狄德羅的手筆。在他們的哄鬧和壓力下，已出版的頭兩卷《百科全書》被查禁，普拉德神父被索邦學院除名並遭通緝，神父不得不潛逃荷蘭。爲此達朗貝寫信給伏爾泰，請他幫助在柏林爲普拉德神父尋求安身之地。伏爾泰當然願意幫助任何一個被教會迫害的同道，他在弗里德里希二世那裡爲普拉德神父謀得御前侍讀的職位。這件事之後，伏爾泰與《百科全書》關係密切起來。鑒於《百科全書》在法國被禁，他曾建議狄德羅和達朗貝到柏林來繼續這一事業，只是由於狄德羅不同意而此議作罷。

《百科全書》的命運受到歐洲各國進步人士的關切，經過狄德羅和達朗貝等人的機智鬥爭，迫於國內外輿論的壓力，專制政府不得不於1753年撤銷了禁令，《百科全書》第三卷得以問世。這以後的三四年裡，編輯出版工作較爲順利，從 1753 年到 1757 年，堅持每年出一卷，訂戶也由原來的兩千人擴大到四千人，影響越來越大。這引起反動份子新的恐懼和仇恨，《百科全書》又遇到新的磨難。先是反動份子誹謗狄德羅、達朗貝與伏爾泰、盧梭等人祕密組織了一個旨在危害國家和推翻社會的作家集團，妄圖敗壞這些啓蒙學者的聲譽，造謠惑眾，欺騙輿論。特別是一個叫巴里索的文人，寫了一齣三幕諷刺喜劇《哲學家們》，於1760年 5 月在巴黎上演，更把這場毀謗丑劇推向高潮。巴里索在《哲學家們》中借一個淺薄無聊的虛構故事，把哲學家們的理想描繪成對公共秩序和道德十分有害的東西，把幾位著名啓蒙思想家寫成欺凌寡婦、誘騙孤女的道德敗壞之徒。他讓劇中人在形象上與盧梭、狄德羅、愛爾維修等人極爲相像，並竭力加以醜化。例如把盧梭描寫成頭頂蔬菜、四肢爬行的僕從，以諷喻盧梭「返回自然」的社會主張；劇中人羅狄德暗指狄德羅，被描繪成無恥的騙子，企圖利用自己有關人性的知識誘騙天眞無知的女性；把愛爾維修寫成偷人錢包的扒手，揶揄他的「利己主義」學說等等，手段十分卑鄙，投合了反動勢力的需要，居然造成一時轟動，起了極壞的作用。與此同時，百科全書派內部由於意見不同發生分裂，1758年盧梭首先宣佈與《百科全書》決裂，達朗貝由於厭煩內部爭吵和外部受到反動派的壓力退出了編輯部，後來魁奈、杜爾閣、馬爾蒙代爾和杜克洛也先後脫身。不僅如此，當局也加緊對《百科全書》編撰工作的壓迫，1759年總檢察長控告《百科全書》發表瀆神言論和敵視宗教，當局指定專人組成審查委員會，對已經出版的七卷進行審查，同年3月判決撤銷《百科全書》的出版特許並禁止繼續出售、散發或重印。半年以後，羅馬教皇克里門蒂十三世也專門發表詔書，譴責《百科全書》，勒令焚毀。

普拉德神父事件之後，伏爾泰一直全力支持狄德羅和達朗貝的工作。他激情滿懷地對戰友們說：「寫吧，勇敢的狄德羅和無畏的達朗貝，向宗教狂熱份子和壞蛋們進攻吧！批駁他們愚蠢的誇誇其談、卑鄙詭辯、歷史謊言、自相矛盾的荒誕無稽之談，阻止那些思想健全的人變成沒有理智的人的奴隸；正在成長中的一代人得到自己的權利和自由應歸功於你們。」❻他積極爲《百科全書》撰稿，對自己所寫的辭條精益求精，非常謙遜地總怕答應承擔的辭條寫得不好而影響《百科全書》的質量。他在寫給狄德羅和達朗貝的信中說，他常常顫抖著寄出給《百科全書》寫的文章，要他們把不滿意的東西燒掉，而不必顧及老頭子的情面。事實上，伏爾泰爲《百科全書》所寫的短文極爲精彩。他爲《百科全書》撰寫了十二個辭條，諸如「歷史」、「理智」、「想像」、「優美」、「平等」、「自由」、「暴政」等均爲伏爾泰手筆。他高度評價《百科全書》的價值，成爲百科全書派積極的成員之一，他曾說：「當生命一息尚存，我願爲《百科全書》的光榮的

❻ 轉引自C・阿爾塔莫諾夫：《伏爾泰傳》，中文版，張錦霞、蘇楠譯，頁13。

作者們效勞。如果我能爲最偉大和最美好的民族的和文化的作品貢獻自己微薄的力量，我認爲這對自己將是最高的榮譽。」❼

因之，當內憂外患齊來，編撰《百科全書》遇到空前困難時，伏爾泰強烈意識到自己的使命和責任，挺身而出盡全力保衞這一集啓蒙運動各路英雄思想大成的文化成果。他一再規勸達朗貝不要辭掉《百科全書》副主編的職務，嚴厲批評盧梭挑起與達朗貝和狄德羅的爭端及其「決裂」行爲，強烈反對巴里索在舞臺上醜化百科全書派哲學家，憤怒駁斥在《文學年鑑》上一再發表文章攻擊《百科全書》的反動文人佛勒龍，無情嘲弄狂妄自大、積極參加反《百科全書》大合唱並乘機擡高自己的小丑角蓬皮尼昂。伏爾泰在1760年7月上演的喜劇《蘇格蘭女人》中，特別挖苦諷刺佛勒龍熱中於誹謗和作僞證、讚賞低能者、蔑視眞正的天才，第二年又發表〈佛勒龍軼事〉一文，公開揭露佛勒龍私生活中的卑劣行徑。對於蓬皮尼昂，伏爾泰先用「克洛多雷」的筆名發表〈何時〉一文，運用他尖刻的諷刺向蓬皮尼昂進攻，後以「德利斯」筆名又寫了〈是〉和〈否〉兩文跟踪追擊，百科全書派的莫爾萊神父也發表〈如果〉和〈爲何〉助戰，這一系列短小精悍的文章像一陣排炮，連續射向恣意攻擊百科全書派的小詩人蓬皮尼昂，形成一場引起轟動的「小品詞之戰」，狠狠反擊了對《百科全書》的圍攻。

《百科全書》的死敵耶穌會在巴黎有一份機關報《特雷沃報》，其主編貝蒂埃神父發表文章攻擊《百科全書》，伏爾泰當即寫了一篇諷刺文章〈耶穌會士貝蒂埃患病、懺悔、死亡和顯靈

---

❼ 同❻。

的記錄〉，辛辣嘲諷貝蒂埃由於在他所主編的報紙上發表太多的惡毒言論而中毒，醫生開給他的藥方是呑下一頁《百科全書》！這神來之筆活現伏爾泰的愛憎感情和老而彌堅的鬥爭意志。

在狄德羅頑強努力下，在達朗貝退出後一直作狄德羅助手的柔古等人的埋頭苦幹和其他同仁們鼎力相助下，加上伏爾泰等老一輩啓蒙學者的全力支持，《百科全書》被迫停止出版八年後於1765年不顧禁令恢復出版，到1772年按計畫全部出齊。開始，重新出版的《百科全書》只能祕密發售，但是當局越禁止，人們越是要購買和閱讀，禁令變成一紙空文，百科全書派取得了最後勝利。

在保衞《百科全書》的鬥爭中，伏爾泰以一位啓蒙老人和文壇巨擘的身份參加進來，無私地愛護和支持第二代、第三代啓蒙學者的事業，在啓蒙學者中間和社會上贏得普遍讚揚和欽佩。1770年初，支持和參加啓蒙運動的銀行家雅克・內克爾和他的夫人蘇娜納，在他們的巴黎寓所宴請啓蒙學者，應邀參加的有狄德羅、達朗貝、絮阿爾、愛爾維修、馬爾蒙代爾、格里姆、聖朗貝、托馬斯、索蘭、伯爾納、夏斯特里爵士、舒恩伯格伯爵、雷納爾神父、阿爾芒神父、莫爾萊神父，加上內克爾夫婦一共十七位哲學家和學者。宴會過程中，內克爾夫人提議，爲向伏爾泰表示敬意，大家集資爲這位啓蒙前輩塑像，在座的朋友們一致同意，決定委託當時法國最負盛名的雕塑家皮加爾完成。宴會後消息不脛而走，到4月份已有四十多人捐款。起初捐款範圍只限伏爾泰的朋友和崇拜者，後來擴大到一切願向伏爾泰表示敬意的文人學者，連丹麥國王和弗里德里希二世也捐了款，甚至已與伏爾泰反目成仇的盧梭得知這個消息後也表示願意捐款並熱情地說：「這是法蘭西和這個世紀的榮譽。」普魯士國王大約爲了悔過或者爲了挽回影響，除捐款外還特意寫了一封信請達朗貝在法蘭西學院宣讀，信的一開頭便說：「伏爾泰得到的最美的紀念碑是他自己樹立起來的，他的著作將比聖彼得教堂、羅浮宮或人類獻給永恆未來的一切建築物都會存在得更爲長久。」

皮加爾爲伏爾泰雕塑的是一座古典風格的裸體坐像，充分體現出伏爾泰一貫主張的美學原則，伏爾泰本人對此甚爲滿意。後來又有兩位傑出的雕塑家爲伏爾泰塑過像，彭賽爲伏爾泰雕了一座與眞人尺寸相等的白色大理石胸像，烏東爲伏爾泰塑了幾個胸像和全身坐像，可惜他們的作品完成時，伏爾泰已經去世，未能目睹他留給後世的形象。

1774年路易十五一命嗚呼，新繼位的路易十六無法撲滅群眾熱愛伏爾泰的一往深情。伏爾泰決定回到巴黎。他已經有二十九年沒有到過巴黎了。自他初涉社會以後，他從來沒有在這個他出生和度過學生時代的城市再連續生活兩年以上。巴黎是政治和文化中心，身爲天才政論家和文壇泰斗的伏爾泰卻不得不大半生在外國作客、在窮鄉僻壤隱居、在邊境棲身，現在時機終於成熟，儘管當局仍然沒有撤銷不准他返回巴黎的禁令，形勢卻已今非昔比。伏爾泰明瞭，經過啓蒙學者的長期鬥爭，人民日益覺醒，教會受到沈重打擊，專制王朝也已喪盡人心，封建勢力已經奈何他不得。

1778年初，伏爾泰凱旋巴黎，受到首都人民狂熱歡迎。他的住所前車水馬龍，知名人士紛紛前來拜訪，期待一睹這位時代巨人風采的巴黎群眾雲集不散，報刊連篇累牘報導伏爾泰到來和活動的消息，氣氛熱烈已極。列在歡迎隊伍之首的當然是拼搏已久的啓蒙學者和自由思想家，狄德羅、達朗貝、馬爾蒙代爾、杜爾閣、內克爾夫人等等。法蘭西學院的慣例是只接待來訪者，不拜訪任何人，這次卻破例派遣兩位院士前往拜謁伏爾泰，另十位院士自發加入這個特殊的院士朝覲團。法蘭西喜劇院的演員也集體拜訪伏爾泰。伏爾泰一生爲這個劇院寫過二十多個劇本，他的大部分劇作都是首先在這座劇院面世的。但是，與學者、文人、藝術家和廣大群衆的熱忱形成鮮明對照，貴族和宮廷對伏爾泰十分冷淡，來看望和陪伴回鄉老人的只有老同學、老朋友里舍利厄公爵和達讓塔爾伯爵。

已屆八十四歲高齡的伏爾泰回到巴黎以後仍然充滿活力。他興奮地接待各界來訪者，積極參加許多社交活動，出席觀看他所創作的最後一部悲劇《伊蘭納》的演出，參加法蘭西學院院士會議等等，人民的愛戴彷彿使他煥發出新的青春。

伏爾泰重返巴黎期間，正值美國獨立戰爭激烈進行之時，北美十三州原英國殖民地人民正在用血與火實踐伏爾泰、孟德斯鳩、盧梭和其他法國啓蒙學者所倡導的政治原則與社會理想。早在二十五年以前，當伏爾泰準備逃離普魯士時，他曾想去北美賓西法尼亞定居，他在寫給蒂埃里奥的信中談到過這一計畫，只是因爲他嚴重暈船，無法忍受遠渡重洋的痛苦，才放棄這個打算。假設他的身體不是這般羸弱，他也許將成爲美利堅合衆國的奠基人之一。由於有這一段隱祕的前因，伏爾泰十分關注北美的事態發展。法國政府基於與英國的利益衝突，對於1775年舉行起義的北美人民持支持態度。1776年7月4日美國建國以後，法美關係十分密切，法國曾派志願軍到美洲參戰。伏爾泰返回巴黎，適值美國著名民主主義者和科學家本傑明・富蘭克林（1706-1790）

出使法國。伏爾泰到達巴黎的第一個星期裡就熱情接待了美國客人。富蘭克林信奉自然神論，是美國〈獨立宣言〉的起草人之一，過去曾與伏爾泰有過書信往來。這次拜謁伏爾泰，富蘭克林帶著自己的小孫子本傑明·富蘭克林·巴赫，祖父請伏爾泰爲寵孫賜福，伏爾泰的祝福是「上帝和自由」，極爲準確地表達了他與富蘭克林的共同信仰。在以後的幾個月裡，他們在公共場合曾多次相見，無論二人在哪裡見面，四周總是掌聲不絕，情景令人十分感動。伏爾泰的傳記作者安德烈·莫洛亞說：「富蘭克林與伏爾泰的相會，民主政治與自然神論的握手，這已是大革命開始的預兆。」❽這是一句頗富歷史感的評論。

重返巴黎以來的緊張活動和神經高度興奮嚴重損害了伏爾泰的健康。不久他就病倒，並於這年5月30日與世長辭。伏爾泰至死不與僧侶統治者妥協，他在人生旅途的終點所寫的辭世辭〈與生命訣別〉仍然是一首辛辣嘲諷「大主教」、「法官」、「僞君子」的諷刺詩。在最後的日子裡，臥床不起的伏爾泰仍然頑強地與糾纏不休的教士們周旋，拒絕懺悔和做臨終儀式。

伏爾泰生病和逝世的消息使教會和一切反動份子欣喜若狂，他們陰謀凌辱伏爾泰的遺體。1730年，伏爾泰年輕時的情人、著名女演員勒庫弗勒小姐逝世時沒有履行天主教的臨終儀式，曾經遭到教會慘無人道的迫害，現在伏爾泰也逝世了，一些穿僧袍的惡棍又想重施故技，要求教會下令不准埋葬伏爾泰。狂熱的教士們的請求已爲巴黎大主教認可。在這種情況下，伏爾泰的朋友們只得把他的遺體祕密運出巴黎，暫時安葬在距西雷城堡不遠的香

---

❽ 安德烈·莫洛亞：《伏爾泰傳》，引自《傳譯傳記五種》，頁706。

檳省塞里耶爾修道院。當局則禁止報紙上提到伏爾泰的名字，禁止劇院演出他的戲劇，禁止法蘭西學院按慣例爲他舉行宗教儀式。

但是教會和專制王朝枉費心機，人民不會忘記伏爾泰。十一年以後法國大革命爆發，1791年5月8日和5月30日，國民議會兩次發佈公告，決定把伏爾泰的遺骨遷葬先賢祠，並補行國葬。7月10日舉行的重葬伏爾泰儀式極爲隆重，送殯的群眾在這位偉大啓蒙思想家的柩車上大書「他教導我們走向自由」，一語道盡伏爾泰終生活動的歷史價值。

第三章

伏爾泰的自然神論及其對宗教迷誤的批判

一、伏爾泰哲學思想的理論來源

伏爾泰膾炙人口的戲劇、詩歌、小說、政論、歷史著作以及大量書信，爲這位多才多藝的啓蒙巨人塑造了極爲豐滿的歷史形象。然而，構成他所建造的精神大厦的基礎的，是他的哲學思想；奠定他成爲十八世紀法國啓蒙運動領袖和導師歷史地位的，是他運用他的哲學與天主教會和宗教迷誤六十年如一日的頑強鬥爭。

伏爾泰最早的哲學著作是《哲學通信》，這是他流亡英國期間深入研究牛頓的自然哲學和培根、洛克的唯物主義經驗論的成果。在這部著作裡，他把牛頓、培根和洛克介紹給法國讀者，也表明自己是英國的實驗哲學和經驗論的信徒。此後，無論是在哲學專著、哲理詩、談論哲學的大量書信中，還是通過文學作品所表達的哲學思想裡，伏爾泰從來沒有背離過這種哲學信念。他始終未能超越他的老師，但他嚴格地遵循了他們的唯物主義路線。他在《哲學通信》裡所闡發的哲學思想，後來在《形而上學論》、《牛頓哲學原理》、《哲學辭典》、《無知的哲學家》等哲學著作中得到詳細的分析論證，從而在以笛卡爾爲代表的唯理論思辨哲學占統治地位的法國學術界，吹進一股新風，唯物主義的經驗論和實驗哲學從此在法國思想界大行其道，構成法國啓蒙運動的哲學基礎和摧毀宗教神學的理論武器，並爲自然科學家提供了先進的世界觀和方法論，有力地促進了十八世紀法國自然科學的發展。

伏爾泰推崇近代哲學的鼻祖弗朗西斯·培根（1561-1626)，在《哲學通信》第十二封信中，他集中評述了培根對當代哲學發展的貢獻。在伏爾泰看來，中世紀的經院哲學不過是用抽象的「本質」、「實體的形式」等等莫名其妙的概念糟蹋理性。這些詞語被無知的人尊敬，被教會和神學家利用，阻礙科學的發展和社會進步，人們「不懂得血液循環、空氣的重量、運動規律、光、星球的數目等等，而如果有人提出關於亞里士多德的範疇、關於事物共相或是其他此類糊塗問題的論文，他卻會被人看成是非凡的人物。」❶ 哲學仍然被禁於神學之中。正是培根，通過他的「最奇異最精粹」的著作《新工具》，打破了這種局面，開啓了人類認識自然、發展科學技術的新時代。伏爾泰說，《新工具》是人們用以建立新哲學的腳手架，培根是「實驗哲學之父」，在培根以後，一掃經院哲學的陳腐說教，實驗物理學在歐洲興起，培根自己不但做過關於空氣彈性和空氣重量的實驗，而且預言，人們將解開許多自然之謎。在培根那裡，哲學不再是抽象推論和空談，而成爲研究自然現象、探索自然規律的工具。伏爾泰特別強調，培根曾在《新工具》中預言了引力的存在。他引證培根的兩段

❶ 伏爾泰：《哲學通信》，中文版，高達觀等譯，頁46。

話：「應該研究有沒有一種磁力在地球與重物之間、月球與海洋之間、各個星球之間發生作用」❷；「或者有重量的物體必然地被引向地心，或者它們彼此之間互相吸引，在後一場合，物體下墜時，離地越近，互相吸引的力量顯然就越大。」❸這分明是培根早於牛頓一百多年就已根據自己「認識的新方法」推測到後來爲牛頓所證實的萬有引力論。這個事實使伏爾泰驚訝不已。伏爾泰後來在《哲學辭典》中爲「哲學家」所下的定義是「智慧愛好者」和「眞理愛好者」，他本人一生以這兩個原則爲行動指南，在孜孜於人文科學研究的同時，努力學習和研究自然科學，雖然他在自然科學方面沒有什麼傑出發現、發明和創造，但他不但寫了《牛頓哲學原理》等宣傳自然科學成果的著作，而且始終倡導科學精神，高揚文明進步，所以當他研究培根的著作時，培根關於引力問題的推測令他嘆服實驗哲學的威力。既愛智慧又愛眞理的伏爾泰自己的哲學思想，自然受到培根哲學在方法論和認識論方面的巨大影響。

不過伏爾泰哲學思想的最直接的理論來源是英國唯物主義經驗論的代表人物洛克。約翰·洛克（1632-1704）在斯圖亞特王朝復辟時期站在輝格黨一邊，因而受到保皇派的迫害，曾逃亡荷蘭，直到1688年「光榮革命」後才回到英國，並擔任政府要職。他結識牛頓，信服牛頓學說，他在所著《人類悟性論》和《政府論》兩部著作中，系統地闡述了唯物主義的經驗論哲學和政治理論。洛克發揮培根、霍布斯的唯物主義，建立了比較完整的感覺主義的經驗論認識體系。當時歐洲大陸盛行笛卡爾的「天賦觀念

❷　同❶，頁47。
❸　同❶，頁47。

論」，英國的劍橋柏拉圖學派又公然復活柏拉圖的理念論，洛克尖銳批判了這些替宗教神學辯護的唯心主義哲學，提出著名的心靈是一塊「白板」的學說，認爲人的觀念和知識都是從感覺經驗中得來的。他對認識的起源、過程和獲得知識的途徑，進行了系統論證。洛克研究了人類知識的範圍，認爲不可能獲得絕對的和超驗的知識，人的認識能力和思維活動僅限於永遠是相對的經驗範圍之內。洛克的經驗論有力地打擊了笛卡爾的天賦觀念論和宗教神學的靈魂不死說。

伏爾泰十分推崇洛克，認爲洛克是柏拉圖之後最偉大的哲學家。他說:

> 洛克一個人足以成為我們時代對於希臘極盛時期的優越性的重要例證。從柏拉圖到洛克，哲學毫無進展。在這段時期內，沒有人把人類的精神活動推進一步……只有洛克在他的一部著作中闡述了人類的理解力。這部書的內容全是真理。這些真理明白易懂，使這本書成了完美無缺的著作。❹

伏爾泰在他1759年所寫的《回憶錄》中更直率地指出了洛克在其哲學思想形成過程中所起的作用。他說:

> 我是極端尊敬洛克的，我把他看成唯一合理的形而上學家，我特別推崇他的那種極新、極明智、極大膽同時又極嚴謹

❹ 伏爾泰:《路易十四時代》，中文版，吳模信等譯，頁 497-498。

的態度。

在《無知的哲學家》中，伏爾泰甚至這樣描述他的哲學思想與洛克哲學的關係：

> 我跑了很多不幸的彎路，疲憊困頓，以為尋求了不少真理，所找到的卻是許多空想，深覺慚愧，我又回到洛克這裡來了，就像一個浪子回到父親身邊一樣，我投入到一個謙虛的人的懷抱。

事實上，伏爾泰的哲學思想始終以洛克爲依據，無論正面闡述還是駁辯時的應用，都是從各個方面發揮洛克哲學的基本原理。伏爾泰當然對洛克的經驗論有所發展和貢獻，但是他在哲學研究和著述中的主要功績，是把洛克哲學介紹到法國，並忠誠不渝地宣傳它，捍衛它，從而爲十八世紀法國唯物主義的形成提供了理論藍本和思想借鑑。他常自詡是他第一個把洛克的著作譯成法文並向法國思想界宣傳這位英國哲學家，把這看作是自己對法國啓蒙運動的一大貢獻。

伏爾泰雖然極端推崇和不倦地宣傳洛克，他自己的哲學思想卻不是洛克哲學的簡單翻版。他針對十八世紀法國思想界的獨特環境和思想鬥爭的時代特色，融合法國十七世紀的思想遺產和科學成果，源於洛克又推陳出新，從而形成伏爾泰自己獨立的哲學理論。這裡所謂法國的思想遺產和當代自然科學成果兩項內容，也應屬於伏爾泰哲學思想的理論來源。

其一是笛卡爾以及笛卡爾之後的一些法國哲學家。

笛卡爾(1596-1650)是十七世紀法國傑出的唯理論哲學家，是近代哲學的奠基人之一，同時又在數學和物理學領域作出了重大貢獻。在封建專制壓迫下，他終生流亡國外，他的著作被羅馬天主教會列爲禁書。笛卡爾的主要哲學著作是《方法談》、《形而上學的沈思》和《哲學原理》。笛卡爾的哲學體系是二元論。他認爲世界存在物質和精神兩個平行體系，上帝是最高的統一實體，因而笛卡爾把他的哲學分爲兩個部分，即關於自然的學說「物理學」和關於超自然的學說「形而上學」。他的「物理學」是一個寬泛的概念，實際上包括了全部自然科學，而形而上學是關於上帝、靈魂等超驗存在物的學說。笛卡爾企圖用這種二元的辦法，從宗教神學那裡爲自然科學爭取存在和發展的機會。他把他的物理學和形而上學完全分開，在他的物理學範圍內，物質是唯一的實體，是存在和認識的唯一根據。根據這種「物理學」,他認爲自然界由物質微粒構成，充滿無限的空間，沒有絕對的眞空；物質具有廣延性，進行分離和組合運動，物質和運動是永恆的；宇宙是一架大機器，一切現象均可用力學規律說明，甚至動物也是像鐘錶一樣的自動機械。笛卡爾的自然觀是與十七世紀自然科學水平相適應的機械唯物主義。在認識論和方法論上，笛卡爾主張天賦觀念論和唯理論，認爲理性演繹法是唯一科學的認識眞理的方法，排斥歸納，否認經驗的認識作用。

笛卡爾的二元論雖然引起很大爭議，但是他推崇理性、強調「普遍懷疑」的原則和唯物主義的物理學，對十八世紀的法國唯物主義的發展有很大影響。笛卡爾認爲理性是每個人天然均等具備的能正確地作出判斷和辨別眞假的能力，「普遍懷疑」是科學研究的出發點。他主張對人類以往的知識，要根據「普遍懷疑」

的原則，用「理性的尺度」大膽地重新審視，凡屬違反理性的迷信和偏見一概拋棄。顯然，笛卡爾的這些觀點是針對宗教神學的。他用推崇理性對抗宗教的信仰主義，鮮明地否定了經院哲學和充滿愚昧、偏狹和矛盾的神學知識體系。他建立了系統的唯理主義認識論，倡導發揚理性，改進認識，改造社會。

伏爾泰信奉洛克和牛頓，他的哲學思想是唯物主義的經驗論，是實驗哲學，當然原則上反對唯理論和思辨哲學。但是笛卡爾的物理學唯物主義與伏爾泰的唯物主義又是一脈相通的，在推崇理性、提倡科學、反對神學上更是志同道合。伏爾泰雖然也像洛克一樣批判笛卡爾天賦觀念論，但是他承認笛卡爾的天才，肯定笛卡爾的歷史地位，認爲笛卡爾是先驅者，是開闢了哲學和科學的嶄新道路又屢有失誤的前輩，是屬於哲學上的荷馬和高乃依一類的人。在《哲學通信》第十四封信中，伏爾泰將笛卡爾和牛頓作了對比，尊稱爲「兩個偉人」，在批評笛卡爾的錯誤的同時，讚頌笛卡爾破除了兩千年來迷惑青年的那些荒謬的幻想，說笛卡爾給盲人恢復了光明，從而使人們看見了古代人和笛卡爾自己的錯誤，在他之後，他所開闢的道路已經變得廣濶平坦。伏爾泰在這封信中還說，當牛頓逝世時，法國科學家豐特涅爾發表了一篇頌揚牛頓的演講，把牛頓和笛卡爾相提並論，倫敦有人寫文章批評豐特涅爾的演講，否認笛卡爾能與牛頓比肩而立。伏爾泰說寫這種文章的人「忘恩負義」，認爲笛卡爾在哲學、幾何學、屈光學、物理學等領域有許多開創性研究，開闢了一條偉大的道路，並不亞於牛頓在笛卡爾以後開闢的道路。倘若他有失誤，就像一個人發現新陸地不能一下子把新陸地的一切情形都弄清楚一樣，後來的人使這塊陸地肥沃起來，至少也要感激他的發現。伏爾泰感慨道：「我不相信人們就敢認為笛卡爾哲學與牛頓哲學相比半文不值：前者是一種嘗試，後者是一種傑作。但是把我們引上眞理之路的人或許足以跟那時以來一直站在眞理之路上的人媲美。」❺

研究伏爾泰哲學在他本國的思想淵源，當然不止笛卡爾。可以談到拉伯雷（約1494-1553），可以談到蒙臺涅（1533-1592），可以談到伽桑狄（1592-1655），甚至可以談到童年時教父沙多納夫教他背誦的散佈懷疑論的反詩《摩西亞特》和大路易中學某些染有自然神論色彩的講義等等，然而除笛卡爾之外，對伏爾泰影響最大的當屬另一位懷疑論哲學家貝爾。

彼埃爾·貝爾（1647-1706）是法國啓蒙運動的直接先驅。貝爾的主要著作是1695年發表的《歷史批判辭典》。貝爾的懷疑論比笛卡爾的懷疑論更為深刻徹底。他不僅批判宗教神學，而且批判十七世紀的形而上學。他宣稱眞理是客觀存在的，懷疑是認識世界、通達眞理的必由之路。他頌揚理性，認為宗教神學和形而上學都是理性不能理解的荒謬的東西。荒謬性是宗教神祕主義的本質，因而理性與信仰水火不容。他不同意道德以宗教為基礎，認為篤信宗教的人可能是最沒有道德的人，無神論者卻可能具有崇高道德。玷侮人的尊嚴的不是無神論，而是迷信和偶像崇拜。無神論者能成為可敬的人，由清一色無神論者組成的社會是可能存在的。他尖銳批判了萊布尼茲的形而上學，指出根據萊布尼茲的所謂「前定和諧」論，上帝創造的我們這個世界是最好的世界，一切都趨向盡善盡美，可是應該如何解釋現實存在的種種罪惡、災難和混亂呢？他提出：人的社會生活不應由福音書決

---

❺　同❶，頁62。

定，而應由法律支配，只有改進國家的立法，才能使社會進步。

伏爾泰十分尊敬貝爾，肯定貝爾《歷史批判辭典》在宣揚理性、反對宗教狂熱、倡導寬容精神和信仰自由方面的功績。在《路易十四時代》中，伏爾泰說貝爾是使那個時代增光的作家之一；在《哲學辭典》中，稱之爲「不朽的貝爾」，說「他的存在是人類的榮譽」，同時痛斥教會和專制政府迫害具有自由思想的哲學家，說迫害笛卡爾、伽桑狄、貝爾等人是一個國家永久的恥辱。他接續貝爾的事業，反覆批判了形而上學，在他著名的哲理小說《查第格》中，就有十分生動的對萊布尼茲的批判。對於貝爾關於一個由無神論者組成的社會可能存在的著名論斷，伏爾泰多次予以評論，總的態度是有條件地贊同。在這個問題上，正生動具體地反映出十七世紀法國進步哲學家對伏爾泰的影響。

幾乎所有十八世紀的法國哲學家都無法迴避貝爾的論斷。爲教會和神學辯護的哲學家極力詆毀貝爾。宣傳無神論的狄德羅、霍爾巴赫等人竭誠擁護和發揮貝爾的觀點。伏爾泰力主自然神論，就哲學理論本身而言，他的觀點與狄德羅等人並無本質區別，自然神論和無神論都是唯物論。下文還要談到，伏爾泰的「神」是一個哲學概念，並非宗教意義的超自然的實體。就這個意義上說，伏爾泰完全贊成貝爾的論斷，認爲一個由無神論者組成的社會可能存在而且非常理想。在《哲學辭典》的「無神論者」辭條中，伏爾泰寫道：

> 許多有學問的中國人是無神論者，在北京與這些溫良恭儉讓的人一起生活非常愉快，無神論者的社會可能存在的主張是正確的。中國的這些無神論者是哲學家，可以在一定

> 的社會法則下過著非常明智和幸福的生活，在他們當中度過一生比在迷信和狂熱的人中度過一生要愜意。

伏爾泰還用揭露貝爾論斷反對者自相矛盾來支持貝爾。他指出，那些最猛烈攻擊貝爾論斷的人，那些以瘋狂的辱罵來否定一個無神論社會存在的可能性的人，同樣堅定不移地認爲中國是一個無神論國家，這些人如何自圓其說呢？爲了論證貝爾論斷的正確性，伏爾泰不僅依據傳教士介紹的情況一再講到中國，而且還舉出西方社會存在的許多無神論群體：懷疑論者懷疑一切，學院派對一切事物的判斷採取懸而不決的辦法，伊壁鳩魯派深信上帝不能干涉人類的事務，他們實際上在心靈深處不承認上帝。他說，羅馬元老院的議員和騎士更是眞正的無神論者，因爲對既不畏懼神又不希望從神那裡得到任何東西的人來說，神根本就不存在，因此在凱撒和西塞羅的時代，羅馬元老院確實是無神論者的議會。西塞羅就說過：「我們根本不相信所有關於地獄的愚蠢傳說。」伏爾泰指出，認爲一個無神論社會不可能存在的觀點的論據是，不受約束的人被認爲無法和睦相處，以上這些群體的存在證明這種觀點錯了。不僅如此，伏爾泰還補充貝爾對他的論斷的論證。他說，貝爾似乎本該問一問，宗教狂熱和無神論相比哪個更危險。狂熱肯定要有害一千倍，因爲無神論不會激起血腥的激情，而狂熱則會激起；無神論不贊成罪行，可是狂熱引起罪行。

然而伏爾泰贊成貝爾的論斷是「有條件的」。在他看來，一個無神論者組成的社會是可能存在的，但這些無神論者必須都是有學問的人或哲學家。他認爲社會的兩極，卽君主和下層群眾不能沒有宗教，一個無神論國王可以無所顧忌地殺人，而不畏懼上帝的民眾不好治理，因此伏爾泰說：「要讓各國君主和人民把一個可以賞善罰惡的至高無上的存在的觀念銘記在心，這是絕對必要的。」這裡反映了伏爾泰思想中的深刻矛盾，詳細地解釋它留待後文進行，此時我們所要強調的是，貝爾無疑是伏爾泰哲學的理論來源之一。

二、伏爾泰的「神」與哲學唯物主義

伏爾泰服膺洛克和牛頓，又受到笛卡爾和貝爾等人的影響，終於形成自己的哲學思想。

他承認物質世界的客觀性，認爲這是不言自明的道理，要不是唯心主義哲學家千方百計懷疑一些最明白的事實，人們做夢也想不到要討論這樣的問題。他說，有人懷疑外在對象的客觀存在，認爲外在對象很可能是人的想像力造成的。他們認爲雖然理智從感官得到一些知識，卻並沒有任何外在對象，正如我們在做夢時看見和感覺到一些並不存在的東西一樣。伏爾泰駁斥了這種夢囈。他提出，如果沒有外界對象，如果人的想像力造成一切，爲什麼人在碰到火的時候被燒痛，而夢中以爲碰到火的時候並不被燒痛？就人們之間的關係而言，如果否定物體的客觀性，不承認有一個社會和一些對象在我們之外，那麼就談不到人們之間的任何交往，我在與這些懷疑論者先生們討論問題之前，首先必須拒絕承認這些先生們的存在，這顯然是荒謬的。伏爾泰進一步指出，不管我下多大功夫去懷疑，我還是相信物體的存在，有過於相信若干幾何學眞理。因爲儘管我無法對我有一個父親和一個母親做出幾何學上的證明，但我絕不會懷疑雙親的客觀存在。巴克萊主義者認爲物體是人的顏色、聲音、氣味等各種主觀感覺的結合，並非眞實的客觀存在。伏爾泰根據洛克的唯物論駁斥說，物體的本質無不在於物體具有顏色和聲音，而是具有廣袤和不可入性，因此一個人雖然又聾又瞎，由於他有觸覺，他就不會懷疑那些使他感到堅硬的東西的存在。伏爾泰在流亡英國期間，曾經拜訪過巴克萊（1685-1753），但是他對巴克萊歪曲利用洛克關於物體兩種性質理論所建立的主觀唯心主義哲學並不贊同。伏爾泰不僅否定主觀唯心論，而且反對客觀唯心論，例如，他把劍橋柏拉圖學派的一班人視爲文雅的饒舌之徒，等等。

以上可見，與唯心主義的原則相反，伏爾泰的哲學思想以承認世界的客觀性爲前提，這是他的哲學的出發點。

肯定了物質世界的客觀性，伏爾泰進而論證人的一切觀念都來自感官對外界事物的感覺。他首先明確指出：

「我們的最初的觀念乃是我們的感覺」❻

感覺是從外物對感官的刺激中得來的。他比喻說，人從外物獲得感覺和觀念，正如我們吸收身外的物質，讓它變成我們自身的物質，來營養我們的身體一樣。他描述這種認識過程說，我們一點一點從刺激我們感官的東西得到一些複雜的觀念，我們的記憶力保存下這些知覺，頭腦則對一個個孤立的觀念或知覺進行加工，於是就產生出人的全部廣濶的知識來。感覺是觀念的唯一來源，當我們的某些感官有缺陷因而缺乏某些感覺的時候，也就缺乏某些

❻ 伏爾泰：《形而上學論》，中文版，王太慶節譯，載北京大學哲學系編《十八世紀法國哲學》，頁74。

觀念。人的頭腦唯一具有的能力只是對感覺得來的觀念進行組合和整理。這裡我們看到，伏爾泰重述了洛克唯物主義感覺論的基本觀點，並且力圖克服洛克的不徹底性。洛克在他的《人類悟性論》中談到觀念的來源時，除主要強調感官對外物的感覺從而產生觀念之外，還提出人心可以通過反省活動，不依賴感覺得到某些觀念，他稱之爲「反省觀念」。顯然，洛克的所謂「反省觀念」是唯心主義理論，是與洛克全部哲學的唯物主義經驗論基本精神相矛盾的。伏爾泰強調感覺是觀念的唯一來源，這就把唯物主義的感覺貫徹到底，糾正了洛克的錯誤。

但是，由於形而上學機械論的局限性，伏爾泰不能理解從感性認識到理性認識的辯證過程，狹隘的經驗論使他不懂得抽象在認識過程中的地位和作用。因此他說：

> 追問我們是如何思想、如何感覺的、我們的運動是如何服從我們的意志的，乃是追問創世主的祕密；我們的感官不能為我們提供獲得這種知識的途徑。❼

從而陷入極大的困惑之中。然而不能由此認爲伏爾泰陷入了不可知論。因爲在伏爾泰看來，雖然人們還不瞭解認識的機制，但這並不妨礙我們承認觀念通過感官得來。他在《哲學辭典》的「觀念」辭條中比喻說：

> 古埃及人不知道尼羅河的來源，但是他清楚地知道河水通

❼　同❻，頁75。

> 過河床達到他們那裡。❽

感覺是可靠的。伏爾泰知道，由於科學知識的限制，人類還無法解答許多自然界的奧祕，可是這絲毫不意味著我們要放棄認識世界的努力。他說:

> 我們不應當因為人類不能認識一切，就阻止人類去尋求於自己有用的東西。❾

還說:

> 我們認識了許多真理，我們找到了許多有用的發明。倘使我們還不知道一隻蜘蛛和土星光環之間可能存在的關係，也不必難過，我們繼續考察我們能力所及的事物罷。❿

他用兩句詩形象地表達了自己的信念:

> 你的眼睛雖然比不上林賽的尖銳，
> 但切不可因此不擦掉你的眼眵。⓫

---

❽ 伏爾泰:《哲學辭典》,《伏爾泰全集》英文版，第五卷下冊，頁107。
❾ 同❶，頁143。
❿ 同❶，頁144。
⓫ 同❶，頁144。林賽，希臘神話中搜求金羊毛的五十勇士之一，以目光銳利出名。

伏爾泰哲學思想的一個重要內容是關於上帝——神的問題。他承認客觀世界之外存在一個上帝。伏爾泰像洛克和牛頓一樣，主張自然神論。在啓蒙時代，伏爾泰就因這個「神」而與狄德羅、霍爾巴赫等人有過爭論，後世的一些研究者，也因伏爾泰口中念念有神而對他的哲學思想的性質產生誤解。一種偏狹的觀點認爲，伏爾泰始終不肯放棄「神」這個概念，證明他在哲學上不是唯物論者，至少不是個徹底的唯物論者，帶有很大的妥協性，在十八世紀法國啓蒙運動的理論基礎——激進的唯物主義哲學思潮中，他是一個保守派。

爲了確定伏爾泰哲學的性質，明確他的哲學在十八世紀法國啓蒙哲學中的地位和作用，進而在研究啓蒙哲學發展歷史時克服偏狹情緒、教條主義和自以爲是，有必要對伏爾泰的「神」和他的自然神論做一些具體分析。

如前所述，伏爾泰唯物地解決了物質和意識的關係。但是，伏爾泰是機械論者，缺乏對物質和運動統一性的認識。他是牛頓力學的宣講者和崇拜者，他用牛頓力學的原理解釋物質和運動，把物質看作消極被動的因素，相信如果沒有外力的推動，物質不會自己運動。他宣傳牛頓的這種觀點：宇宙猶如一座時鐘，引力是發條，鐘的各部分可以精巧和諧地運轉，但它需要外力的推動。伏爾泰不理解運動是物質的根本屬性，物質處於永恆的運動之中。沒有不運動的物質，也不存在沒有物質的運動，物質和運動是不可分割的。由於伏爾泰缺乏這種物質和運動辯證統一關係的認識，迫使他只能從物質世界之外虛構物質運動的原因，承認神的存在，求助於超自然的力量。他說：

運動並不是憑自身而存在的；因此必須求助於一個最初的推動者……整個自然界，從最遙遠的星辰直到一根草芒，都應當服從一個最初的推動者。⓬

伏爾泰的這些觀點，與牛頓「第一推動力」的說法如出一轍，顯然是由十八世紀整體的科學發展水平所決定的。

除機械論的物質觀使伏爾泰不得不在物質世界以外虛構物質運動的原因以外，伏爾泰也不知道物質及其運動形式的多樣性和規律性，不瞭解除去機械運動，物質還有其他物理的、化學的、生物的等等更高級的運動形式，不理解物質世界正是按其內在的、本質的、必然的聯繫，即按其固有的規律運動、變化、發展，形成豐富多彩、千變萬化的統一整體。因此，所謂大自然驚人的「協調性」和「合理性」使他困惑不解。本來，伏爾泰是由於不瞭解物質和運動的必然聯繫才不得不引出神的，而現在，物質世界存在和運動的規律性反過來似乎又在向他證明：的確存在超自然的神明。於是伏爾泰得出了這樣的結論：不存在自然的東西，萬物都是宇宙中的藝術，而藝術證明創造主的存在。在《無知的哲學家》中，伏爾泰進一步論證了這一思想。在他看來，既然世界上的每一件作品都有一個創造者，大自然也應有它的創造者。這個具有最高智慧的工匠什麼時候創造了人，在此之前他做了什麼，他是存在於物質之中還是存在於虛空中，他是否固定在某一地方，他怎樣發揮作用，他在自身之內還是在自身之外發揮作用，對這些問題我們一無所知。但是我們應該承認我們是上帝的

⓬ 同❻，頁71-72。

創造物。我們的身體，這個由發條、滑輪、動力裝置、水壓機、液體平衡機能和化學裝置組成的機器運轉起來如此靈巧，顯然是被一個智慧安排好的。他說：

> 我並不把這種安排歸功於我父母的智慧。因他們生我時，肯定不知自己做了什麼。「他們只是永恆製造者的盲目儀器，正是那位永恆製造者給地球上的蛆蟲以生命，也使太陽繞著他運行。」⓭

然而伏爾泰所承認的「神」或上帝與宗教信仰的對象迥然不同。在他的哲學著作中，他不是懷著宗教情緒談論上帝。（伏爾泰反對一切具體形態的宗教和宗教儀式，他是天主教會不可調和的敵人，這一問題本書第二章有關伏爾泰生平的文字中已有涉及，下文還要作更充分的闡釋。）在他看來，上帝除一次創造活動創造了現實世界之外，就不再干預世間的事務。猶如一位建築師，他完成宇宙大廈的建築之後，就不再過問這所大廈的使用。他說，上帝發一次命令，宇宙便永遠服從，這就是上帝與物質世界的關係。在《哲學辭典》的「上帝——諸神」辭條中，伏爾泰進一步解釋他所理解的上帝與物質世界的關係，說我們的理性只向我們證明有一個存在，他安排了這個世界的物質，但是我們的理性不能證明他創造了物質，他不能從虛無中把它創造出來，我們所能做的只是相信這個世界是永恆的和自存的。他指出，人們可以把上帝理解為是一位「偉大的數學家」，他為自然界立法，是

⓭　伏爾泰：《無知的哲學家》，載沃爾特・布萊克編《伏爾泰最著名的著作》英文版，頁443。

使世界機器運轉又不干涉它的運轉的「幾何學家」。基督教把上帝描繪成萬能的精神實體，侈談「三位一體」之類所謂神的本質和屬性，伏爾泰卻認爲上帝既非精神亦非物質，既不是有形的實體，也沒有被感知的標誌，人們無從瞭解他的本質和屬性，上帝是不可認識的。他說:

> 有一個神這一命題並不能給我們一個關於神是什麼的觀念。⓮
>
> 我不知道所以然，確實如此；我寧願到此為止，不願走入迷途；神的存在對於我來說是證明了的，至於他的各種屬性和他的本質，我認為向我證明的是：我是生成不能理解他們的。⓯

總之，伏爾泰以承認神的存在來擺脫割裂物質與運動辯證統一關係所陷入的困境，在他以唯物論的感覺論爲特徵的哲學思想中，上帝不過是一個遁詞，一個假設，一個哲學而非神學的概念，一個連接物質與運動的中介。承認神的存在可以使他的哲學自圓其說，而他關於神不可認識的學說又使他與宗教神學劃清了界線，可以自由地與宗教迷信，特別是與新舊基督教神學鬥爭。

伏爾泰的哲學思想也有明顯的缺點和錯誤。這不僅表現爲他的哲學思想具有同時代的唯物主義者形而上學機械論的共同缺點，而且在社會歷史觀上也同樣是唯心主義者。像十八世紀法國唯物主義的其他代表人物一樣，伏爾泰也崇拜抽象的理性，追求

⓮ 同❻，頁75。
⓯ 同❻，頁71。

「理性的王國」，把人類歷史歸結爲理性同愚昧和宗教狂熱鬥爭的歷史，視精神、思想、意見爲社會發展的根本動力，主張社會意識決定社會存在。這種社會歷史觀與他們的自然觀是不協調的，是一種半截子唯物主義，或者說下半截是唯物主義，上半截是唯心主義。就伏爾泰而論，他的歷史唯心論特別集中地體現在有關神及其屬性的一些自相矛盾的論述中。前邊我們剛剛談過的伏爾泰對貝爾關於一個無神論者組成的社會可能存在論斷的矛盾和含混不清的意見，正是這種歷史唯心論的反映。

在自然觀上，伏爾泰嚴格遵循自然神論的基本思想，認爲承認上帝存在只具有理論意義，純粹是哲學理論的邏輯需要，並且根據上帝不可認識的學說拒絕追究上帝的屬性問題，不願在神的問題上糾纏不休，他甚至說過：

> 如果整個大自然的聲音只是一味向我們高喊有一個上帝，它越喊得起勁，這些微妙道理越有弱點。⑯

但是伏爾泰認爲理性的對象與信仰的對象性質兩樣，在談到社會問題時，他又提出承認上帝存在可以約束人們的行爲，是維護社會道德的必要前提。例如伏爾泰在《哲學辭典》中解釋「上帝」這個概念時說，促使我們相信上帝存在的主要原因，並不是形而上學的理由，而是因爲相信上帝存在是社會生活的需要，出於維護社會公德的考慮，承認神要比否認神好。因爲，普遍相信有一個上帝並且相信上帝可以賞善罰惡，能夠防止人們從事罪惡的活

---

⑯ 同❶，頁121。

動,或者避免陷於邪惡而不能自拔,以及做了壞事不受良心譴責。他在《甲乙丙對話集》中借一個人物的口說:「我希望我的律師,我的裁縫,我的僕人,我的妻子都來信仰上帝,這樣我就可能很少被搶掇和戴綠帽子了。」總之,伏爾泰認爲在實際的社會生活中,神可以起到司法起不到的作用,可以杜絕法律無法杜絕的事情。

在所謂「靈魂」問題上伏爾泰也有類似的觀點。一方面他反對宗教宣揚的靈魂不滅和天堂地獄的鬼話,認爲「人類的理性很少能靠它本身來證明靈魂不死」⑰。主張無神論的拉美特利曾特別引用伏爾泰的一首詩作爲他的《人是機器》一書的題解,更集中地反映了伏爾泰反神學的唯物主義立場和否定靈魂不死的基本信念:

那是不是最高本體的光芒?
人們把它描繪得如此輝煌,
那是不是聖靈保存在我們身上?
但是精神和我的官能同生同長,同樣萎黃?
哎呀!它一樣要死亡。⑱

另一方面,伏爾泰卻又提出:「一切人的共同福利要求我們相信靈魂永生」⑲,認爲否認靈魂不死將使人們無所畏懼地作惡。

伏爾泰關於承認上帝存在可以約束人們行爲的觀點,給他的

⑰ 同❶,頁53。
⑱ 拉美特利:《人是機器》扉頁。
⑲ 同❶,頁53。

自然神論帶來了困難。他本來認爲上帝的全部活動只限於創造世界並使之運動，所謂上帝的本質和屬性無從瞭解，現在他又承認上帝具有在人間賞善罰惡的能力，這不但自相矛盾，而且這樣的上帝已經與宗教宣揚的上帝並無本質區別。伏爾泰意識到自己的矛盾。他企圖用確立兩套標準的辦法來擺脫這種困境。伏爾泰認爲，作爲一個哲學家，應該遵循嚴格意義上的自然神論，上帝只具有抽象價值，甚至貝爾所謂無神論者組成的社會可能存在的論斷也可以成立，只是這個無神論社會必須全部由學者和哲學家組成；但是對於現實社會來說就不同了，承認上帝可以賞善罰惡還是必要的，上帝可以具有實踐意義。他說，不要說讓貝爾來管理整個社會，哪怕只讓他管理一個小莊園，如果莊園裡的農奴全都信奉無神論的話，他就會知道管理起來將會多麼困難。因此，伏爾泰喊出了一句廣被引用的名言：「即使沒有上帝，也必須創造一個！」

顯然，伏爾泰用對不同的人講不同的上帝的辦法並不能眞正使他擺脫困境。然而他對所謂承認上帝存在的實踐意義的解釋卻使我們看到，他之所以陷於混亂、矛盾和向宗教信條妥協，關鍵在於他對廣大下層群眾的看法。在他看來，作爲社會下層的勞動群眾是無知而盲目的，旣易被教士們蠱惑陷入宗教狂熱，又可能因無神論而變得肆無忌憚胡作非爲，爲了社會的安定和維持一定的道德水平，應該保持一種社會宗教，通俗而易於爲群眾接受。他認爲這種社會宗教區別於新舊基督教，不是制度化的宗教，沒有迷信和狂熱，也不需要教士和宗教儀式，但是它承認上帝能賞善罰惡。他有時也把這種「純潔的崇拜」稱爲人民宗教或大眾宗教。定居凡爾那以後，伏爾泰長期與到他的莊園工作的鐘錶匠和其他工匠以及當地農民接觸往來，他也舉辦工場和救濟窮人，對下層勞苦大眾有了較爲深入的瞭解，對群眾的看法有了很大改變，但是他仍然認爲強制性的法律代替不了信仰，要維繫社會秩序和道德水平，就得把群眾限制在上天報應和懲罰的成見以內。

三、自然神論是唯物主義的一個歷史形態

拋開伏爾泰在少數著作中企圖賦予他的神具有在人間賞善罰惡功能違背了他的自然神論的基本精神，因而陷入矛盾和混亂不論，就純哲學角度說，伏爾泰的自然神論明白無誤堅持了唯物主義原則。我們已經指出，伏爾泰假設一個「超然物外」的神的存在，是由於他的物質觀的機械論性質所致。割裂物質與運動的統一性，無法理解物質何以運動，只能求助於超自然的力量。承認神的存在是他形而上學物質論的無可奈何的選擇。然而這只是就他的哲學理論本身的邏輯需要而作的分析。除此之外，伏爾泰的哲學思想中保留了「神」，還有更爲複雜的社會歷史原因。當十八世紀二、三〇年代伏爾泰開始其啓蒙宣傳活動的時候，法國的封建政權，特別是它的精神支柱天主教勢力還十分強大，宗教迫害仍然肆行無忌，沒有條件公開宣揚無神論，而打起一個有神的幌子，用自然神論的形式與宗教唯心論鬥爭，在某種程度上可以逃避教會迫害，當迫害降臨時，也便於利用敵人之間（例如教皇和國王、各教派之間等）的矛盾進行抗爭。同時，啓蒙運動初期，長期被天主教會欺騙、毒害的廣大群眾還存有強烈的宗教情緒，社會上宗教氣氛仍十分濃厚，人們的生活方式、思想方法、風俗習慣乃至社會用語與宗教生活水乳交融，一般群眾所能理解

的唯一語言是宗教語言，伏爾泰爲達到啓廸民智的目的，在「神」的掩護下向群眾宣傳啓蒙哲學，容易被群眾接受，可以更順利地幫助他們逐漸擺脫宗教世界觀的影響。也就是說，根據法國社會的現實情況，伏爾泰承認一個抽象的神的存在，還有其便於進行啓蒙宣傳的策略意義。逃避教會迫害和便於教育群眾這兩個源於社會歷史環境的因素，也促使伏爾泰保留了神，這個事實表明，自然神論是擺脫宗教的簡便易行的途徑，是唯物主義哲學衝破神學禁錮謀求發展的必經階段，是唯物論的一個歷史形態。

十八世紀法國唯物論哲學的演進過程充分證明了這一論斷。

十八世紀法國唯物論是一個完備的哲學體系。它除在內容上具有社會性、革命性和把西方哲學史上的唯物主義推向高峰等特點外，在形式上與其他哲學體系不同的是，這個體系不是由一兩個哲學家建立起來的，而是由前後好幾代哲學家共同完成的。十八世紀法國唯物論自發軔到完成經歷了將近一個世紀，參與創立的著名哲學家就有十多位。他們的哲學思想各有其鮮明的特點。有的側重於闡釋英國的經驗論，有的發揮笛卡爾物理學唯物主義，有的對十八世紀法國唯物主義的自然觀作了全面論證，有人全面分析了基於十八世紀自然科學水平的認識論原則，好幾位對政治哲學、歷史哲學作出突出貢獻，有人則在美學、倫理學、教育學研究中取得劃時代成就，等等。孤立地看他們之中的任何一人的哲學思想都顯得有些單薄不成體系，把他們的哲學研究專著綜合起來，人們就會看到一部人類認識史上空前博大豐富的哲學全書。

十八世紀法國唯物論是啓蒙哲學，是法國啓蒙運動的理論基礎，因此它的產生、發展和演化與啓蒙運動同步，大體上可以以啓蒙運動高潮來臨——其標誌是《百科全書》的編撰出版——爲分界點，分爲前後兩個時期，表現形式則分爲自然神論和無神論兩個形態。前期以伏爾泰爲主，主要代表人物是伏爾泰、孟德斯鳩、盧梭、孔狄亞克和被伏爾泰改造了的梅里葉，以及早年的狄德羅等。這幾位哲學家都是自然神論者。他們的哲學思想，在自然神論旗幟下，堅持了唯物主義原則，批判了宗教神學，以及各唯心主義體系。他們的著作在當時的社會上無不產生發聾震聵的效應。其中梅里葉本是無神論者，但他的唯一著作《遺書》是十九世紀才出版的，《遺書》在十八世紀法國啓蒙運動中發揮巨大戰鬥作用，歸功於伏爾泰根據《遺書》手抄本摘編出版的《遺書》摘要本。在這個摘要本中，伏爾泰把梅里葉打扮成了一個自然神論者。後期以狄德羅爲首，包括拉美特利、愛爾維修、霍爾巴赫和孔多塞等第三代啓蒙學者，他們在新的形勢下勇敢地高揚戰鬥的無神論，把十八世紀法國唯物主義哲學推向高峰。

法國唯物論從自然神論發展爲無神論，是一種歷史的必然。前後兩種表現形式的不同，旣有哲學理論自身的發展邏輯，也受社會歷史條件的制約，是事物按照螺旋式上升方式發展這個客觀辯證法規律的一次生動展示。可以這樣歸納二者之間的關係：沒有啓蒙運動前期伏爾泰等人的自然神論對宗教神學的衝擊，歷史絕不會憑空吹響百科全書派哲學家的無神論號角。從自然神論到無神論眞實地記錄了法國唯物論哲學歷史發展的思想軌迹。十八世紀法國唯物論是當時世界上最進步的哲學體系，是資產階級反封建鬥爭的理論武器，每一個參與鍛造這柄思想利劍的哲學家都應分享它的榮譽。

法國唯物論分爲自然神論和無神論兩個發展階段這個哲學史

現象表明，伏爾泰主張自然神論是時代使然，有其歷史必然性，是完全合乎規律的事情，並非伏爾泰個人思想的特殊性。不僅如此，如果我們擴大視野，把對自然神論的分析，從伏爾泰和法國唯物論者移向西歐各國，並從十八世紀再向前推移，我們對自然神論是唯物論的一個歷史形態這一論斷就能有更充分的認識，並對西方近代唯物論史形成一個全新的概念。

按照辯證法的觀點，任何事物的發展都不是直線進行的，而必遵循否定之否定規律，呈螺旋式上升趨勢發展，即任何一事物發展的全過程分爲三個階段：肯定、否定、否定之否定，三個階段構成一個螺旋（或如黑格爾，稱之爲圓圈），螺旋的完成，即是事物產生了質的飛躍，發生了脫胎換骨的變化。西方近代唯物主義哲學正是按照辯證的歷史法則，經歷了泛神論、自然神論、無神論三個階段而完成了自己的發展過程。三個發展階段相互區分的表面現象是對「神」的不同認識，實質根據是對物質世界運動變化動力問題的不同理解和持續探索。且讓我們做一點具體考察：

經過封建中世紀天主教會漫長的黑暗統治，宗教和神學成爲歐洲中世紀唯一的意識形態，哲學淪爲神學的婢女。羅馬教廷用極其兇殘的手段對付一切「異端」，使唯物主義受到極大壓抑，古代唯物論的輝煌成果幾被摧殘殆盡。當近代唯物主義哲學在文藝復與的歷史大潮中破浪而出的時候，它一方面在自身發展中不得不幾乎從頭做起，另一方面又要經受宗教裁判所血與火的洗禮。這樣嚴峻的形勢一直延續到十八世紀，形成近代唯物主義在內容和形態上的兩大特點：第一，它以比古代唯物論明確得多的唯物主義原則自覺投入反宗教唯心論的鬥爭，具有鮮明的革命性和戰鬥性；第二，在它三百年的發展過程中，曾長期以有神論的面貌出現，「神」既是唯物主義的時裝，又是理論自身的需要，具有雙重意義。

近代唯物主義的第一個歷史形態是泛神論。從文藝復興的發源地意大利到荷蘭，重要的唯物主義哲學家都是泛神論者。布魯諾、特萊肖、康帕內拉、斯賓諾莎無不如此。

在反對宗教唯心論的鬥爭中，布魯諾是近代唯物主義的第一位殉道者。他在堅持和發展哥白尼學說的同時，還對經院哲學發難。他反對被經院哲學利用的亞里士多德的形式質料說，認爲物質（質料）不僅具有客觀實在性，是自然萬物常住不變的永恆本原，而且具有積極的、創造的本性，自身中就包含著所有形式。形式處於物質之中，並以物質爲自身存在的基礎。亞里士多德認爲具體事物是由形式和質料組合而成的，決定事物本質的不是沒有屬性的質料（物質），而是先已存在的一般的形式。經院哲學家利用亞里士多德的說法提出，既然每一事物的個體性是由形式的參與決定的，沒有形式的參與，純質料永遠是沒有任何規定性的描象存在，這就證明了上帝創造世界的宗教信條。顯然，布魯諾關於形式處於物質之中，物質具有創造本性的觀點，是對經院哲學的有力駁斥，儘管他所使用的思想材料和辯駁方式帶著深刻的時代烙印。

但是物質具有創造本性的根據，或者說物質形成形式的內在能力是什麼呢？布魯諾認爲宇宙及其每一部分都存在一種叫作「世界靈魂」的東西。「靈魂」處於物質之中，並且操縱物質，它是物質發展和運動的原因。這個「世界靈魂」也可以叫作「自然」或者「上帝」。他說，「自然」無非就是事物中的「上帝」，上帝則是從內部作用於物質的神聖力量和在一切之中有著深刻印迹的永恆秩序，是體現於萬物之中的力量，是萬物完成自身行程時所依據的規律。布魯諾關於世界靈魂、自然、上帝的議論，使我們不禁想到古希臘米利都學派唯物主義哲學家泰勒斯「磁石也有靈魂」的哲學命題。在泰勒斯那裡是萬物皆有靈魂，在布魯諾這裡是上帝溶於自然，同樣是要在現實事物內部設想事物運動變化的原因，排除外在的、非物質的干預，這就明白顯示了布魯諾泛神論的實質是堅持唯物主義原則。

斯賓諾莎哲學的核心和基石是他的實體學說。他認爲客觀存在的物質世界是緊密聯結、互相關聯的總體，按照自身的規律運動和發展。這個宇宙總體就是實體，也叫自然或神。

斯賓諾莎等同於自然的神，是反對宗教唯心論的武器。他利用有神論的語言論述無神論的唯物主義哲學原則。他說：「我對於神和自然持有一種非常不同於那些近代基督徒慣常所主張的觀點，我認爲神是萬物的內因而不是外因。」斯賓諾莎的這種「內因論」與宗教對神的理解大相逕庭，實際上是用自然的原因說明自然的事物，超自然的神並無立足之地。他說，神（卽自然）是在自身之內產生一切結果，所產生的結果又是神的一個組成部分。神作爲世界的原因不能同作爲結果的世界分離，原因和結果是同一的，因而神在世界之內，世界在神之中，神卽自然。他提出神有廣延，神是物質，說廣延是神的一個屬性。

斯賓諾莎神卽自然的命題，否認了宗教唯心論關於神有理智和意志的信條。他認爲神既不爲目的而存在，也不爲目的而行動，神的活動正如神的存在一樣基於自然的必然性。因此，神的力量就是自然的力量，神的法則就是自然的法則，神的表現就是自然的秩序。神不會在已有的命令之外再有別的命令，不會在已有的世界之外再創造新的世界。他明白宣稱:《聖經》中上帝的命令、意志和神意只是指必然遵循作爲自然永久的法則的自然秩序而言，確定無誤地表明了他的泛神論的唯物論本質。

斯賓諾莎的泛神論顯然比布魯諾的泛神論又進一步，以更爲明確的語言使神與自然合而爲一。這裡再也看不到原始的、素樸的物活論的思想痕跡，而是自覺地在「神」的掩護下反對宗教唯心論的哲學鬥爭。

在近代唯物主義歷史發展的螺旋中，處於「否定」階段的是自然神論。唯其處於近代唯物主義三個歷史形態中承前啓後的特殊地位和辯證法則的中間環節，有時顯現出較爲複雜的矛盾現象，人們對它的瞭解和認識也最易產生分歧。

在近代著名唯物論哲學家長長的名單中，半數以上是自然神論者。除前述法國的伏爾泰、孔狄亞克等人以外，英國的培根、洛克、托蘭德、博林布羅克、舍夫茨伯利等人莫不如是。可以說，直到十八世紀中葉以狄德羅爲代表的百科全書派無神論哲學家出現以前，英法兩國唯物論哲學家中不主張自然神論的（例如霍布斯）只是例外。泛神論浪潮之後，在英法兩國集中產生如此眾多的自然神論者不可能是巧合，定有其深刻的歷史必然性。其實在分析伏爾泰保留神的原因時我們已經找到這種必然性。除逃避宗教勢力迫害這個非哲學原因之外，迫使自然神論者承認神的存在的理論根源，是他們割裂物質與運動統一性的物質論。原來還是物質與運動的關係！自古希臘以來，這個問題就像夢魘一樣糾纏著所有唯物論哲學家。泛神論強調神與自然合一，實際上賦予物質以主動性，物質運動的動力來自自身；自然神論把物質看作消極被動的因素，不得不從物質之外尋求物質運動的動力之源，不得不假設一個神和神力以推動物質運動。正是由於近代唯物主義的多數代表人物都囿於十七、十八世紀流行的形而上學機械論，才形成唯物主義發展歷史上自然神論者一時群星燦爛的奇觀。然而自然神論的神不是宗教的神。所以儘管這些大哲學家以不同方式承認神的存在，但在哲學基本問題方面他們都堅持了唯物主義的立場，並且把他們攻擊的矛頭始終指向宗教神學和其他唯心主義哲學流派，這就不但保證了自然神論的唯物論本質，而且形成近代唯物論哲學發展史的堅強一環。

近代唯物主義的第三個形態是公開的無神論。在英國，它的代表者是霍布斯。在法國，是以狄德羅爲首的百科全書派哲學家。近代唯物主義這一最高歷史形態的代表人物集中在十八世紀的法國並非偶然。以伏爾泰爲首的自然神論者沈重打擊了天主教會和宗教神學，以及「神學的最後支柱」思辨哲學和一切唯心主義哲學流派。自然神論的廣泛傳播爲唯物主義轉換表現形式和公開舉起無神論的旗幟創造了社會的和思想的條件。從唯物論自身發展的辯證法來說，克服物質運動的外因論，堅持從世界本身來說明世界，是唯物論哲學進一步發展的必然要求。近代唯物主義螺旋式上升的客觀規律決定了，當自然神論完成了自身的發展過程和發揮了打擊宗教唯心論的歷史作用以後，自己也成了被否定的對象。沒有這個否定之否定，近代唯物主義就不圓滿，就還沒有走完發展的螺旋。

然而近代唯物論發展過程第二個「否定」的關鍵，仍然是物質與運動的關係。必須揚棄牛頓總結和正式提出的「第一推動力」思想帶給唯物論哲學的矛盾和弱點，從物質自身尋找運動的原因，恢復物質積極、主動的固有性質。客觀辯證法的這一要求，狄德羅通過自已由自然神論向無神論的轉變完成了。轉變的契機是他建立起包含豐富辯證法思想的物質學說。

狄德羅物質學說的特點是深刻地論證了物質與運動的關係。他認爲運動是物質固有屬性，物質與運動不可分割。物質世界處於永恆運動之中，物質的運動具有普遍性和必然性。物質運動的動力來自物質自身，來自物質內部分子間的相互作用。狄德羅繼承原子論思想，認爲物體是由物質粒子構成的。構成物體的物質分子具有能動性，分子包含著一定的「力」，並爲這些力所「鼓動」。他具體指出每一個物質分子都蘊涵著三種力，即固有的運動力、重力或引力、其他分子的作用力。他說，物質分子具有的這些力在分子之間產生一種「抵抗」和「吸引」的相互作用，形成物質運動的根源。顯然，狄德羅的看法流露出吸引和排斥的矛盾是物質運動根本原因的辯證法觀點，儘管他表述得既不明確也不自覺，而且還受著機械論傳統觀念的束縛，但已突破十七、十八世紀以力學爲根據的物質運動理論，對唯物主義哲學最終排除外因論，從發展的更高層次上恢復物質自己運動的觀念，從而完成近代唯物主義否定之否定的發展過程，爲把近代唯物主義推進到無神論歷史形態打下理論基礎。

簡單回顧近代唯物主義哲學發展的全過程，認識自然神論在這一發展過程中的重要地位以後，再來研究伏爾泰的哲學思想，我們發現有兩個問題值得注意。其一，伏爾泰的自然神論與狄德羅等人的無神論前後相繼分別構成十八世紀法國唯物論哲學的兩個階段和兩種形態，對比鮮明，反差強烈；其二，伏爾泰傾其全力反對教權主義和宗教唯心論，宗教勢力也把伏爾泰當作危險的敵人不斷施加迫害，辯駁神的問題貫穿他一生事業始終，「神」構成他的哲學思想的重要內容。這兩個問題，使伏爾泰在諸多自然神論哲學家中顯得十分突出，十分典型。人們可以不談培根、洛克哲學中的「神」，卻不能不理會伏爾泰的「神」。不研究伏爾泰的自然神論，就不能理解伏爾泰哲學的唯物論精髓，就不能理解伏爾泰何以成爲啓蒙泰斗，就不能理解伏爾泰對十八世紀法國唯物主義哲學體系的形成所作出的傑出貢獻。

總之，正是伏爾泰使自然神論在西方哲學史，特別是唯物論史中引人矚目和居於重要地位。伏爾泰的自然神論表明，有神論也可以是唯物論，並且導致無神論，自然神論是西方近代唯物主義哲學的一個重要歷史形態。

四、伏爾泰對基督教神學和宗教迷誤的批判

伏爾泰不是書齋哲學家。他既反對脫離現實生活潛心構築思辨的體系，也不屑於蝸居象牙之塔自鳴得意。他是啓蒙學者，以反對封建秩序、啓迪民智及爭取社會解放爲己任。像所有百科全書派哲學家一樣，他的哲學是社會哲學，是啓蒙哲學，貫穿著強烈的批判精神和戰鬥意志。在十八世紀的法國，與這種啓蒙哲學對立的既有傳統的基督教神學，也有已經蛻變爲新的經院哲學的十七世紀形而上學，因此批判宗教神學和形而上學，鍥而不捨地與宗教狂熱、偏執和迷誤鬥爭，便構成伏爾泰哲學思想的重要內容。

伏爾泰曾鬥志昂揚地宣稱：

許多人説基督教義是十二個門徒建立起來的，這種論調我早已聽厭，我真想證明給他們看，要破壞它時，一個人便已足夠。[20]

懷著如此豪情，伏爾泰對教會和宗教迷誤進行了無情的揭露、嘲諷和批判。

伏爾泰認爲，宗教迷信和教會統治是人類理性的主要敵人，一切社會罪惡都源於教會鼓吹的信仰主義和矇昧主義，造成社會上普遍的愚昧和宗教狂熱。在他看來，宗教迷誤的原因在於人們的無知和僧侶的欺騙。他說，基督教就是建立在最下流的無賴編造出來的最卑鄙的謊言基礎上的，是卑劣的人做出的卑劣的欺騙的產物。伏爾泰從他所謂「人類健全的理性」角度和歷史事實兩個方面無情地揭露和鞭笞了基督教教義的荒誕不經和教權主義的罪惡。他指出，《聖經》和福音書充滿了胡說八道，所謂原罪、方舟、神蹟等等都是滑稽可笑、荒唐透頂的神話故事，宣傳這些東西是對人類理性的侮辱。他認爲所謂基督耶穌不過是一個凡人，並不是神，也沒有神性，耶穌的畫像不過是一幅畫著一個難看的裸體男人的畫片而已，教會對耶穌的神化是侮辱人性的偶像崇拜。在事實方面，伏爾泰收集古今大量事例，揭露全部教會史是充滿迫害、搶刼、謀殺等暴行的歷史，是教會僧侶煽動宗教狂熱和偏見的罪惡史。特別是宗教裁判所，更是犯下了無數反人類罪行的罪惡的淵藪。他說：自從聖處女的兒子死後，恐怕沒有一天沒有人因他而被殺。爲了表達自己對宗教和教會的仇恨，伏

---

[20] 安德烈·莫洛亞：《伏爾泰傳》，見《傳譯傳記五種》，頁 680。

爾泰在許多書信中總是簽上一句著名的格言：消滅敗類。

「消滅敗類」指的是與基督教鬥爭。伏爾泰用這句話激勵自己，也用它鼓舞百科全書派哲學家和其他啓蒙學者。他用不倦的鬥爭貫徹這個口號，寫了許多宣傳小册子廣爲傳播，像梅里葉《遺書》摘要本那樣的宣傳品接連不斷地猛烈襲擊教會勢力。在這些著作中，有兩部最爲著名，在伏爾泰與教會和宗教迷誤的全部鬥爭中別具價值。其一爲1750年發表的《聖賢和百姓的聲音》。這是伏爾泰爲支持法國財政總監馬肖爾特進行稅制改革，向擁有法國三分之一財產的教會徵稅而寫的政論。在勢力強大的教會的反對下，馬肖爾特的稅制改革很快就失敗了，但是《聖賢和百姓的聲音》卻成了伏爾泰的名作。這是伏爾泰所寫的第一部，也是最重要的政治性著作。伏爾泰發表過許多抨擊新舊基督教和教會的作品，大多匿名發表或者婉轉曲折地表達主題，這一次他卻公開承認自己是《聖賢和百姓的聲音》一書的作者，也是第一次提出「消滅敗類」的口號，而且是直截了當地批判教會特權，旗幟鮮明地反對教權主義。這部著作寫得簡潔、尖銳、機智、發人深省，它的發表標誌啓蒙運動高潮到來以後，伏爾泰反對天主教勢力的鬥爭進入了一個新階段。其二是 1762 年出版的《五十個說教》一書。這部辛辣諷刺基督教神學的作品寫於西雷時期，正式出版以前一直以手抄本流傳。在西雷城堡，伏爾泰曾經與夏德萊侯爵夫人一起逐字逐句研究過《聖經》，所以這部作品對《聖經》內容的剖析鞭辟入裡。作品的內容是：五十個有教養有理性的人，每逢星期日聚餐，飯後發表宗教演說。這些演講暴露了《聖經》中神的殘酷無情，以及《聖經》文字上的矛盾。伏爾泰寫道，《聖經》是一部最不可靠、充滿矛盾的書，書中有些奇蹟的記述是東方的民間傳說，諸如把麵包和酒變成肉和血等等，全是一派胡言。《聖經》中有些篇章是可靠的，它們準確地記載了猶太人的理想和實踐，然而猶太人的這些理想和實踐卻是可憎的，他們的上帝是愛虛榮和自私的，他選擇的民族是殘酷、愛撒謊和放蕩的。伏爾泰通過作品中人物的演講，否認耶穌的神性，指責教士們蓄意欺騙，說眞正的基督不可能由處女所生，也不會被殺死在絞架上，更不會吃一片麵包，不會創作這些充滿矛盾、瘋狂和恐怖的書。伏爾泰在這本書中宣傳自然神論，說上帝只是一位慈父，一個創世主，他一定對褻瀆他的基督教感到遺憾。

伏爾泰堅決反對天主教會在法國的教權和不斷煽動起宗教狂熱，同時也反對新教的信仰主義，早在年輕時創作的史詩《亨利亞特》中，他就宣佈:「我不在日內瓦和羅馬之間作任何選擇。」1757年當《百科全書》第七卷出版以後，因其中所載達朗貝撰寫的「日內瓦」條目而引起日內瓦新教徒對百科全書派的攻擊時，伏爾泰給達朗貝寫信說：「天主教的狂熱份子和加爾文教的狂熱信徒，都是用腐爛的血濕潤了的同樣材料製造的。」

伏爾泰利用各種創作形式與教會和宗教狂熱鬥爭，除去正面闡述他的自然神論唯物主義哲學理論的著作《哲學通信》、《形而上學論》、《哲學辭典》、《無知的哲學家》和大量抨擊宗教唯心論的小册子以外，直接面對群眾、往往能夠產生轟動效應的文藝創作是他得心應手的工具。其中悲劇和詩更是他最有力的武器。伏爾泰一生創作了許多悲劇，從1718年他的第一部悲劇《俄狄浦斯王》上演到 1778 年逝世前首演他的最後一部悲劇《伊蘭娜》，伏爾泰終生試圖用撼人心靈的悲劇的力量驅散瀰漫法國社會的宗教穢氣，向廣大群眾灌輸對教會和宗教偏見的仇恨，宣揚理性、科學、信仰自由和寬容思想，爲十八世紀法國唯物主義哲學的發展和使這個哲學體系最終成爲政治革命的思想先導準備了深厚的群眾基礎。

詩是伏爾泰與宗教觀念和教會勢力鬥爭的另一武器。史詩和即興詩，莊重的敍事詩和辛辣的諷刺詩，都是他表達自己的哲學信念的形象語言。對於伏爾泰創作的宏偉史詩《亨利亞特》和《奧爾良的少女》等長篇力作，本書後面還要進行專題討論，它們無疑是伏爾泰運用寫詩與宗教迷誤鬥爭的重型武器，這裡僅舉其隨手拈來的即興諷刺詩，看他與宗教勢力的鬥爭何其頑強與機智。事實上，伏爾泰所寫的大量諷刺短詩更像一把把犀利的匕首，將教會和基督教信仰體系刺得體無完膚，每一首都達到了一針見血的效果。諷刺、嘲笑，有時候比艱深的理論更能使「神聖的」宗教威信掃地。伏爾泰的嘲笑簡直像閃電一樣在教堂裡打擊和燃燒。例如，爲反擊日內瓦新教徒狂熱份子對《百科全書》的攻擊，伏爾泰在一首題爲〈錯誤〉的諷刺詩中說：

> 當我嫌惡信宗教的殺人犯時，
> 我沒有錯誤，
> 他們用劍和火以及流血
> 爲聖父造福。㉑

在一首題爲〈題在裝殮遺體的小匣子上〉的短詩中伏爾泰這樣嘲弄教會：

㉑ 引自阿·歐·奧爾德里奇：《伏爾泰與啓蒙時代》，英文版，頁241。

「愚昧」收到一個匣子，
這是「偏見」送給她的禮物。
我親愛的，可不許向「理智」亂說那回事，
教會的崇譽不是開玩笑的東西。㉒

在〈贈給一位向作者佈講神聖的三位一體的日內瓦女工〉這首即興小品中這樣嘲笑宗教教義：

我一直到今天還不曾信仰過三位一體，
我總覺得三位一體的上帝無從想像；
但我一遇見您，我就有了信仰，
我崇拜的是您這位三個格拉霞合為一體的女神。㉓

總之，伏爾泰對教會和宗教神學的批判是執著的、無情的、機智的，給教會勢力以沈重打擊。可以用伏爾泰自己的一句話來評論他在這場持久戰中的功績：「我對我的時代的影響遠過於路德和加爾文。」㉔應該說，就與宗教迷誤鬥爭而言，的確如此。路德和加爾文向羅馬天主教會的權威挑戰，創建了適合新的時代裡市民資產者需要的廉價教會，不過是希圖用新教取代舊教，並未超出基督教信仰體系，伏爾泰卻是要徹底否定基督教，二者有本質不同。

伏爾泰哲學思想的批判精神，除去體現在堅持不懈與宗教神

㉒　引自阿爾塔蒙諾夫：《伏爾泰評傳》，中文版，頁124。
㉓　同㉒。格拉霞，希臘神話中的女神，通常有三個化身，都是嬌美的象徵。
㉔　同⑳。

學和宗教狂熱鬥爭之外，還集中體現在駁斥已經走向反動的形而上學思辨體系上。

十七世紀笛卡爾、斯賓諾莎、萊布尼茲等人的哲學本來是同現代自然科學的開始出現相聯繫的，起過進步作用。但是到了十八世紀，自然科學有了長足進步，以數學和力學爲中心，自然科學的許多部門，包括化學和生物學等，已經獨立地發展起來，舊的形而上學失去了與自然科學的有機聯繫，蛻化爲一種毫無價值空洞抽象的思辨體系。此時羅馬天主教會和教會派哲學家也改變策略，對笛卡爾等人的著作變查禁爲利用。因此舊的形而上學哲學體系所起的作用，是代替經院哲學爲宗教信條作理性主義的辯護。形而上學已經變爲新的經院哲學。思辨是神學的最後支撑物。要摧毀封建制度的精神支柱，要徹底揭穿宗教神學的騙人面目，要爲科學的發展開闢道路和確立合理的研究方法，就必須首先清除形而上學的迷霧。

伏爾泰用實驗哲學和洛克的感覺論對抗唯心主義的形而上學。他批判形而上學哲學家只醉心於構築思辨的體系，用抽象的臆測代替對自然界的科學研究。他在《哲學辭典》中指出，我們應該進行計算、衡量、測定和觀察，而不是去幻想空中樓閣。他在「形而上學」這個辭條中列舉了物質、精神、感知和思想的途徑與方式，上帝，數學的一些原則諸如沒有廣延的點、沒有寬度的線、沒有厚度的面、無限可分的基數等等，然後譏諷說：「一個人可以是形而上學家，而不是幾何學家。形而上學比較有趣，它常可構成靈魂的幻想。相反，在幾何學中，我們必須測量和計算，這永遠是一件麻煩的事。大多數人寧可快樂地夢想，而不願用艱苦的工作使自己勞累。」㉕他認爲那些形而上學家所杜撰的「精緻的原理」，只能蒙蔽人們的眼睛，把人類的理智引向歧途。例如關於萊布尼茲，伏爾泰說，萊布尼茲告訴我們物質是單子的結合，可是他自己和我們一樣，根本無法理解這一點。他認爲萊布尼茲在數學上是天才，在哲學上卻在某種程度上像個江湖術士。總而言之，伏爾泰認爲形而上學是聽話人聽不懂人家在說些什麼、說話人也不知道自己在說些什麼的僞科學。在他看來，要豐富人們的知識和發展眞正的科學，就必須徹底拋棄「關於神的宏大」、「關於無限」等等抽象空洞的議論，而應該精確地研究自然界本身。他提出：「不應當說：我們從製造一些原理開始吧，用這些原理就可以力求解釋一切。而應當說：我們來對事物作出精確的分析吧，然後我們可以帶著很大的疑慮去看看它們是否與某些原理有關。」㉖

伏爾泰對於形而上學唯心論的批判，集中體現在他對笛卡爾天賦觀念論的駁斥中。伏爾泰認爲，編造天賦觀念論形而上學體系這種講哲學的方式，比經院哲學的鬼話還要危險。因爲經院哲學的鬼話早已被揭穿，已經不能阻止人們到別的地方去尋找眞理，但是「一種精巧而大膽的假設乍看起來卻好像是眞的」，更能阻礙人類知識的增長，並爲神學迷信尋找根據。在伏爾泰看來，笛卡爾的天賦觀念論正起著這樣的作用。他指出，笛卡爾爲揭露古人的謬誤而生，卻又代之以自己的謬誤，他自以爲證明了靈魂和思想是一回事，斷言人是永遠思想的，靈魂進入軀殼時擁有一

㉕ 伏爾泰：《哲學辭典》，《伏爾泰全集》英文版第6卷上册，頁270。

㉖ 同❻。

切形而上學概念，認識神、空間、無限，可惜一出娘胎把它們都忘了，等等，這種天賦觀念論恰恰爲宗教神學最根本的信條——靈魂不滅作了哲學辯護，必然受到教會的歡迎，爲神學家所利用。伏爾泰舉例說：「神父修會的馬爾布朗士，在他卓越的幻想裡，不但承認天賦的觀念，而且並不懷疑我們通過上帝來看一切，好比上帝就是我們的靈魂。」㉗

指出天賦觀念論變成教會宣揚宗教迷信的工具這種惡果以後，伏爾泰進而根據洛克的感覺論駁斥了天賦觀念論本身的錯誤。他說，編造天賦觀念論的人自鳴得意，以爲自己給若干被他們假定爲人人共有的形而上學觀念說出了一番道理，可是事實上，許多人一輩子都沒有一絲一毫這樣的觀念，小孩子也只是在大人告訴他們時才會有這些觀念，這就證明，我們的一切觀念都來自感官對外在世界的感覺，人心裡根本沒有天賦觀念。以人們關於神的觀念而言，人在剛出生時並沒有一個神的觀念，後來也不是人人具有相同的關於神的觀念。可見天賦觀念論是荒唐的學說，臆造出天賦觀念論是濫用了自己的理性，是關於天賦觀念的「傳奇」。

應該說，伏爾泰（包括他所師法的洛克）對天賦觀念論的批判缺少理論深度。但是站在經驗論的立場，伏爾泰同樣認爲天賦觀念論本身就不是什麼值得深入分析的理論。他之所以繼洛克之後再次聲討天賦觀念論，是因爲笛卡爾主義在十八世紀的法國仍然具有很大影響，特別是笛卡爾之後的一些笛卡爾主義者發揮笛卡爾哲學的唯心主義因素，爲宗教信條辯護，甚至不少人「論證

㉗ 同❶，頁51。

兒童在娘胎中具有現實的上帝觀念」[28]，天賦觀念論已經變成宗教神學蒙騙群眾的時代新裝，已經與經院哲學沆瀣一氣，伏爾泰既要批判宗教神學和否定全部基督教信仰體系，就不能不批判宗教神學的一切變種，就不能不批判一切爲宗教信條辯護的理論。對天賦觀念論的批判，是他運用經驗論唯物主義哲學與宗教神學鬥爭的一個組成部分。伏爾泰對萊布尼茲的批判，特別是對萊布尼茲「先定和諧論」的批判，也屬於這種性質。

伏爾泰對笛卡爾自有全面而公正的評價，與批判笛卡爾理論中唯心主義方面的錯誤，特別是批判馬爾布朗士等人歪曲利用笛卡爾爲基督教辯護的言論並不矛盾。批判神學化了的笛卡爾主義，彼埃爾·貝爾首開其端，伏爾泰繼之於後，他們都爲十八世紀法國唯物主義哲學的形成和發展起了掃清道路的作用。弗里德里希二世 1767 年寫給伏爾泰的信中說:「貝爾開始戰鬥，一些英國人跟著加入戰鬥，你注定要結束這場戰鬥。」喜歡談論哲學的普魯士國王這幾句話倒沒有說錯。

五、伏爾泰對教會現行罪惡的揭露

伏爾泰與宗教迷誤和教權主義鬥爭，不限於從事理論著述和取材於歷史的文學、史學創作，他積極參與現實的事件，抓住正在發生的宗教罪惡，揭露宗教的反動性，抨擊教會和僧侶的罪行，伸張正義，教育群眾。這些實際鬥爭，也構成伏爾泰反對宗教狂熱和教權主義長期鬥爭的重要內容。而且這些實際鬥爭，牽

---

[28] 笛卡爾:《與柏曼的談話》，1976年牛津英文版，頁8。

動面廣，社會震動大，對打擊教會勢力、反對封建專制統治、促進深受新舊基督教毒害的廣大群眾覺醒，比一本書或者一齣戲所產生的影響要大得多，眞可謂「一個實際行動勝過一打宣言」。

在法國，天主教會不斷煽動宗教狂熱，製造冤案，迫害無辜，毒化社會氣氛。這是教會用以維持專制統治和教會特權的重要手段。1762年，法國南部城市圖盧茲又發生一起後來轟動整個歐洲的冤案：新教徒（胡格諾教徒）讓·卡拉是一家綢布店的店主，爲人寬厚老實，是一個守本分的市民。他與夫人生有四男二女，都已成年，個個溫文有禮，家教很好。只是長子馬克·安東性格抑鬱，終日落落寡歡。1761年10月13日晚，馬克·安東厭世自縊，有人誣告卡拉因安東欲改宗天主教而將其謀殺，教會接受宗教狂熱份子對卡拉的誣告，當局逮捕卡拉施以各種酷刑，卡拉的其他子女也被囚禁在修道院中。對卡拉的指控本係無稽之談，因爲卡拉是一個慈愛、寬容的父親，對子女的信仰從不干涉。就在安東自殺前不久，卡拉的三子路易因受女僕讓娜的勸說改信了天主教，卡拉並未責怪，甚至連這個女僕都沒有撤換。而且就在安東自縊的當晚，父親正與家人一起款待安東的朋友拉瓦依斯。拉瓦依斯是個年輕的天主教徒，他過去曾勸說過安東改信天主教。女僕讓娜在法庭上爲主人辯護，除陳述以上事實外，還證明事情發生當時父親正陪兒子的客人拉瓦依斯吃飯閒談，安東一人離席走到住室前邊的店舖，隨後即被發現吊死在門框上。她自己和拉瓦依斯都是天主教徒，不可能容許卡拉謀殺安東，一個六十多歲的老人也不可能把年輕力壯的安東吊死。

但是教會和當局不顧這些事實，執意借機煽動宗教狂熱。教會宣佈安東爲殉道者，爲他舉行隆重的葬禮。在教堂舉行莊嚴的彌撒祭時，全城的大部分居民都出席了。大廳裡掛著一副向外科醫生借來的骷髏。這個標本裝有彈簧，不斷顫動，像有生命。教會宣稱這個骷髏代表安東，讓它一手握棕櫚葉，作爲殉道的標誌，一手執紙條，上書「棄絕異端」。迷信使人瘋狂，狂熱擅奪理性。此時的圖盧茲市完全陷入宗教狂熱、偏執和神祕氣氛。馬克・安東被尊爲聖人，許多人向他祈禱，並聲稱親眼目睹出現了許多奇蹟。

圖盧茲法院審理卡拉一案，在教會和狂熱教徒的壓力下，執法官不顧事實和證詞，偏頗而且先入爲主地認定卡拉有罪，1762 年 3 月 9 日判處將卡拉車裂處死。第二天，卡拉被送往刑場，劊子手先用鐵棍打斷他的臂骨、腿骨和肋骨，再將他綁在車輪上拷打，慘無人道地故意延長他的痛苦，折磨了兩個小時才讓他死去，然後焚屍。

卡拉案件發生不久伏爾泰便在凡爾那聽說此事。起初他也相信讓・卡拉是兇手，認爲卡拉出於新教徒同樣具有的宗教偏執和狂熱殺死了自己的親生兒子，說這個胡格諾教徒比《聖經》中的亞伯拉罕還壞。但是隨著他對案情的進一步瞭解，他開始懷疑法院的判決。在伏爾泰看來，無論是卡拉有罪還是無辜被害，這件令人髮指的暴行都是宗教狂熱的產物，是教會和基督教罪惡史的最新例證。他決心弄淸眞相，把參與此事看作他所倡導的「消滅敗類」運動的重要工作。1762 年 3 月 29 日，伏爾泰在給達朗貝的信中說：「請您盡可能作出準確的判斷，究竟是狂熱引導一個父親吊死了自己的兒子，還是狂熱使八個法官把一個無辜者處以車刑。」不久卡拉的兩個兒子逃到日內瓦，伏爾泰會見了他們幾次，幫助他進一步瞭解了事情的眞相。他確信卡拉是無辜的。所謂馬克・安東皈依天主教並無根據，兒子自殺與父親無關，卡拉的罪名是宗教狂熱份子揑造並強加於他的。伏爾泰激憤難當，他毅然放下手頭工作，爲伸張正義而行動起來。他表示，他決心利用自己的朋友，自己的財力，自己的筆和自己的聲譽，修正圖盧兹八個法官的錯誤。此後三年，爲卡拉平反成爲他的頭等大事。他說，不論有多麼大的困難和要用多長的時間，他至死不放棄爲卡拉伸寃的事業。

與教會和專制政府鬥爭，伏爾泰有豐富的經驗和智慧，他早年所學的法律知識此時也派上用場。他首先動員輿論，利用寫信和寫文章使卡拉案件引起全法國和全歐洲的注意。旭阿索公爵、普魯士王、凱塞琳女皇都被他動員起來聲援複審卡拉一案的要求。卡拉案件轟動全歐，公共輿論同情卡拉，對法國教會和專制政府形成巨大壓力。其次，他組織了一個辯護委員會，邀請法國一些著名律師參加爲卡拉辯護。卡拉夫人此時已來到巴黎，得到伏爾泰朋友們的照顧，並支持她向巴黎高等法院提出申訴。伏爾泰延請的大律師們有的撰寫備忘錄，有的代卡拉夫人寫申訴書，申訴工作進行得轟轟烈烈。最後，他圍繞卡拉一案連續出版三部著作，重炮猛轟教會暴行和法官草菅人命。這三部著作是：《關於卡拉先生之死的原始材料》、《伊麗莎白・坎寧的故事和卡拉的故事》、《論寬容》。伏爾泰要求圖盧兹法院公佈審訊記錄遭到拒絕，他經過多方努力終於得到這些記錄，並代卡拉夫人和卡拉子女寫了許多材料，第一本書就是這些材料的彙編，它們有力地證明了卡拉無辜被害。第二本書是一部小說。伏爾泰根據英國曾經發生的一個案件編寫了這個故事：英國姑娘坎寧神祕失踪，一個月後衣裙不整地回到家裡，謊稱曾被綁架，並被送入妓院，逃離火坑前一直受到虐待。在家人的支持下，姑娘對九個被她指認爲綁架者的人提出控告，結果這九個人都被判處絞刑。英格蘭法律規定死刑判決必須公開審理，並需送達國王審核。有一位哲學家蘭賽細心閱讀了審問記錄，發現諸多疑點，宣稱此係寃案。後經重新調查，證明哲學家所言非虛，坎寧離家逃走實際上是去私生孩子，綁架云云純屬子虛烏有，所謂「綁架者」完全無辜。通過這個故事，伏爾泰指出，要不是這位哲學家仔細閱讀公佈的案情材料，九名被告就會無端喪生。他充滿激情地向法國人民呼籲：向這位哲學家學習，糾正卡拉案件的不公正判決。《論寬容》一書是匿名出版的，書中記述了卡拉事件始末以及伏爾泰對案情關鍵部分的評論和判斷，並列舉希臘、波斯、印度、中國、日本所存在的寬容精神，論述了伏爾泰自己關於宗教信仰自由、人民有言論權利以及關於自然神論的主張等等，內容十分豐富。伏爾泰於 1762 年下半年開始撰寫和發表此書，幾年內不斷補充修訂，又不斷再版，猛烈抨擊新舊基督教和一切宗教狂熱份子。

在伏爾泰的努力下，爭取爲卡拉平反的工作進展順利。先是巴黎高等法院接受並重新審理卡拉一案。1763年 3 月 7 日，王國政府又在凡爾賽宮召開由樞密大臣主持、全體大臣出席的國務會議，聽取一位法官客觀地介紹卡拉案件，然後決議：對圖盧茲法院提出抗訴，責令圖盧茲法院呈送審判過程的全部文件，並說明判處讓・卡拉的理由。國務會議派一名代表將此決議向國王彙報，國王亦表示贊同。1764年巴黎高等法院終於撤銷了對卡拉的判決。1765年 3 月 9 日，即卡拉被害三週年紀念日，樞密院正式宣佈爲卡拉一家恢復名譽，國王路易十五賜給卡拉夫人三萬六千金幣的撫恤金。至此，伏爾泰爲卡拉伸寃的鬥爭勝利結束。通過這個歷時數年、牽動法國各階層、轟動整個歐洲的事件，天主教會和宗教狂熱受到沈重打擊，法國人民則受到一次生動的反宗教迷誤的啓蒙教育，伏爾泰也獲得空前聲譽，他的影響深入到法國社會各個角落。在當時的法蘭西，可能有人沒讀過伏爾泰的書，但沒有人不知道伏爾泰因爭取爲卡拉平反而維護了正義。有一則「軼聞」說，伏爾泰晚年回到巴黎後，有一次他的馬車被一群人圍住，一個過路人問:「這是誰？」一位老太太回答:「卡拉的恩人。」由此可見伏爾泰的鬥爭多麼深入地教育了人民。甚至三十年以後，卡拉事件仍然縈繞在法國人民心頭：1793 年國民大會下令在「狂妄迷信害死卡拉」的廣場上建立一座白色大理石紀念碑，上面鐫刻下列字句：「國民大會奉獻於父愛，奉獻於自然，奉獻於狂妄迷信的犧牲者卡拉」，費用由國庫支撥。㉙

另一個宗教迫害案也使伏爾泰拍案而起。

1766年 2 月28日，亞眠附近的小城阿貝維爾舉行聖像遊行，十九歲的年輕騎士拉・巴爾與十八歲的同伴代塔隆德酒後站在路邊觀看，當聖像經過時他們沒有下跪，嘴裡還哼著下流小調，有人聯想起不久前該城一座橋上的木製十字架被毀一事，懷疑也是他們所爲，控告兩青年犯有褻瀆和毀壞聖物罪。代塔隆德聞訊逃走，參加了普魯士的軍隊，得到弗里德里希二世的庇護。拉・巴爾則被逮捕。阿貝維爾法院判處缺席代塔隆德連根割去舌頭、在教堂門前斬下右手、然後綁在柱子上用文火燒死；對拉・巴爾法官們大發慈悲，「從輕」判處他斬首後再施以火刑。拉・巴爾不服

㉙　同⑳，頁695。

判決，向巴黎高等法院提出上訴，阿貝維爾當局將他解往巴黎。6月5日巴黎高等法院審理此案，二十五名法官中有十五人贊成維持原判，拉·巴爾又被押回阿貝維爾，於7月1日執行死刑。拉·巴爾留下遺書說他不相信人們爲了這樣一些小事就處死一個年輕的紳士，但是臨刑前他卻遭到嚴刑拷打，當他的頭顱被砍下來時圍觀的人拍手稱頌劊子手技藝嫻熟，乾淨俐落。

拉·巴爾之死同樣使伏爾泰極爲震驚和憤怒，特別是當局曾在巴爾身上搜出一本《哲學辭典》也當作他的罪狀，更使伏爾泰激動萬分。他大聲疾呼爲這個青年辯護，一再寫文章痛斥宗教狂熱和宗教迫害的兇殘野蠻。在1766年7月中旬所寫的〈記拉·巴爾騎士之死〉中，他義正辭嚴指責法國的司法制度爲宗教狂熱份子服務。此後的十餘年中，伏爾泰念念不忘此事，一再努力爭取司法當局取消對在逃的代塔隆德的指控，同時反訴判決拉·巴爾的法官，雖然最終沒有贏得卡拉一案那樣的輝煌勝利，但同樣取得了打擊教會和宗教狂熱、教育群衆逐步擺脫宗教精神枷鎖的作用。

在十八世紀的法國，教會作惡，司法黑暗，教權主義和專制統治的結合，使得冤獄遍於國中。伏爾泰領導的爲讓·卡拉和拉·巴爾翻案活動引起巨大反響，社會上不少含冤苦主紛紛尋求伏爾泰的幫助。經過伏爾泰的鬥爭，平反冤案獲得成功的有1766年新教徒西爾文夫婦被控殺生祭神謀殺親生女兒案、1769年農民馬丁被誣殺人判處車刑案、1770年蒙巴伊夫婦被控謀殺母親案，以及法國駐印度長官、以叛國罪被處死的拉利伯爵案等。其中西爾文和蒙巴伊兩對夫婦像卡拉和拉·巴爾一樣也是宗教狂熱和教會惡行的典型受害者，伏爾泰爲他們昭雪伸冤的活動，同樣引起巨大的社會震動，動搖了教會的統治，教育了深陷宗教迷誤的廣大群眾。

伏爾泰抓住宗教和教會現行罪行所進行的實際鬥爭，使他以宗教唯心論爲主要對手的自然神論唯物主義哲學綻開燦爛的實踐之花。當1791年重葬伏爾泰遺骨的時候，在他柩車上的題辭中，作爲他光輝一生的重大貢獻之一，特別提到：「他爲卡拉、拉·巴爾、西爾文和蒙巴伊洗刷了耻辱！」㉚

㉚　路易·莫蘭主編：《伏爾泰全集》第1卷，頁486。

第四章　伏爾泰的政治哲學及其反對封建專制主義的鬥爭

一、伏爾泰政治哲學的核心概念：平等與自由

伏爾泰痛恨封建專制主義，反對等級制度和貴族特權，要求平等自由，主張實行英國式君主立憲的開明君主制度。伏爾泰的政治哲學，或曰政治思想，在十八世紀的法國占有非常重要的地位，產生過廣泛影響。

可以概括地把伏爾泰的政治哲學歸結爲五個基本概念和他關於這些概念的反覆闡釋論證。它們是：平等、自由、法律、王權、政府。在伏爾泰的政治思想中，這些概念中的每一個概念都有豐富的內涵和時代特點，都鮮明地帶著伏爾泰的個性標記，都是組成伏爾泰政治哲學體系的一個有特色的學說，值得一一剖析探討，而當我們做完了這項工作，我們就會對伏爾泰的政治思想有了較爲完整和清晰的認識。

且讓我們首先從平等和自由說起。

像同時代的其他思想家一樣，伏爾泰政治哲學的出發點也是「自然法」理論。自然法理論也稱爲自然秩序論，是十七、十八世紀流行於歐洲的一種歷史觀。這種觀點從抽象的人性出發，一

方面主觀設想原始人類的生活圖景，即所謂原始社會的「自然狀態」和「自然秩序」，另一方面脫離人的社會性和階級性來談所謂人的「自然權利」，追求一種「合乎自然」的理想社會原則。至於怎樣設想原始人類的自然秩序和追求怎樣一種自然權利，不同國度、不同時期、不同階層的思想家之間又存在著很大差別。顯然，自然法理論並不是一種科學的歷史觀。但是，這個理論是針對宗教神權和宗教歷史觀提出來的，具有反對宗教神學和封建統治的歷史進步性，幾乎為當時所有進步思想家所信奉，在它的基礎上產生過各種各樣的社會學說，發生過巨大影響。就伏爾泰而論，他的自然法思想與十七世紀英國哲學家霍布斯、十八世紀法國啓蒙思想家盧梭和烏托邦主義者馬布利、摩萊里等人的自然法思想在形式上有很大不同。伏爾泰並不著意描繪人類原始社會的自然狀態和自然秩序，而是要為符合自然法精神的社會立法尋找一項基本原則。在《哲學辭典》的「自然法」這個辭條中，伏爾泰指出：法律是自然的女兒，每一個精神健全的人心裡都有自然法的概念，這個概念就是正義。因此只有眞正符合正義原則的法律才是與人的自然權利相適應的。他指出，儘管不同國家、不同歷史時期，法律、習慣、風尚不斷變化，儘管人類的歷史充滿迫害、搶规、屠殺、欺騙等等不義行為，但基於人性的本質的東西卻永遠不變，正義的觀念一直綿延不絕，從未泯滅。他問道：「請你給我指出有哪個地方認為搶奪我的勞動成果、撕毀自己的約言、為了害人說謊、誹謗、殺人、下毒、忘恩負義、在父母給你食物時毆打父母是正當的？」❶因此，伏爾泰深信一種「自

---

❶ 伏爾泰：《哲學辭典》，引文係王太慶譯，見北京大學哲學系編《十八世紀法國哲學》，頁98。

然的法律」一定能夠建立起來，它的基本原則應該是：「這種法律既不在於使別人痛苦，也不在於以別人的痛苦使自己快樂。」❷

根據這種對自然法理論的理解，伏爾泰首先確立了他對在十八世紀的法國最激動人心的口號之一「平等」的理解。對於伏爾泰來說，平等意味著反對等級制度和封建特權。伏爾泰認爲人生而平等。他說:「一切享有各種天然能力的人，顯然都是平等的；當他們發揮各種動物機能的時候，以及運用他們的理智的時候，他們是平等的。」❸他指出，卽使是中國的皇帝，印度的大莫臥兒，土耳其的帕地夏，也不可能向最下等的人說：我禁止你消化，禁止你上厠所，禁止你思想。他揭露封建等級制度和貴族特權違反自然法。他問道:「難道農民的兒子生來脖子上就套著軛，而貴族的兒子生來腿上就帶著踢馬刺嗎？」在《共和思想》一書中，他譴責過去領主與奴隸的差別，現在貴族與平民的差別，都是「令人生厭和耻辱」的社會不平等。

伏爾泰考察了社會不平等現象產生的原因，他歸結爲貧窮和暴力。他說，如果人類生活在像野生的四足獸、飛禽、爬蟲一樣的自然狀態裡，就不會有統治和奴役。如果人在地球上到處都可以找到一種安逸而且穩妥的生活，找到一個適合他的天性的地帶，那麼一個人絕不可能役使另一個人。舉例來說，如果一個殘暴有力的人心裡起了一個念頭，要想驅使不如自己強壯的鄰人，他是辦不到的，因爲當壓迫者在伏爾加河上準備就緒之前，被壓迫者早就到了多瑙河上了。如果這個星球上到處都有可以吃的果實，如果人只需要麋鹿的住所和床榻，成吉思汗們除了他們的兒

❷ 同❶，頁99。
❸ 同❶，頁88。

孫就不會有別的臣僕。因此，伏爾泰說，如果人們沒有需要，那就必然人人平等。使一個人從屬於另一個人的，是與人類分不開的貧困。眞正的不幸並不是不平等，而是從屬。他形象地闡釋他認爲這種「從屬」關係卽人身不平等現象產生的原因，說一戶人口眾多的人家種著一塊好地，附近另有兩戶人家人丁不旺，種的地也貧瘠無出產，這兩家赤貧戶中有一家向殷實戶獻上人手換取麵包，另一戶則跑去攻打富戶並被打敗，那麼，服侍人的這一戶便是僕人和手藝人的起源，被打敗的那一戶則是奴隸的起源。

伏爾泰還指出能力和機遇不同，也造成了人們之間事實上的不平等。他說，每一個人在內心深處都有權認爲自己與其他人完全平等，但是不能由此便說，一個紅衣主教的厨子應當命令他的主人給他做飯。厨子可以說，我跟我的主人一樣是人，我跟他一樣是啼哭著出世的，也將在同樣的哀悼和同樣的儀式中死去，我們兩個人都發揮著同樣的動物機能。如果土耳其人占領了羅馬，如果那時我當了紅衣主教，我的主人當了厨子，我就會讓他侍候我了。應該說厨子的話說得很合理很公正，他擁有與紅衣主教同等的權利，如果有機會有能力，他也可以當紅衣主教，只是在土耳其人還沒有占領羅馬，他還不是紅衣主教的時候，他仍得幹他份內的活兒，否則整個人類社會就不可收拾。

上述可見，伏爾泰所謂「人生而平等」，指的是人身平等、機會平等、權利平等。他主張廢除等級制度、貴族特權這些封建的社會藩籬，強調人們在法律面前一律平等，但認爲經濟（財產）的不平等是不可避免的。這裡我們可以看到伏爾泰平等學說冷峻的一面。他總是十分冷靜地談論平等問題，絕無盧梭或馬布利、摩萊里那樣的激情，但更富現實主義精神，更符合時代的要求。

用他獨具特色的語言和論述方式來說，他一方面反對第一個人扮演主人、第二個人扮演奴隸、第三個人扮演諂媚者、第四個人扮演供應者這種封建「滑稽劇」，十分同情封建關係下沒有平等可言的勞苦大眾的痛苦，1770 年他還以法國農民的名義寫了〈致王國全體公務人員的請願書〉，申訴了農民的不幸命運；另一方面他又維護財產私有制度，反對下層群眾實現社會經濟平等的要求。他不僅不同意梅里葉的空想主義（在他所摘編的梅里葉《遺書》摘要本中，梅里葉有關財產公有的論述被全部刪除了），而且也反對主張在小私有制基礎上實現平均主義的盧梭的觀點，當他讀完盧梭的名著《論人類不平等的起源和基礎》一書後，竟認為這是想要使窮人掠奪富人的「窮光蛋的哲學」。在伏爾泰看來，擁有財產是人民群眾中「健全部分」的標誌，下層群眾超越法律面前人人平等這個根本原則而追求財產公有或財產平等，是不合理的。他甚至認為，一無所有的人是暴政和宗教狂熱的支柱。伏爾泰在《哲學辭典》的「平等」這個辭條中概括自己的平等觀說：在我們這個不幸的星球上，生活在社會裡面的人不可能不分成兩個階級，一個是支配人的富人階級，另一個是服侍人的窮人階級，否則社會生活便無法維持，「因此平等既是一件最自然不過的事，同時也是最荒誕不經的事。」❹

「自由」是伏爾泰反覆談到的另外一個概念。什麼叫自由？伏爾泰像論述平等一樣對自由作了層層剖析。他指出，自由首先是一個哲學範疇。在《哲學辭典》的「自由」辭條中，伏爾泰通過一個生動而又通俗淺顯的例子說明，自由是認識了必然後的一

---

❹ 同❶，頁91。

種選擇權。他寫道：當你和你的妻兒一塊兒散步的時候，一陣大炮發射的轟鳴傳到你的耳朵裡來了，你沒有聽見或聽不見的自由，但是你有逃避被大炮的炮彈轟掉腦袋的自由，你可以走開三十步躲避炮彈。然而如果你有瘋癱病，你不能避免暴露在大砲前面，那麼你就難免挨上一炮。因此，伏爾泰指出，哲學意義的自由就是「試著去做你的意志絕對必然要求的事情的那種權力」❺，與這種自由對應的是「必然」。然而與平等並列的自由指的是與哲學意義截然不同的政治權利。伏爾泰指出，自由是人人享有的天賦人權，不應受到任何侵犯。這種自然權利只受法律約束。伏爾泰這裡所說的法律，指的是「合乎自然權利」的立法，當然不是封建制度的法規。他把這種自然權利分爲五種，即個人自由、思想自由、言論和出版自由、信仰自由、勞動自由。

個人自由即人身自由。奴隸和農奴沒有人身自由，所以伏爾泰痛斥奴隸制度和農奴制度違反自然法，譴責直到十八世紀法國的某些地方仍然保留著中世紀的農奴制，他曾投入不少精力設法解放一座修道院裡的農奴。

《哲學辭典》裡有「思想自由」一條，伏爾泰在其中指出，思想自由是一種自然權利，統治者總是害怕人們獨立思想，認爲如果每個人都自己思考，就會擾亂社會秩序，產生一片混亂，特別是就會危害基督教。其實基督教自身就是思想自由的產物。如果早期基督教徒沒有思想自由，就不會有基督教。如果羅馬帝國長期禁止思想自由，基督教的教義也就建立不起來。至於所謂思想自由可能引起騷亂，更是無稽之談。伏爾泰說：恰好相反。當

---

❺ 同❶，頁95。

人們去看戲時，每個人都自由地表達自己的觀點，劇場秩序沒有受到騷擾。但是如果某個蹩腳詩人的蠻橫的保護人試圖強迫所有有鑑賞力的人稱讚他們覺得差勁的作品，那麼就會聽到一片噓聲，就會引起混亂。正是思想上的暴君引起世界上的許多不幸。伏爾泰深刻指出：整齊劃一，人們沒有獨立思想，社會表面平靜，並不是幸福，這不過是「沈默地划著船的奴隸的平靜」。

伏爾泰把言論和出版自由看作其他一切自由的保證。他對十八世紀的法國沒有言論和出版自由早有切膚之痛。他兩入巴士底獄，一次流放國外，幾十年被迫隱居在窮鄉僻壤，他的著作一次次被查禁焚毀，都是由於沒有言論和出版自由。所以他宣稱，發表自己思想的自由是公民的自然權利。他批駁認爲出版自由危害政權、破壞宗教的論調說，某些政府的垮臺和宗教被破壞，並不是由於出版了某一本書造成的，而是因爲它們本身已經腐朽墮落。羅馬天主教會在許多國家被擊敗，並不是書本的力量，而是由於它自己貪得無厭、假仁假義，引起整個歐洲的反抗造成的。當路易十四在世時，荷蘭曾出版了五六千種反對他的小册子，但是沒有一本書導致他在戰場上失利。路易十四在戰場上也失敗過，那是另外的原因而不是這些小册子造成的。伏爾泰在《哲學辭典》的「出版自由」辭條中說，不管怎樣爭論書籍的作用，有一點卻是天經地義：「就像我們有說話的權利一樣，我們天然地有使用我們的筆的權利。」❻

信仰自由是天主教會煽動宗教狂熱和宗教偏執，施行宗教迫害的邏輯反題。伏爾泰爲爭取和維護信仰自由奮鬥終生．他的大

---

❻ 伏爾泰：《哲學辭典》，《伏爾泰全集》英文版，第6卷，上册，頁130。

多數作品申明的都是這一主題。他爲讓·卡拉翻案所出版的《論寬容》一書，更從各個角度集中分析了信仰自由的重要意義。其中有些論述，雖然事過二百餘年，對於現代中國讀者來說，仍然感到十分親切。伏爾泰對中國傳統文化推崇備至，特別讚賞孔夫子的哲學體現了寬容精神，稱頌中國沒有宗教偏執，中國歷史上從未發生過宗教戰爭，各種宗教信仰在中國和平共處，認爲正是信仰自由使偌大一個帝國保持統一和繁榮。

勞動自由。這是最能反映伏爾泰政治哲學的資產階級性質的一條對自由的詮釋。伏爾泰在強調人身自由、反對封建從屬關係和認爲私有財產不可侵犯、擁有財產是一種自然權利以後，不得不面對一個問題：對占人口大多數的貧苦農民和城市下層群眾來說，他們一無所有，在他們身上如何體現「財產」這項自然權利呢？伏爾泰在《哲學辭典》中專門列了「財產」辭條，認爲對於農民和其他窮人來說，自由並不意味著擁有財產，而是能夠自由地出賣勞動力，因此勞動自由是涉及社會上多數人利益的重要自由形式。他說：社會並不需要農民成爲富人，而是需要他們除了一雙手和一片善良心願之外什麼也沒有，他們可以自由地把自己的勞動出賣給出價最高的人，「他們用這個自由來代替財產。」❼農民擺脫封建關係，成爲自由勞動力，作爲僱佣工人從事僱佣勞動，是資本主義生產方式產生和發展的前提之一，伏爾泰對勞動自由的這種理解，反映的正是他的時代的歷史要求。

伏爾泰除去在《哲學辭典》和其他著作中正面闡述他對自由內容的這些主張以外，由於他極端推崇英國1688年光榮革命後確

---

❼ 伏爾泰：《哲學辭典》，《伏爾泰全集》英文版，第7卷，上册，頁9。

立的君主立憲政治制度和洛克的政治思想，所以他常常以英國爲例談論他的政治主張。就「自由」來說，伏爾泰更是對英國讚不絕口。他認爲，差不多在所有的專制制度下，人民的自由都被剝奪，只有英國的法制保證公民能夠享有這種自然權利。他說，在英國，所有的公民不能同樣地有勢力，卻能同樣地自由，這種法律所確定的權利比王公貴族的特權要牢靠得多。伏爾泰詳細列舉了一個英國公民所享有的自由的基本內容。他說任何一個英國人，首先享有「人身和財產的全部自由」，法律保障他不會半夜三更從妻子的懷抱中被拖出去押入城堡，而當他淸晨醒來，可以放心他的財產還和昨天一樣，不會有絲毫變動，不會突然被剝奪，這簡直是一種最大、最幸福、在其他國家所沒有的特權；一個英國人還享有「用筆向國家提意見的自由」，他有權發表一切想法，法律保證他的言論出版自由；此外，一個英國人還享有「只能在一個由自由人組成的陪審委員會面前才可受到刑事審問的自由；不管什麼案件，只能按照法律條文的明確規定來裁判的自由。」[8]等等。

伏爾泰特別羨慕英國人享有信仰自由。在《哲學通信》和《風俗論》等著作中，他一再描述英國沒有教會專橫和宗教迫害，說在英國每個人都可以按照他自己的方式供奉上帝；說英國是一個宗派林立的國度，有三十多個不同的教派，每個英國人都可以沿著他所喜歡的道路進入天堂；說在英國各教派中，雖然保守的英國聖公會保留了許多天主教儀式，並常常想在信徒中間挑起宗教狂熱，企圖迫害非聖公會派，但是他們的宗教偏狹行爲最

[8] 伏爾泰：《哲學通信》中文版，陳達觀等譯，頁192。

多也不過是有時把異端宗教的教堂玻璃打破罷了。因爲，伏爾泰說，宗教的狂熱在英國與內戰同時告終，新的政治制度確保了人民信仰自由的權利。

二、法律在伏爾泰政治哲學中的地位

伏爾泰不是法學家，他沒有成體系的法學專著。但是他早年學過法律；有過在律師事務所學徒的實踐；一生坎坷經歷，無論是被監禁、流放還是著作一再被判查禁焚毀，又都不斷面臨封建專制制度下的法律問題；他爲讓・卡拉和拉・巴爾以及西爾文等人平反昭雪的活動更是長時間地、非常投入地與黑暗的封建法律現實進行抗爭。這一切都決定了「法律」在他的全部政治思想中占有重要地位。正像孟德斯鳩的《論法的精神》不是一部純法學專著而更具法哲學或政治學論著的特點一樣，伏爾泰的許多政治和哲學論著，例如《聖賢和百姓的聲音》、《哲學辭典》等，也涉及諸多法律問題。《哲學辭典》中將近六分之一的辭條與法律有關。此外，爲探討法律問題，伏爾泰還深入研究了意大利法學家貝卡利亞的《論罪惡和處罰》一書，並把它譯成法文，1766年出版了《對「論罪惡和處罰」一書的註釋》，其中闡發了伏爾泰自己關於法律和法律改革的意見。

伏爾泰的法律和法律改革思想的中心內容，是他力主限制教權，反對教會勢力凌駕國家法律之上。

在伏爾泰反對封建特權的頑強鬥爭中，天主教會奉行的教權主義和教會享有的諸般特權，是他口誅筆伐的首要目標。在十八世紀的法國，天主教會依托羅馬教廷的支持，憑藉強大經濟實力和政治地位，不斷揷手世俗事務，推行教權主義，與專制王朝旣相互勾結，相互利用，又不斷產生新的矛盾和摩擦。這種教權主義集中體現在巴黎高等法院與王權的矛盾上。

倫敦有一個高等法院，巴黎也有一個高等法院，二者都有悠久的歷史。名稱雖同，性質很不一樣。英國高等法院是名副其實的世俗司法機構。巴黎高等法院卻旣有政治機構的性質，又執行宗教裁判所的職能。在法國的封建關係中，巴黎高等法院代表封建貴族利益，是封建貴族和宗教勢力勾結起來與王權抗衡的陣地。在路易十五統治的後期，這種貴族與王室的權力之爭達到高潮。路易十五決心制服高等法院，雙方進行了一次激烈的較量。1768 年9月，路易十五任命勒內・尼科拉・德・莫普爲掌璽大臣，著手改革高等法院，並於1770年頒佈〈規章與紀律敕令〉，要求所有法官絕對效忠作爲司法之源的國王，規定巴黎高等法院不得過問政治，無權與外省法院聯繫，它的四個法庭也不能召開聯席會議。巴黎高等法院的法官們拒絕服從莫普的命令，路易十五親臨法院，強迫登記敕令，於是法官們罷工。莫普將頑固的法官撤職，解散巴黎高等法院，另立高級法庭，規定法庭成員爲終身職，由國王發給薪俸，但限制法庭的權力和管轄範圍。通過這場鬥爭，僧俗貴族勢力受到沈重打擊，特權制度最頑固的堡壘解體，客觀上有利於法國資本主義的成長。

伏爾泰對巴黎高等法院的反動性早有親身體驗，他的多部著作和其他啓蒙學者的著作都曾被巴黎高等法院查禁，十分痛恨這個宗教裁制所式的機構。他堅決支持莫普的改革措施，1769年春天發表《巴黎高等法院史》，揭露和抨擊巴黎高等法院頑固維護封建特權、推行教權主義的種種倒行逆施。他指出，擁有立法權和司法權的巴黎高等法院自十五世紀以來，就是羅馬教皇干涉法國政治事務的工具。它與世俗政權爭權奪利，不斷挑起宗教糾紛和宗教戰爭，造成社會動蕩和人民的苦難，用煽動宗教狂熱、迫害無辜，對人民和社會進行思想箝制，卡拉案件、巴爾案件、西爾文案件等等，一樁樁冤案都是巴黎高等法院所代表的教權主義產生的惡果。

除巴黎高等法院問題，在論及教會和國家的一般關係時，伏爾泰指出，就像國家應該只有一種度量衡標準一樣，國家應該只有一種法律制度，教會制定的法律，非經政府明白批准，不應有絲毫效力。在《哲學辭典》的「法律」辭條中，他還提出了其他一些限制教會特權的意見，諸如：反對教士干涉人民的生產活動，認爲只有行政長官才有權決定宗教節日期間是否禁止勞動；教會無權批准民間婚事，關於婚姻的一切，完全取決於民政長官，教士僅僅限於爲婚姻祝福；所有教士既是國家臣民，一切應只受本國政府支配；永遠廢除「首歲教禮」的「可笑而又可耻的慣例」，即廢除每個教士任職後第一年的全部收入上繳羅馬教皇的陋習；教會不能以違反神律的罪名剝奪一個公民的絲毫權利，教士的職責是祈禱而不是裁判；教士應該像其他國民一樣納稅。

在伏爾泰提出的這些限制教會特權和反對教會干預世俗生活的法律改革思想中，最後兩個問題十分重要，即他認爲必須把違反宗教信條和違反法律相區別；他堅決主張教會和教士必須納稅。

第一個問題涉及法理。伏爾泰通過讓·卡拉、拉·巴爾和西爾文案件看到，法國現行法典，即1670年柯爾柏制訂的《刑法》沒有嚴格區分「惡」與「罪」，把宗教和道德範疇的惡行與法律範疇的罪行混爲一談。伏爾泰認爲惡與罪不同，宗教認爲的惡德不僅不是犯罪，甚至也不是眞正的惡，違反教條不是犯法，反對教會也不是惡行，因爲這些行爲都沒有危害社會。伏爾泰說，拉・巴爾褻瀆了神像並沒有對社會造成危害，不應訴諸《刑法》。伏爾泰指出，把「違反神律」和「違反法律」混爲一談，必然導致教士干政，有利於教會推行教權主義，剝奪了公民信仰自由的自然權利。

第二個問題，伏爾泰強調教士必須納稅，是事出有因的。這不僅由於法國天主教會擁有巨額財產（當時法國人估計教會擁有三分之一個法國），教士特別是上層教士收入也很豐厚，卻都享有免稅特權，自然與伏爾泰反教會、反特權的立場矛盾，而且還由於像在巴黎高等法院問題上伏爾泰支持莫普改革一樣，伏爾泰在二十年前曾參與過王權與教會的另一場較量。

四○年代末，爲緩和國內矛盾和解決財政困難，路易十五的財政總監馬肖爾特・達努維爾提出稅制改革計畫。1749年路易十五頒佈了馬肖爾特起草的兩個法令：設立國家信貸基金，廢除什一稅（1/10稅），改徵廿一稅（1/20稅），取消一切免稅特權，自1750年1月1日起實行。馬肖爾特的稅改方案立即得到伏爾泰的支持。他寫信給馬肖爾特，認爲改革是平等的，它的原則是社會各階層毫無差別地對共同利益作出貢獻。但是馬肖爾特的稅改方案也立即遭到享有免稅特權的貴族和教士的激烈反對。1750年6月恰逢將在巴黎召開五年一次的教士大會，教會決心利用這次大會圍攻馬肖爾特，反對廿一稅法。伏爾泰爲迎接教士大會期間的鬥爭，1750 年春天寫了一些宣傳材料廣爲散發，號召巴黎群眾支持馬肖爾特，痛斥教士富有而無用，只知消耗不事生產。6月初，他又發表了公開反對教會、首次提出「消滅敗類」口號的《聖賢和百姓的聲音》一書，旗幟鮮明地擁護王權，反對教權，支持馬肖爾特，要求向教會徵稅。伏爾泰指出，國無二主，國王既是法國的統治者，也必是教會的絕對主人，教會理應把它的一定比例的歲入貢獻給社會；國家既然正式宣佈要主持正義，就應堅決貫徹稅改法令。然而這次改革在貴族和教會的壓力下，經過一年多的爭論，最後還是以失敗告終，路易十五於1751年12月23日撤銷了徵收廿一稅的法令。此時伏爾泰已到普魯士，他痛惜路易十五懦弱無能，更堅定了與教會勢力鬥爭的決心。

伏爾泰在法律方面所關注的另外一個問題，是法律必須保護公民的財產私有權和繼承權。

在論述伏爾泰自由平等思想時我們已經談到，伏爾泰認爲財產私有權是一項重要的自然權利，他強調法律必須保障公民的私有財產。在他看來，財產的精神可以增加人們的幹勁，地產的所有者種植自己的世襲土地比種植他人的土地要好；爲自己家人勞動比爲主人勞動要勤奮和快樂；在別人統治下的奴隸很少有結婚的欲望，當他想到將會生出與自己一樣的奴隸時就會不寒而慄，他的勤奮因此而被抑制，他的靈魂變得冷酷無情。與此相反，財產的所有者想有一個妻子分享他的幸福，想有孩子幫他勞動，他的妻和子構成他的財富。在《哲學辭典》的「財產」這個辭條中，伏爾泰說：「這樣的土地在積極主動、心甘情願的農民家庭手裡，會具有比以前增加十倍的產量。商業貿易會增長，國王的財富會增加……這是一個利國利民的制度。」❾

❾ 同❼，頁6。

與法律應保障公民私有財產問題相關聯，法律還應保障公民的繼承權。在論述這一問題時，伏爾泰針對當時法國社會的特殊情況指出，法律應明確財產繼承關係，保障公民有權繼承父輩的財產，繼承權是私有權的題中應有之義。他說，實現了這一條，就會有大批有技術、有財產的胡格諾教徒返回祖國，就會給法國帶來巨額財富，從而對國家和全體法國人都有好處。

伏爾泰的法律思想中還有不少在當時十分新穎的觀點。他主張愼用死刑，認爲生命是上帝賜予我們的珍貴禮物，每個人只有一次生命，無論犯了什麼罪，處之以死刑時都應愼而又愼。他在〈珍惜正義和仁慈〉這篇文章中說，我不是提倡鼓勵謀殺者，而是認爲處罰的辦法不能成爲新的謀殺。在《哲學辭典》的「罪犯」辭條中，他列舉許多無辜者被處死的案例說：這不是刑事審訊，他們是被有特權的謀殺者謀殺了。伏爾泰也反對嚴刑拷打，說嚴刑拷打是暴君和宗教裁判所濫用的手段，必須廢止，對罪犯的處罰應該合乎人道，即使眞正犯了死罪，也應以仁慈的方式處死，車裂、火刑太殘酷，太野蠻，與社會日益文明進步相悖。

總之，伏爾泰的法律思想雖然不系統不完整，但在他的政治哲學中卻占有重要地位，閃爍著不少眞知卓識。作爲一個啓蒙學者，他在論述自己的法律思想時把批判鋒芒對準封建特權和教權主義，貫徹了他的平等自由信念和人道主義精神。

三、王權問題與開明君主政治的理想

王權問題在伏爾泰的政治哲學中之所以特別突出，是由於在伏爾泰的時代，王權與伏爾泰反對教權主義和封建特權的政治立場直接相關。伏爾泰是歷史學家，他諳熟古代和近代法國及歐洲各國政治制度演變的歷史，他的政治主張，也是在大量考察和比較各個歷史時期政治制度的優劣中表達出來的。伏爾泰反對曾長期盛行於歐洲的諸侯、貴族割據的封建政體。他認爲各個諸侯、貴族封建主都是「小暴君」，他們踐踏人權，剝奪人民的自由，把治下的百姓視爲附著在土地上的「賤民」、「奴隸」、「畜生」，隨意盤剝和連同土地賣出買進。他們還不斷與國王衝突，像爲了吸食白鴿的鮮血，一群鷲鳥與一隻老鷹爭鬥那樣，爭奪從老百姓那裡得來的掠獲物，總想用一百個暴君，來代替一個主人。

伏爾泰也研究過君主專制政體和共和政體，1765年他還寫了一本書《共和思想》。在這部著作中，伏爾泰分析了專制政體和共和政體各自的特點，認爲專制政體的根本缺陷是專斷，國王爲所欲爲，常常爲了虛榮而犧牲繁榮，扼殺自由，把人民拖入苦海，因此他說，被專制地管理著的人們的社會，同駕著輀替主人服役的公牛一樣，是不合理的；他認爲共和政體由於崇尚平等和自由，可以避免君主專斷而橫暴的統治，它的原則是正確的。但是伏爾泰擔心共和制度會引起無政府狀態和不斷產生騷亂，認爲共和政體也有弊病。在個別私人通信中，伏爾泰曾說過，如果庶民議論起來了，那麼一切就都完蛋了。懷著這種既要啓發人民覺悟又害怕下層群眾進行過火鬥爭的資產者的矛盾心情，伏爾泰甚至認爲共和政體也可能產生暴政，並且說這種集體的暴政將比一個專制君主的暴政還要壞得多。在《哲學辭典》的「暴政」辭條中，伏爾泰說：一個暴君總有些好的時刻，一群暴君則從無好的時刻。如果一個暴君對我做了一件不公正的事，我可以通過他的情婦、他的懺悔神父或他的侍童去使他罷休，但所有誘惑都不可能接近一群嚴肅的暴君，即使它沒有不正義時，它至少也是嚴厲的，它從不給人以恩惠。在伏爾泰看來，最好的政治制度是開明君主制度或君主立憲制度。他以英國爲典型，從各方面分析了這種制度的優越性，認爲開明君主制度「保存了專制政體中有用的部分和一個共和國所必需的部分」❿，是最完美的政治制度。

伏爾泰以反對等級制度和封建特權爲主要特徵的政治哲學中，在關於國家政治體制的問題上，一方面對共和思想又愛又怕，另一方面對君主政體十分留戀，有其深刻的社會背景和歷史根源。歐州中世紀封建社會的權力結構與中國等東方封建國家的情況有很多不同之處。在歐洲，諸侯和貴族的封建割據勢力非常強大，封建統治的重心在各地貴族的城堡而不在少數城市，國王常常徒有虛名並無實力，既受教皇節制，又被諸侯左右，甚至有時淪爲貴族的玩物和裝飾品，因此王權與諸侯、貴族和羅馬教廷存在著很大矛盾。十五世紀以後，隨著封建制度開始解體和資本主義生產關係的出現，君主專制政體在一定歷史時期曾經起過進步作用。王權的逐步加強，消滅了封建割據勢力，建立了中央集權國家，促進了生產力的發展，得到逐漸成長的資產階級的擁護。在一個時期，君主專制政體似乎能夠平衡貴族和資產階級的力量，王權以一種表面上的超然立場，充當貴族勢力和資產階級的中間人。但是，君主專制政體所維護的還是封建制度，加強王權不過是封建統治的一種新的政治形式而已。君主專制政體的實質，仍然是大小封建貴族的統治。特別是在法國，到了十八世紀，君主專制政體已經嚴重阻礙了資本主義的發展，專制王朝與資產階級

❿　同❽，頁194。

的矛盾越來越尖銳。然而相當多的群眾仍然相信君主是他們的利益的保衛者，大部分資產階級也相信依靠開明的君主和通過中央政權的力量可以「糾正」封建社會，達到改良政治、開放政權、制訂憲法、建立議會、限制王權和貴族勢力的目的，既爲資本主義的進一步發展創造條件，又給資產階級以分享統治權力的機會。法國資產階級的這種美夢，直到十八世紀末才被徹底打破，但是在伏爾泰積極活動的時期，它還興致正濃。

此外，伏爾泰之所以對王權，特別是「開明的君主」抱有幻想，還因爲在同教會和教權主義鬥爭中，他把希望寄託在「開明君主」身上。歐洲不少國家的君主，特別是法國王室，長期以來一直與天主教羅馬教廷公開或暗地裡進行著控制與反控制的鬥爭。伏爾泰希圖利用王權使法國擺脫天主教的神權統治，至少通過強大的專制政體，達到抑制教權主義，避免教會染指和控制世俗政權的目的。所以在他所遇到的王權與教會的每一回合的較量中，他都毫不猶豫地站在王權一邊發表自己的意見。當然，企圖依靠王權使法國擺脫天主教會勢力只是伏爾泰一廂情願的幻想。法國專制王朝雖然對羅馬教廷的政治干涉和經濟掠奪不滿，但它絕不願削弱天主教這個控制人民靈魂的神聖工具，特別是在風雷激盪的十八世紀，專制王朝還要依靠天主教會來維繫其風雨飄搖的反動統治呢。

具體考察一下十六世紀以來法國各政治勢力之間鬥爭的情形，可以更淸楚地看到伏爾泰對待王權的態度和他追求開明君主政治的歷史原因。

十六世紀以來，君主和封建貴族的矛盾一直困擾著法國社會。封建諸侯貴族各以自己的采邑爲依託，形成許多割據勢力。他們各霸一方，擁有大片土地和莊園，還掌握私人軍隊，並把觸角伸向巴黎，嚴重威脅王位。而每個在位國王，都竭力削弱和打擊各個封建貴族的勢力，施展各種縱橫捭闔手段穩定自己的王位。當時法國社會有五大政治勢力，即君主、貴族、教會、高等法院和城市資產階級。國王和貴族在爭權奪利中，都不斷爭取其他三大勢力的支持。特別是教會和高等法院，更是凡爾賽宮廷與各古老封建貴族家族勢力爭奪的焦點。剛剛開始發展的資產階級爲了發展工商業，迫切要求消除法國封建割據局面，建立統一的國內市場，尋求強大王權的庇護。路易十三時期，歷史上著名的首相紅衣主教黎塞留，提出無限君權論，主張君權來自上帝，君權類似神權，國王是上帝在人間的代表，他的意志不受限制，臣民必須絕對服從國王，臣民的利益必須服從國家的利益。黎塞留這種法國式的天人合一理論，是爲加強君主專制尋求理論根據。年方五歲的路易十四登基以後，紅衣主教馬札然首相總理朝政，他繼續黎塞留加強王權的事業，與貴族和高等法院進行了激烈鬥爭。路易十四親政以後，獨攬大權，宣稱「朕即國家」，啓用柯爾柏擔任財政總監，推行重商主義經濟方針，在稅收和穀物貿易、取消國內關卡等問題上打擊了貴族勢力，客觀上促進了法國資本主義經濟的發展，但也遭到各地貴族的頑強抵抗。路易十四死後，攝政王奧爾良公爵掌權，君主與貴族的鬥爭又趨尖銳。奧爾良公爵的盟友是一些大封建貴族領主，他們掀起「貴族革命」，紛紛攫取國家要職，要求恢復某些被路易十四取消的貴族特權。攝政王死後，路易十五雖然昏庸懦弱，但宮廷大權掌握在王權主義者廸布瓦和弗勒里手中，他們反擊「貴族革命」取得權力的大領主們，把他們逐出內閣，任命一批接近資產階級的新人作大臣和國務祕書，並在與高等法院的鬥爭中取得勝利。

路易十五幼年攝政王奧爾良公爵當政時期，正是伏爾泰走上政治舞臺之始，他親身經歷了這一段「貴族革命」前後王權與貴族勢力的反覆較量，個人命運也隨著政治氣候的變化沈浮，作爲代表資產階級利益的思想家，他期待有一個開明君主，一個「哲學家國王」推行有利於資本主義發展的開明君主政治也就不難理解。

上述可見，歷史的、階級的和認識上的原因，決定了伏爾泰贊成開明君主制度，把依靠開明君主進行自上而下的改革，當作達到消滅等級制度和封建特權，實現自由、平等和理性王國的基本手段。至於他所謂開明君主政治的具體內容，主要通過他對英國政治權力結構的論述反映出來。

四、尊崇英國的政治制度和權力結構

伏爾泰政治哲學的最後一個基本概念是「政府」。他所謂政府，並非專指一個國家內負責行政事務的當局，而是泛指整個國家的政治制度和權力結構。伏爾泰十分推崇英國人建立的君主立憲制度和嚴格的法治社會，因而他常常通過介紹和讚賞英國的「政府」表達自己的政治理想。

伏爾泰對英國的政治制度和權力結構讚不絕口，說英國建立了舉世唯一的政府，在今天的世界上可能是「最完美的政府」。在他看來，英國政府的構成使資產階級、貴族和國王的利益協調一致，從而既保證了社會的平等和自由，又避免了混亂。他用華美的讚語稱頌這種分享政權的關係說：「一個爲人尊敬而又富裕的國王，有無限權力去行善，卻無力去爲非作歹，當了一個自由、強盛、擅長經商、又復開明的國家的首領。一邊是貴族重臣，一邊是城市代表，與國王共分立法之權。」⓫

伏爾泰認爲，這種協調關係得以建立和維持的最主要的原因，是英國制定了完善的憲法和法律，確立了議會制度。他認爲制定憲法和法律是自由和平等的根本保證。他說，法律高於一切，一切按法律辦事，這是英國人尊奉的最高原則。他說英國人認爲法律「可以產生公民」，即產生在法律面前享有平等權利的自由人。而「自由，那就是只受法律支配。所以英國人愛護法律，有如父親愛護小孩。」⓬伏爾泰認爲，樹立了法律的無上權威，就能克服專制政體專權、橫暴的弊病和取得共和政體的根本好處。在他看來，英國的憲法和法律至少在三個方面發揮了巨大作用。

第一、限制了王權和貴族們的勢力。伏爾泰用一個英國人的口氣說：「當國王們專權的時候，由於一種稀奇的命運，騷亂、內戰、無政府狀態、貧困而使全國不安。在我們這兒，只有當國王們並不專斷獨裁的時候，和平、富饒、公共幸福才統治著我國。」⓭伏爾泰認爲，在一個君主立憲政體中，國王並不是全國最高、最終的裁判者，他也要受法律約束，只能作「第一位長官」。如果把國家比作一艘大船，國王並非船主，他只不過是一個舵手長而已。伏爾泰說：「英國是世界上抵抗君主達到節制君主權力的唯一國家。」⓮至於有封號的貴族階級，他寫道：英國舊的門閥世

⓫ 同❽，頁187。
⓬ 同❽，頁191。
⓭ 同❽，頁187。
⓮ 同❽，頁29。

族早已式微，新的貴族雖有爵位並無封地，他們在社會中有尊貴地位卻沒有特權，高貴而不驕傲，且無家臣，並不因爲他是貴族就能免繳某些捐稅，英國貴族既可以像一個市民資產者那樣去經商，也必須像一個市民那樣接受審判。伏爾泰說，某些堅持貴族世系等級觀念的外國人可能不理解，一位英國貴族的子弟只不過是一個有錢有勢的市民而已，但是在英國，這卻是憲法和法律保護下十分正常的秩序。

第二、憲法保證了議會的權力。伏爾泰認爲英國的議會制度在兩個問題上取得了成功。這就是：一方面，它使社會各主要階級團結一致。他說：「在英國政府中這種可喜的混合：下院議員、爵士、君主間的合作，是前所未有的。」⓯這種「上院和下院是國家的主宰，君主乃是太上主宰」⓰的權力結構，達到了市民、貴族和國王勢力的平衡，使各方面的利益都得到照顧；另一方面，議會制度實現了「主權在民」的原則。伏爾泰特別稱道英國議會下院的職能和權力，在《關於百科全書問題》一書中，他說，組成英國議會上院的貴族們和主教們只是爲了他們自己而進議會，而下院卻是爲了全國。說下院恰好對選入帝國國會的城市議員適合，下院議員人數多得多，所享受的權力也大得多，因此「下院簡直就是國家」。顯然，伏爾泰這樣讚美英國的議會制度，充分流露了他要爲法國資產階級爭取分享國家統治權力大造輿論的政治意圖。

第三、法律保護了資產階級的私有財產。伏爾泰反對崇尙貴族的門第和血統而輕視市民、商人的封建意識，他極力讚揚商業

⓯ 同❽，頁32。
⓰ 同❽，頁29。

使英國富足和強大，法律保護商業，社會重視商人，貴族也不以參與商務爲恥。伏爾泰認爲，英國這種良好的社會風尙，是法律和政府充分保護商人即資產階級的私有財產形成的。他在作品中假借一個英國人的口吻說：「我們勝利的艦隊把我們的光榮帶至四海，而法律保障了我們的財富。」⑰法國市民羨慕英國資產者的心情躍然紙上。

總之，伏爾泰的政治哲學以追求平等、自由和宣傳君主立憲爲基本內容，在十八世紀法國啓蒙運動中，是他比較早和比較詳細地反覆論述了這些社會理想，在第三等級廣大群眾中產生了廣泛、深刻的影響，對掃蕩封建意識，促進人民思想解放，起了不可低估的歷史作用。但是，伏爾泰關於這些政治觀念的意見，也深深地打上了資產階級的烙印。他雖然常常以群眾、人民、第三等級甚至整個國家和民族利益捍衛者的身份講話，在論述這些政治思想的具體內容時，卻明顯反映出主要是維護資產階級利益的局限性，窮人、無財產的下層群眾的利益常常在他的視野之外，只不過這種階級性在當時還是進步的，符合歷史發展的客觀要求，甚至在一定程度上的確代表著全民族的利益而已。在他的晚年，隨著他的政治思想不斷隨時代和客觀形勢的發展而變化，隨著他在定居凡爾那以後與勞苦大眾接觸的增加，他對社會下層群眾的看法也有所改變。

五、伏爾泰的政治哲學隨時代進步

伏爾泰政治思想的基本內容，正如他的哲學思想一樣，早在

---

⑰　同⑧，頁187。

旅英期間已經奠定，在旅英成果《哲學通信》等著作中，已經作了概括性表述。後來的許多著作，包括戲劇、小說、詩歌等文學作品，又都在反覆宣傳這些政治觀念的同時，也使其不斷地得到豐富和發展。特別是在半個多世紀的歷史行程中，隨著啓蒙運動的興起，隨著針對法國政治舞臺上次第演出的人物和事件伏爾泰所發表的意見，他的政治哲學也隨客觀形勢的變化而不斷充實，不斷提高。這個問題大體上可以分述爲如下三個方面:

其一，伏爾泰終生保持著生氣勃勃的歷史樂觀主義精神，這種歷史觀和人生觀引導他把現實主義和理想主義結合起來，重視今天，憧憬明天，反對復古主義。

作爲正在迅速發展壯大的法國新興資產階級的思想導師，伏爾泰繼承和發揚文藝復興時代的優良傳統，不斷讚美人類的文明進步，高瞻遠矚而又腳踏實地，既對人類的未來充滿信心，又宣揚充分享受有限的人生。他承認人的局限性，承認現實世界極不理想，但認爲不能因局限性而對人生悲觀失望，人在自己的能力限度之內仍然大有可爲和大爲可愛，同時就整個社會來說，也不能因存在弊端而否認人類社會日益文明進步。他說: 我並不否認災難和罪惡往往泛濫於世間， 但是社會畢竟在不斷進步， 比起古代人的生活來，人類在十八世紀的生活內容遠勝於古代人的生活。伏爾泰形象地描述道: 我從我的省區來到巴黎，人們領我進入一個很美的大廳，那兒有一千二百個人聽著優美的音樂; 音樂會後，這些人分頭去吃一頓很精美的晚餐，而在晚餐之後，他們滿意地過了一夜; 我看到在這個城市裡，所有的藝術都被重視，最起碼的職業得到很好的報酬； 所有的痼疾經醫療而減輕了痛苦，對種種事故也有了預防措施; 在這裡，大家享受著，或希望享受，或爲了某一天的享受而工作。在伏爾泰看來，這種當代巴黎人的文明生活，這種物質的和精神的享受，是古代人粗陋的生活所無法比擬的。

伏爾泰熱烈歌頌當代物質和精神文明成果，既不同意盧梭否定科學藝術的虛無主義，又力駁馬布利等人美化原始社會「黃金時代」的尙古主義，在十八世紀的法國思想界高擎文明大旗，有力地引導啓蒙思潮的主流健康向前，積極進取。盧梭無疑是十八世紀法國最有影響的激進民主主義思想家，但是他在應徵獲獎論文《論科學與藝術》中所表達的否定社會文明進步、認爲科學和藝術的發展造成諸多社會罪惡和人類道德墮落的觀點卻是錯誤的，伏爾泰在讀了《論科學與藝術》以後在給盧梭的信中譏諷說：從來還沒有人用過這麼大的智慧企圖把我們變成畜牲，讀了你的書，眞會令人渴望用四肢爬行。馬布利、摩萊里等人爲了追求財產公有極力美化原始社會爲人類「黃金時代」的觀點也是一種反歷史的錯誤觀點，伏爾泰不同意這種在歐洲流行頗廣的所謂遠古時代曾存在「黃金時代」的說法，他說：「我知道任何時代的人總誇獎過去和誣蔑現在；我知道每個民族都幻想著一個純潔、健康、悠閒、愉快，實際上不存在的黃金時代。」⑱1736年所寫的哲理詩《摩登人物》中，伏爾泰更全面分析「黃金時代」的神話說：人類早期缺乏精美的藝術和舒適的生活，這不是美德，而是無知和曚昧。在原始社會，所有的東西都是集體使用，原始人沒有私有觀念，並不表明人的高尙，而是不得不如此，因爲他們一無所有，甚至一絲不掛。伏爾泰反對用禁慾主義的道德說教否定生產和科學技術的發展所取得的文明進步，他針鋒相對地說：

---

⑱　同⑧，頁289-290。

「一個好厨師就是一個有道德的牧師。」

其二，隨著伏爾泰向封建君主兜售自上而下進行民主改革的努力到處碰壁，他鼓吹改良的熱情逐漸消退，而代之以對革命的渴望。

依靠王權建立開明君主政治是伏爾泰一貫的政治主張。爲此，他筆耕半個多世紀，創作了大量政論文章和各種樣式的文學作品，以闡發和宣傳他的政治理想；爲此，他在法國王室與貴族、教會的衝突中，總是站在王權一邊發表自己的意見；爲此，儘管路易十五對伏爾泰向無好感，伏爾泰卻一再委曲求全，希望改善與國王的關係，甚至不惜用出任宮廷史官側身朝臣的方式接近和影響路易十五，以便實踐自己的主張。無奈法國封建勢力頑固反對一切改革措施，路易十五昏庸無能無所作爲，伏爾泰依靠王權推行開明君主政治以使法國擺脫封建桎梏的幻想一次次落空。路易十五使他失望，他就把滿腔熱情傾注在弗里德里希二世身上。他曾以爲普魯士王是他終於找到的「哲學家國王」，但是客居普魯士的經歷使他再度失望。雖然後來伏爾泰與弗里德里希二世的關係又有所緩解，後者也想利用一切機會挽回喪失文壇泰斗的信任給自己造成的損失，但是伏爾泰早已失去對他的熱情。

伏爾泰與沙皇葉卡捷琳娜二世的關係最能反映出他是怎樣在實踐的教訓下一步一步打破通過「開明君主」進行社會改革，實現民主政治，建立君主立憲體制的幻想的。

俄國女沙皇葉卡捷琳娜二世是在 1762 年 6 月 28 日發動宮廷政變推翻自己的丈夫彼得三世登上皇位的，不久她又派人殺死已遭囚禁的彼得三世以及其他政治對手，開始了對俄羅斯的長期統治。葉卡捷琳娜二世原籍普魯士，登基前曾在俄國宮廷中長期鑽研俄語和俄國文學，並大量閱讀孟德斯鳩、伏爾泰等法國啓蒙思想家的著作，對法國一代啓蒙大師的思想有一定瞭解。登上女皇寶座以後，她在國內面臨俄國貴族反對勢力，在國外因篡位和刺殺自己的丈夫等行爲名聲不佳。爲了壓制國內敵對勢力和改善在國外的形象，葉卡捷琳娜二世像弗里德里希二世一樣，著意把自己打扮成一個開明君主。她不斷發表一些來自孟德斯鳩、伏爾泰、狄德羅著作中的自由主義言論，聲稱要把他們著作中的主張作爲自己施政的指導方針，願根據啓蒙思想家的思想修改俄國的法律等等，一時間頗爲轟動，引起伏爾泰等人的注意。

女皇登基之初，伏爾泰正在爲讓·卡拉伸寃而鬥爭，葉卡捷琳娜二世十分關心卡拉案件，大力支持伏爾泰爲卡拉昭雪的活動，贏得伏爾泰好感。她又表示支持出版《百科全書》的工作，在寫給伏爾泰的信中宣稱：世界上一切奇蹟都不能消除禁止出版《百科全書》這樣一個可恥的痕跡。由於《百科全書》的出版在法國受阻，她通過伏爾泰向狄德羅提出，由她提供一切保證，在彼得堡完成《百科全書》，狄德羅沒有同意。不過當《百科全書》全部出齊以後，1773年狄德羅應邀訪問了彼得堡，受到女皇的款待。

爲了裝扮自己的「開明君主」形象，葉卡捷琳娜二世取悅伏爾泰和其他啓蒙思想家的最漂亮、最工於心計的舉措是出高價購買狄德羅的藏書。

爲了編撰《百科全書》，狄德羅在二十多年中利用出版商撥付的經費陸續購置了不少拉丁文和希臘文古典作品，以及哲學、自然科學和其他文獻著作，總數近三千册。狄德羅的生活一向窘迫，爲了給女兒昂熱麗克置辦嫁妝，他打算出售這些藏書，狄德羅的友人格里姆幫其尋找買主。葉卡捷琳娜二世從俄國駐法大使和皇家建築院長貝茲基將軍等人那裡聽說此事，她通過貝茲基將軍寫信給格里姆說，女皇相當激動地看到學術界如此著名的哲學家竟處於這種境地：要爲慈父之愛而犧牲他的樂趣、他著作的源泉、他閒暇的伴侶，因此女皇陛下爲了向他表示善意並鼓勵他繼續工作，委託我以您建議的一萬五千里佛之價購下這些圖書，唯一的條件是，狄德羅先生爲得以使用所藏，將充作是項書籍的保管人，直至女皇陛下表示討回圖書爲止。葉卡捷琳娜二世不僅付了書價，還預支給狄德羅五十年的保管費和年金，總計四萬一千里佛。女沙皇這一慷慨之舉，在巴黎沙龍中引起一陣狂熱，產生了眞正的「轟動效應」，不但狄德羅喜出望外，伏爾泰等人也激動不已。伏爾泰自稱完全被「北方的塞米拉米斯」⑲征服，他在寫給女皇的信中說，得到陛下恩惠的那些人都是我的朋友，我非常感激您爲狄德羅、達朗貝和卡拉一家慷慨的作爲，歐洲各國文人都應該在您的支配之下。在給其他人的信中，伏爾泰也一再表示了對葉卡捷琳娜二世的讚美，誇讚她的慷慨、仁慈、開明、寬容，聲稱「我在反對她的每一個人面前是她的騎士」，甚至把她弒夫篡位說成外人不能干涉的「家庭小事」。對於俄國女皇來說，一筆小小的投資竟然獲得享譽全歐的啓蒙巨人如此這般地歌功頌德和巧言辯護，連她本人都感到意外。使她感到意外的還有她關於立法的〈敕令〉所贏得的伏爾泰的讚賞。

1767年葉卡捷琳娜二世公佈了一個給俄國立法委員會的〈敕令〉，決定在莫斯科召開由貴族和城市富商代表組成的專門委員

---

⑲ 塞米拉米斯爲傳說中的亞述及巴比倫女皇，曾建巴比倫空中花園。

會，擬定新的法典。〈敕令〉提到民主和自由、自然權利和國家權力的衝突等伏爾泰一貫倡導的思想，還反對嚴刑拷打，講到愼用死刑，甚至提到要禁止富人欺侮窮人等等。〈敕令〉的核心是加強專制制度和君主的權力。伏爾泰認爲〈敕令〉體現了他的加強王權、抑制貴族封建勢力的精神，與他在《聖賢和百姓的聲音》中所發揮的思想十分一致。他在給葉卡捷琳娜二世的信中說：〈敕令〉是眞誠的、精確的、公正的、嚴格的和仁慈的，這樣一位立法者應該得到整個歐洲的支持，〈敕令〉是這個世界最美的紀念碑。實際上，伏爾泰爲俄國女皇冠冕堂皇的詞句欺騙，不僅〈敕令〉中也強調保護貴族特權，對市民利益態度曖昧，對農民更是隻字未提，而且在根據〈敕令〉所制訂的俄國立法中，在女皇的一系列詔書中，在俄國的社會現實中，俄國農奴制的壓迫達到登峰造極的地步。伏爾泰並不瞭解俄國的眞實情況，他被葉卡捷琳娜二世喬裝的「開明君主」外衣迷惑，以至於被她便宜地利用。女沙皇在給伏爾泰的信中甚至說俄國的農民生活得如此幸福，以致於他們不肯吃雞肉，而寧願吃火雞肉。可是實際上，正是在葉卡捷琳娜二世的統治下，俄國墜入空前的黑暗中。1765年她發佈詔書，賦予貴族地主有流放自己的農奴到西伯利亞作苦役的權力；1767年，她命令嚴格禁止農民控訴自己的地主，並決定對直接向女皇陛下呈繳控訴地主的呈文的農奴給以鞭打和流放的懲罰。女皇加強專制權力不可能像法國那樣爲資本主義的發展創造條件，也沒有賦予俄國的第三等級以任何參政的權利。與十八世紀中葉的法國相比，俄國的社會發展要落後得多。普希金在《十八世紀俄國歷史札記》一書中指出，葉卡捷琳娜嘴裡說的是喜歡啓蒙思想，卻同時把俄國眞正傳播啓蒙思想的學者文人關進監牢、流放到西伯利亞和用樹枝鞭打致死。普希金寫道：那位凡爾那哲學家過分頌揚這位穿裙子和戴王冠的僞善者的美德是情有可原的，因爲他不知道，而且也不可能知道眞實的情況。

但是伏爾泰並沒有長久地被欺騙。他支持俄國女皇是有原則的，有時說過一些過頭話，也是一種策略。他早就在給達朗貝的信中說過：「我認爲我們對北方的熱情應有節制，因爲它產生了奇怪的哲人。」當 1772 年葉卡捷琳娜二世參與瓜分波蘭，緊接著在 1773–1774 年殘酷鎭壓布加喬夫領導的俄國農民起義以後，伏爾泰逐漸認清了她的僞善面孔。伏爾泰在晚年眞誠關心法國農民的疾苦，當俄國農民更爲悲慘的現實暴露於世時，當他誤以爲是開明君主的統治者原來是一位如此殘暴地屠殺起義者的暴君時，伏爾泰的幻想又一次破滅了。

伏爾泰向專制君主推銷自上而下進行民主改革的努力一再失敗，封建王朝的頑固態度和欺騙技倆，逐漸使這位心地善良的啓蒙巨人覺醒。隨著十八世紀中葉以後法國人民革命情緒的不斷高漲，伏爾泰的思想也在進步。他離歐洲各國宮廷越來越遠，而與民眾的感情越來越近，特別是晚年與凡爾那地方的工人、農民的長期接觸，增進了他對法國人民的認識。他不再把推進社會進步的希望寄託在開明君主或上層某些權勢人物身上，逐漸放棄了社會改良的設想，而代之以對革命的嚮往。伏爾泰在〈致德・壽維蘭侯爵書〉中說：

> 我所看見的一切，都在傳播著革命的種子。革命的發生將不可避免，不過，我怕是沒有福氣看到它了……法蘭西人凡事都落後，但是現在總算是趕上來了。這光明已散佈在

遠近各處，時機一到，革命立刻就要爆發的。那時候該多麼熱鬧呵！年輕人真幸福，他們將會看到不少的大事。[20]

[20] 轉引自阿爾塔蒙諾夫：《伏爾泰評傳》，中文版，頁10。

第五章　伏爾泰的美學思想及其文藝創作實踐

一、伏爾泰與新古典主義美學

在西方近代美學和文藝理論發展史上，法國新古典主義是浪漫主義之前一個成就巨大、影響深遠的流派。新古典主義是十七世紀，特別是路易十四時代王權空前強大、專制制度登峰造極的法國社會階級關係和政治形勢在文學藝術領域的反映。

新古典主義的理論基礎是笛卡爾的唯理論哲學。這種美學觀點從追求所謂普遍人性出發，推崇理性，強調美的絕對價值和文藝創作的永恆標準，熱中於規範化和對權威的頂禮膜拜。它繼承意大利文藝復興時期的傳統，把古代社會看作理想的典範，要求當代的文學藝術取法希臘羅馬的古典名作，以古代帝王將相、英雄豪傑和神話人物爲創作題材，恪守文學藝術不同體裁各自特殊而又凝固不變的規則（例如戲劇創作的「三一律」），錘鍊明晰、純潔、高貴、文雅的語言，塑造偉大崇高的藝術形象．

新古典主義的美學觀點和文藝理論顯然反映了封建王朝的宮廷趣味，是爲鞏固封建專制制度服務的理論。如前所述，由於在十六、十七世紀，隨著西歐封建制度開始瓦解和資本主義生產關係的出現，君主專制政體在這一特定歷史時期曾經起過進步作用，王權的加強消滅了封建割據勢力，有利於生產力的發展，得到正在成長的資產階級的擁護。與此相應，在當時的文化藝術領域起著鞏固君主專制制度作用的新古典主義，是一種進步的美學思想和文藝理論。正是在新古典主義的影響之下，路易十四時代產生了高乃依（1604-1684)、拉辛(1639-1699)、莫里哀（1622-1673）、布瓦洛（1636-1711）等一代文學巨匠和文藝理論家，使法國文學和法語在歐洲取得了崇高地位。但是進入十八世紀，法國社會階級矛盾逐漸激化，封建專制制度逐漸變成資本主義進一步發展的障礙，新古典主義的美學原則和文藝理論也隨之成爲法國資產階級通過文學藝術表達自己的階級要求和思想情緒的桎梏。

爲打碎這種桎梏，十八世紀法國啓蒙學者在哲學、政治學等領域向封建意識形態挑戰的同時，也在美學和文藝理論以及文學藝術創作實踐中，開始衝擊新古典主義的世襲領地。

法國啓蒙學者是反封建的文化戰士，他們運用一切思想武器同專制主義和教會勢力鬥爭。無論是外國的先進思想，還是本國歷史的優秀遺產，也不論抽象的理論還是形象的文藝，都可以成爲他們得心應手的工具。就文學創作而言，他們懷著完全功利主義的動機寫詩、寫劇本、寫小說，公然通過歷史人物、海外奇談或虛構故事宣傳自己的哲學信仰、政治主張和對社會現實的批判，全然不在塑造人物、細節描寫、合理情節等等文學創作的一般手法上刻意求工。他們的作品或者含沙射影攻擊專制秩序，或者以古喻今闡發資產階級的政治理想，或者讓作品的主人公徑直成爲作者對社會問題大發議論的傳聲筒。孟德斯鳩《波斯人札記》、盧梭的《愛彌爾》、狄德羅的《拉摩的侄兒》無不如此。

他們眞正做到了使形式從屬於內容。他們所關心的只是如何方便地表達自己的啓蒙思想，如何逃避教會和專制政府的迫害，如何適應十八世紀法國讀者的趣味，特別是如何滿足不滿現實、追求光明的廣大知識青年的精神需求。在十八世紀法國封建關係迅速解體、社會大變動即將發生的特定歷史環境下，他們那些在後人看來藝術上有許多不足之處的作品，卻能獲得巨大成功，對於打擊敵人、教育人民起了很好的作用。

然而在啓蒙學者廣泛利用獨具特色的文學手段所進行的啓蒙宣傳活動中，仍然面臨一個如何批判繼承新古典主義這份歷史遺產問題。這是由於，一方面啓蒙運動既然是一次全面批判封建意識形態的文化革命，啓蒙思想家們在完成哲學、史學、法學、倫理、政治理論等各個思想領域的破舊立新過程中，也必然要在美學和文藝問題上建立體現新的時代精神的理論，而要建立任何一種新的學說，都必須從已有的思想材料出發，因而批判地繼承十七世紀新古典主義中那些仍然充滿活力的東西，例如推崇理性，講究眞實，倡導現實主義精神等等，是理論發展的邏輯要求，具有歷史的必然性；另一方面，新古典主義雖已過時，卻在上一個世紀取得過輝煌成就，它不但產生了高乃依和拉辛，而且培養了法國觀眾的審美趣味和欣賞習慣。在新的時代裡，像《波斯人札記》那種借題發揮的作品固然能引起讀者共鳴，但習慣和風尚仍然視悲劇和史詩爲文藝正宗。

這樣的時代特點和歷史情況說明，十八世紀法國資產階級思想家在美學和文藝理論方面完全擯棄新古典主義的保守成分，嘗試建立比較完備的新的理論，需要較長時間的探索和有一個逐漸被群眾接受的過程。事實上，直到十八世紀中後期，隨著啓蒙運動高潮的到來，建立美學新理論的工作才由狄德羅著手進行。至於革命時代的資產階級終於徹底擺脫新古典主義，形成浪漫主義的文藝觀點並大量產生藝術上成熟的作品，以及影響廣大群衆樹立新的審美標準，更是下一個世紀的事情。現在我們所要研究的則是在狄德羅之前，特別是當十八世紀前半期啓蒙思潮方興未艾之時，時代賦予啓蒙運動的開拓者伏爾泰的責任，是爲新的美學思想和文藝理論的誕生開闢道路。既然任何一種新的學說都必須從已有的思想材料出發，新舊學說之間必然存在著批判繼承關係，那麼是否可以這樣說，這種批判繼承關係的具體演進過程一般分爲兩個步驟，即從有選擇地改造利用到全面消化創新。就十八世紀法國啓蒙思潮在美學和文藝理論的發展歷史來說，狄德羅體現了第二步的起點，伏爾泰則標誌了第一步的終點。伏爾泰採取「舊瓶新酒」的辦法利用和改造了新古典主義，從而爲新的理論脫穎而出創造了條件。這應該就是伏爾泰與新古典主義的關係。

具體而言，伏爾泰一方面努力尋求新時代更適合表達資產階級思想情緒的美學原則和文藝理論，並在創作實踐中取得豐碩成果，他箭雨般射向天主教會、封建貴族和專制政府的大量諷刺詩和精妙雋永的哲理小說便是這種努力的歷史見證；另一方面，伏爾泰在分析和批判新古典主義某些僵死教條的同時，又現實地、精心選擇和注重效果地利用新古典主義的舊調塡寫新詞，賦予舊的形式以新的內容，爲宣傳啓蒙思想效力。

有關第一方面的問題下文還要專題論述，這裡我們先來探討第二個方面。在擯棄新古典主義某些美學觀點和文藝理論問題上，伏爾泰首先否定新古典主義關於美的絕對價值和所謂存在文學藝術創作的永恆標準的觀點。新古典主義的理論家布瓦洛等人，依據笛卡爾的唯理論，認爲「美」源於理性，與「眞」同一，具有「普遍」和「永恆」的本質特徵，文學藝術則有普遍永恆的絕對標準，古代希臘羅馬的作品經受了時間的考驗，是這種絕對標準的體現，也是後人師法的榜樣。伏爾泰在哲學上反對「天賦觀念」、「先定和諧」一類唯心主義形而上學，信奉洛克的唯物主義經驗論，他應用洛克認識論的感覺論原則闡發對美的理解，反對新古典主義者根據唯理論哲學觀點推導出的美學思想。他說：我們只把能使我們的感覺和心靈充滿愉快和興奮的東西稱作美。他還寫道：「美這個名稱只給予取悅官能的事，如音樂、繪畫、辯才、詩歌、正規的建築等等。」❶基於這種強調感覺的認識價值的美學思想，伏爾泰認爲美不是主觀隨意的，美感的產生在於美的客觀存在，同時也不能脫離感覺來談所謂美的絕對價值。美是主觀與客觀的統一。他舉例說，一服瀉藥並不引起愜意的感覺，因此可以說「詩的美」，卻不能說「瀉藥的美」，雖然詩和瀉藥都作用於感官使人產生感覺和觀念。

把對美的這種理解應用於文學藝術，伏爾泰認爲沒有永恆不變的藝術法則，並反對用古典法則來約束當代藝術創作。他在1733年發表的著名理論文章〈論史詩〉中指出，各個民族的生活習慣、語言和風格彼此始終存在差別。這種差別表現在各民族的藝術中，形成各自特有的美的觀念。他說，既然支配藝術的是生活，而生活本身又是千差萬別和變動不居的，怎麼能用某種籠統的規則來控制藝術呢？每個時代，每個民族，在「文藝共和國」

---

❶ 伏爾泰：《哲學通信》，中文版，高達官等譯，頁145。

中都有它特殊的趣味，就是兩個相鄰的民族也會有所不同，不可能有完全相同的美感尺度和欣賞習慣。甚至同一個民族經過三、四個世紀以後也會面目全非。生活的變革使人們對美的認識和追求不斷變化，文學藝術在內容和形式上也會隨之改變。他說，在藝術中，也發生了像國家中所發生的同樣多的革命，當人們努力使各種各樣的風格固定不移的時候，這些革命卻在改變它們。他針對極力推崇古代希臘戲劇成就的新古典主義評論家說，十七世紀法國人的生活與古希臘人的生活相去甚遠，後人可以而且應該讚美古人作品中被公認爲美的東西，但不能盲目崇拜和厚古薄今。他在《哲學辭典》的「古人與今人」辭條中寫道，在他看來，高乃依和拉辛的作品高於希臘悲劇，莫里哀也高於「小丑亞里斯多芬」。在〈論悲劇〉一文中，伏爾泰比較古代悲劇和當代悲劇的優缺點，在充分肯定古希臘悲劇藝術成就的同時，再次強調法國悲劇水平超越了希臘悲劇。他寫道：「不論我們對以前的天才給予什麼樣的尊敬，也不能阻止我們從繼承他們的那些人得到更多的快樂。」❷他說，我們讚美索福克勒斯，但是如果索福克勒斯生在法國的優秀悲劇作家之後，他也會盡力模仿我們的許多傑作。

伏爾泰特別反對新古典主義崇尚權威的風氣和模仿古代名作的方法。他在《路易十四時代》一書中寫道：

> 在這個時代開始時，道路崎嶇難行，因為沒有前人走過。今天，道路仍然坎坷不平，因為走過的人太多。❸

❷ 伏爾泰：《論悲劇》，《伏爾泰全集》英文版，19卷，上册，頁124。

❸ 伏爾泰：《路易十四時代》，中文版，吳模信等譯，頁483。

這段名言和書中圍繞這一思想的論述，生動地反映了伏爾泰對新古典主義的態度：他充分肯定高乃依、拉辛等人的天才和貢獻，也分析了他們追隨希臘羅馬古典作家的得失，同時反對後人陷入盲目模仿的創作道路。在伏爾泰看來，新古典主義崇拜權威和在文學創作中所形成的模仿風氣是不可取的，盲從古人必定窒息後代的主動性和創造性，使文學藝術失去活力，不能隨時代的前進而發展變化。他指出，儘管文學藝術有其自身的特性、法則和發展規律，藝術家只有掌握了這些藝術特徵才能創作出優秀作品，但從歷史名作中概括和抽象出某些規律和法則並不是要求生活於不同時代、不同民族的藝術家按照這些法則寫出相似的作品。他說，假如我們喜愛荷馬，絲毫也不意味著我們就一定要模仿他。他認爲刻意模仿只能導致失敗，即使是極富才華的大手筆亦然。伏爾泰最欣賞羅馬詩人維吉爾，但認爲當維吉爾蓄意仿效他人時也會顯出一副狼狽的樣子。可以說，伏爾泰利用一切機會反對模仿，甚至當他評論莎士比亞的時候，也沒有忘記讓法國讀者記住這樣的教訓：「兩百年來，這位作家的絕大部分奇異而非常的思想，有權被認爲是卓絕的了；近代的許多作家，幾乎完全抄襲他；但是在莎士比亞作品裡獲得成功的地方，卻在他們的作品裡被喝倒彩……人們沒有想到不應當模仿他，那些抄襲者的惡劣成績才使人明白他是不可模擬的。」❹

上述可見，伏爾泰對待新古典主義的許多僵化了的「原則」，採取分析批判的態度。作爲十八世紀法國啓蒙文學創作道路的探索者、開拓者，伏爾泰的歷史使命就是衝破新古典主義的禁錮。

---

❹　同❶，頁82。

但是，唯其「探索者」、「開拓者」的歷史角色，與啓蒙運動後期出現的一些美學理論和文藝思想（例如狄德羅的美學理論），以及在這些理論影響下產生的藝術作品（例如博馬舍的《費加羅的婚禮》）相比較，伏爾泰的理論和創作又留有較爲明顯的新古典主義痕跡。特別是當他有意識地採用「舊瓶新酒」的手法創作時，更容易使人產生誤解，彷彿伏爾泰是新古典主義者。事實上長期以來，在某些西方美學史或文學史著作中，伏爾泰就一再遭到這樣的責難，認爲伏爾泰與新古典主義關係密切，在十八世紀新的歷史時期還堅持十七世紀過時的美學思想和文藝理論不放，是所謂「後期古典主義的代表」，甚至有人認爲伏爾泰是十八世紀法國啓蒙文藝隊伍中的保守派。爲了公正評價伏爾泰的美學思想及其創作實踐，必須分析伏爾泰所受責難的具體內容，用歷史的眼光給伏爾泰以歷史的評價。

二、為伏爾泰的美學和文藝思想辯護

對伏爾泰的責難之一，是認爲伏爾泰在否定文學藝術的永恆標準的同時，卻又承認和基本遵循新古典主義所強調的某些創作「規則」，例如戲劇創作的「三一律」和追求「宏偉的效果」。其實伏爾泰的這兩種思想並不矛盾。伏爾泰認爲文學藝術有客觀的發展規律，文藝創作存在一般的原則，這些創作原則爲古今各民族不約而同地遵守著，新古典主義的理論家在某些問題上正確地總結了這些原則，他們的錯誤在於把本來正確地總結出來的原則絕對化，變成了僵死的教條。他指出，一般來說，人們總是遵守羅馬的維特魯維阿在《論建築》中所提出的建築學原則，把他奉爲建築學的權威。但是無論十六世紀意大利的著名建築師帕拉第奧在意大利所建築的房屋，還是法國建築師在法國建築的房屋，與西塞羅的住宅比一比就可以知道它們之間存在著多麼大的差別。建築師始終遵守維特魯維阿所闡述的規則，卻毫不重複地在不同國度、不同時代創造了式樣繁多、風格各異的建築物。文藝創作正如建造房屋一樣，詩人應該利用普遍適用的技巧，而又不陷入模仿的陳套。伏爾泰對於新古典主義所謂嚴肅的體裁必須有「宏偉的效果」的「規則」就是這樣看的。他完全用啓蒙精神改造了這個規則，反對和譏諷把史詩、悲劇寫成淫靡纖巧反映貴族廷臣個人命運的無聊作品，他說：「愛情和風流韻事幾乎毀了我們的舞臺，幾乎剝奪了我們的所有優點。」❺他認爲要想眞正取得「宏偉的效果」，必須以對祖國有重要意義的事件和行爲、對人民有益的思想和事例爲創作題材，用以打動觀衆或教育讀者，他本人的文學創作實踐始終遵循了這一「規則」。

至於「三一律」（指戲劇的時間、地點、情節一致）問題又當別論。伏爾泰的確在自己的戲劇作品中努力按「三一律」的要求，安排時間、地點、人物和事件，但是如果我們考慮到即使是高乃依，由於他的名劇《熙德》對三一律稍有偏差，就立即遭到法蘭西學院發表評論嚴加指責這一歷史事實，就可以理解當新古典主義的幽靈還頑固地盤據著文藝評論的陣地和對觀衆產生巨大影響的時候，伏爾泰爲了確保自己的作品獲得成功以充分表達它們的啓蒙內容，不得不在形式上向傳統和習慣讓步的良苦用心了。伏爾泰絕不是泥古的學究，他所著眼的首先是作品的內容和

❺ 同❷，頁130。

如何為群眾所接受，並不在作品的形式上糾纏不休。事實上，只要為群眾喜聞樂見，只要適合讀者和觀眾的欣賞習慣因而可以使作品獲得最大的宣傳效果，什麼樣的文學樣式和規則他都可以適應。

對伏爾泰的責難之二，是說伏爾泰的不少作品也像新古典主義所倡導的那樣，以古代故事和希臘羅馬歷史名作中已有的人物和情節為題材，並傾心於新古典主義極力推崇的史詩和悲劇的創作。他的第一部戲劇作品《俄狄浦斯王》就是一個典型例證，這不僅是一部完全按照新古典主義「規則」創作的悲劇，而且直接脫胎於古希臘索佛克里斯的同名悲劇，雙重地反映了伏爾泰的新古典主義傾向。對於這種說法，本書作者首先作一點補充：伏爾泰不僅以悲劇這種新古典主義推崇的體裁開始其戲劇創作生涯，而且還是以一部未完成的悲劇《阿加佛克爾》結束其六十年的戰鬥歷程。不僅如此，他的第一部悲劇《俄狄浦斯王》不但脫胎於古希臘悲劇，而且也是取材於古羅馬悲劇，因為羅馬的辛尼加也依據索佛克里斯寫了自己的同名悲劇。也就是說，表面看來，伏爾泰不是雙重，而是三重地符合了新古典主義的要求。但是，問題在於，伏爾泰為什麼這樣做和是否一直在這樣做。卡爾·馬克思在《路易·波拿巴的霧月十八日》一書中有一段話回答了這個問題。他說：

> 法國革命時代的資產階級曾經穿著羅馬的服裝，講著羅馬的語言來實現當代的任務，即解除桎梏和建立現代資產階級社會；他們穿著這種久受崇敬的服裝，用借來的語言，演出世界歷史的新場面；在羅馬共和國的高度嚴格的傳統

> 中，資產階級社會的鬥士們找到了為了要把自己的熱情保持在偉大歷史悲劇的高度上所必需的理想、藝術形式和幻想。

馬克思的話彷彿是直接針對伏爾泰而說的。伏爾泰請出古代的亡靈，所攻擊的正是現實的目標，而且他的確從古代找到了「必需的理想、藝術形式和幻想」。不僅是《俄狄浦斯王》，還有後來宣傳共和思想的《布魯特斯》、《凱撒之死》等等無不如此。利用這種「久受崇敬的服裝」，伏爾泰的悲劇創作在啓蒙運動中起到了振聾發聵的作用。況且，伏爾泰用《放蕩的兒子》、《納尼娜》、《一個蘇格蘭女人》等在表現手法上充滿新意的作品，向他的現代批評者證明，他絕不是一味拜倒在新古典主義權威面前的侏儒，而是率先探索新的美學思想和戲劇創作之路的啓蒙巨人。在這一點上，狄德羅、博馬舍等人不過是他的學生和後繼者而已。

對伏爾泰的責難之三，是說在文學語言上，伏爾泰極力保持新古典主義一貫追求的典雅、高貴的格調，他甚至認爲荷馬和莎士比亞都有粗鄙之筆。應該說，對伏爾泰文學語言風格的這一評論並非全無合理之處。伏爾泰的出身、教養和經歷，與盧梭、狄德羅乃至於十九世紀的浪漫主義者有很大差距，在語言格調上他的確比後者更接近新古典主義的模式。但是也應看到伏爾泰並非盲目地以新古典主義的尺度錘鍊自己作品中的文字。他強烈反對新古典主義浮泛虛誇的語言風格。他曾說過：「在悲劇中所描寫的人物應當說人們在現實生活中所說的語言，至於詩的語言，雖然可以使心靈高貴和悅耳動聽，但絕對不應當損害自然性和眞實性，……舊式的古典主義風格的悲劇引起了美的感覺，但並不讓人激動。」❻可見籠統地說伏爾泰在語言上刻意追求新古典主義的標準是不全面不準確的。更爲重要的是，伏爾泰在語言上所尋求的高貴、優美、文雅的格調，仍然主要是爲宣傳啓蒙思想而適應新古典主義在十八世紀所依然保持的巨大影響，特別是迎合觀眾和讀者的欣賞習慣。應當充分認識傳統和習慣勢力的頑強性，甚至民族的偏見在形成一個社會的審美趣味和鑑賞標準中也會起相當大的作用。既然一個社會裡占統治地位的意識形態是統治階級的意識形態，那麼在十八世紀，崇尚優雅的語言、講究文質彬彬的法國貴族的趣味，也必然影響到當時整個社會的審美要求。因此，伏爾泰的語言格調具有雙重涵義：他追求嫻雅高潔首先出於「舊調新詞」改造利用新古典主義的需要；同時，作爲二百多年前的一個法國人，他也不能完全擺脫時尚限制和民族偏見，儘管從根本上說他還是法國當時少數幾位荷馬和莎士比亞的熱烈崇拜者。

人們對伏爾泰的責難當然不僅這些，我們舉出以上問題只是想辨明伏爾泰的美學思想、文藝理論和創作實踐與新古典主義的批判繼承關係。評價歷史人物必須堅持歷史主義，避免抽象地談論問題，更不應脫離歷史條件、歷史環境、歷史任務，用現代人的尺度和趣味苛求甚至是挑剔歷史人物。伏爾泰的現代批評者不應忘記：由於伏爾泰處於啓蒙文學開拓者的歷史地位，他在批判新古典主義某些陳腐教條的同時，也充分改造利用了已有的文學藝術形式。如果說伏爾泰身上比後來的美學家和文學家染有較多

---

❻ 轉引自阿爾塔蒙諾夫：《伏爾泰評傳》，中文版，馬雍譯，頁103。

的新古典主義色彩，那只是表明歷史分派給他的角色還不是在新古典主義這份歷史遺產基礎上全面消化創新，而只是「修舊利廢」。

三、伏爾泰劇作的啓蒙意義

最能體現這種「修舊利廢」或「舊調新詞」精神的莫過於伏爾泰的悲劇創作。既然時尚仍視悲劇爲文藝正宗，享有極高聲譽和深受群眾喜愛，爲了通過文學藝術這種最大眾化的形式宣傳啓蒙思想，傳播理性和文明精神，反對愚昧、迷信、野蠻和偏執，伏爾泰畢生傾心於悲劇創作。這種文學實踐活動，蘊含著時代的要求，在一定程度上反映了歷史的必然性。他一再強調悲劇的這種教化功能，說：「眞正的悲劇是一所道德的學校，一部優美的劇作與道德書籍之間的唯一差別，是劇作的教誨通過人物行動表現出來，由於藝術的魅力而強化，比較使人感興趣。」❼

伏爾泰一生共創作上演了十七部悲劇。它們是：《俄狄浦斯王》(1718)、《阿德米斯》(1719)、《瑪麗安娜》(1724)、《布魯特斯》(1730)、《愛麗菲勒》(1732)、《查伊爾》(1732)、《凱撒之死》(1732)、《阿勒齊爾》(1734)、《梅洛普》(1737)、《穆罕默德》(1740)、《得救的羅馬》(1749)、《俄瑞斯特》(1750)、《中國孤兒》(1755)、《唐克萊德》(1759)、《蘇格拉底》(1759)、《祆教徒》(1769)、《米諾法典》(1772)。這些劇作，形式上大多遵循新古典主義的標準和規則，內容上卻與歌頌

❼ 同❷，頁141。

王權至上的十七世紀作品相反，尖銳揭露封建專制主義的殘酷野蠻，深刻批判天主教加諸法國社會的精神枷鎖，以及這種普遍存在的宗教迷誤所釀成的無數人間悲劇。伏爾泰在政治理論著述中主張建立英國式的君主立憲制度，他的悲劇作品卻常常超越這一思想界限，表達了讚美共和、追求更廣泛民主自由的思想。就這些作品的思想深度而言，在啓蒙時代的先進思想代表中，除盧梭外無人堪與伏爾泰媲美。有人嘲笑伏爾泰的悲劇是「急就之作」，沒有經受住時間的考驗，時至今日早已無人問津。但是他們忘記了在十八世紀的法國舞臺上，這些劇作像一顆顆重磅炸彈，在摧毀封建統治思想防線的鬥爭中曾經起過重大作用。

現在我們就幾部代表作來看看伏爾泰悲劇創作的啓蒙意義。

從伏爾泰的第一部悲劇《俄狄浦斯王》起，他就把批判的鋒芒直指封建專制制度的精神支柱天主教教會勢力。這個悲劇取材於希臘神話。原神話在流傳中形成幾個不同版本，但基本情節一致。古代和近代作家根據這個神話編寫的劇本，儘管在具體情節和人物塑造上各有千秋，也都保留了故事的主要內容。伏爾泰劇本的梗概是：底比斯國王拉伊烏斯與貴族女兒伊娥卡斯特婚後多年無子，求祈於阿波羅神。神諭說：你們將會有一個兒子，但這個兒子將殺死自己的父親。當伊娥卡斯特生下兒子後，他們想起了神諭。爲了逃避注定的命運，他們命令一個牧羊人把兒子遺棄在喀泰戎山上，並把嬰兒的腳踝刺穿。嬰兒的哭聲觸發了牧羊人的惻隱之心，他把嬰兒送給了科林斯國國王的牧羊人。科林斯國王的牧羊人不知道孩子的身世，因孩子的腳有傷，給他起名「俄狄浦斯」，意爲「腫痛的腳」，並把這個棄兒交給自己的主人科林斯國王波呂玻斯。在科林斯王宮，俄狄浦斯成長爲一個聰明勇敢、正直英俊的青年王子。俄狄浦斯從不懷疑自己是波呂玻斯的兒子和科林斯國的王位繼承人。一次宴會上，有人酒後失言，告訴俄狄浦斯他不是國王的親生兒子。第二天俄狄浦斯悄悄走出王宮去神廟祈神諭。阿波羅神沒有直接回答他是不是波呂玻斯的兒子，而只說：你將殺死你的父親，娶生母爲妻，並生下可惡的子孫傳世。俄狄浦斯聽後十分害怕，唯恐神諭在他誤認爲是生身父母的科林斯國王波呂玻斯及王后身上應驗，急忙逃往底比斯城。

逃亡路上，俄狄浦斯因一起糾紛怒殺一位老人，誰知此人正是他眞正的父親底比斯國王拉伊烏斯，當然此時俄狄浦斯並不知情。

俄狄浦斯來到底比斯，得悉該城新近因出現一個獅身人面的怪物斯芬克斯而人心惶惶。這個巨怪蹲在懸崖邊上讓過往行人猜謎，答錯者便被吃掉。底比斯王國新任國王、剛剛被人殺死的前國王內弟克瑞翁佈告全城：誰殺死怪物斯芬克斯，誰將爲底比斯國王，並可娶他的姐姐前王后爲妻。俄狄浦斯毅然揭榜，決心爲底比斯城除害。他勇敢地向斯芬克斯挑戰，並機智地解答了斯芬克斯的謎語，從而使巨怪羞愧難當投崖而死。

克瑞翁兌現諾言把王位讓予俄狄浦斯，並把姐姐伊娥卡斯特嫁給俄狄浦斯成爲新的王后，他們後來生了四個孩子。

俄狄浦斯治理底比斯有方，受到人們的尊敬和愛戴。但有一年瘟疫流行，俄狄浦斯派克瑞翁去神廟求祈，克瑞翁帶回一道令人費解的神諭：天降瘟疫於底比斯城，是由於該城尙未肅淸殺害前國王拉伊烏斯的罪惡。在俄狄浦斯的追逼下，盲預言家特瑞西阿斯被迫洩露天機，說明神諭所指的罪魁禍首正是俄狄浦斯自己。俄狄浦斯遂向伊娥卡斯特瞭解拉伊烏斯被殺經過和兇手的模樣，開始相信盲預言家的話。這一駭人聽聞的事實隨後又從已故國王的僕從那裡得到證實。正當俄狄浦斯五雷轟頂惶恐驚駭之際，科林斯使者來到底比斯城，報告波呂玻斯國王去世，請俄狄浦斯回國繼承王位。這位使者原來就是接受嬰兒送交波呂玻斯的科林斯牧羊人，而剛剛向俄狄浦斯講述完拉伊烏斯被殺情節的那個僕人，正是救了棄兒的底比斯牧羊人。兩位牧羊人相見，當眾敍說前事，於是眞相大白，俄狄浦斯始知自己沒能逃脫神意。

俄狄浦斯回到寢宮，發現伊娥卡斯特已自縊身亡，他從她的衣服上摘下金飾戳瞎自己的雙眼，把王國留給克瑞翁和自己的孩子，悲慘地離開底比斯出走。

伏爾泰改編的劇本突出了主人公俄狄浦斯勇敢、機智、正直、無私的品質，強調無論俄狄浦斯如何純正地生活和極力逃避神所預言的刼數，仍然無法擺脫神的捉弄，最終還是無意間犯下弑父娶母大罪，應了神讖。劇中人俄狄浦斯在劇終時抗議道：殘酷的神呵，我所犯的罪完全是你們造成的，而你們卻要根據這些罪將我處死！這裡，俄狄浦斯所喊出的正是伏爾泰的心聲，是他假借這個古代故事對現實世界神權統治的強烈譴責。也是在這一劇作中，伏爾泰還分析了神權產生的原因，借他的主人公之口宣稱：我們的祭司們完全不像人們所想像的那樣，他們的力量是建立在我們的愚昧無知上面的。伏爾泰像啓蒙時代的其他唯物主義哲學家一樣，把宗教產生和滋漫的原因歸結爲「欺騙和無知」，這種解釋雖然失之膚淺，在當時卻是十分大膽和尖銳的意見。他還在劇本中安排了一場哲學家和教士關於人類「宿業」問題的爭論。教士說：人們是不幸的，因爲他們必須蒙受災難以贖補宿業。哲學家反唇相譏：如果神是公正和萬能的，爲什麼他要允許這種不公正的現象存在呢？這裡伏爾泰顯然是在影射攻擊天主教關於「原罪」的神學教條，並且讓劇本留下一句潛臺詞：或者根本沒有神，或者神惡毒而不公正，二者必居其一。可以說，劇本所隱約表達的這樣激進的思想，已經超出了伏爾泰自己在哲學上所主張的自然神論的界限。

《查伊爾》是伏爾泰的悲劇中有關反教會、反宗教迷誤主題的另一力作。《查伊爾》的背景是十字軍東征時代耶路撒冷的一個蘇丹宮廷。故事以英勇豪爽而又善良多情的蘇丹奧斯曼和年輕美貌的女奴查伊爾的愛情悲劇爲主線展開，強烈譴責了宗教狂熱和宗教偏執。劇中女主人公查伊爾的父親和兄弟由於對基督教上帝的盲目信仰，堅決反對查伊爾與一個伊斯蘭教徒相愛。他們寧願看著她的愛情由於宗教偏見而被一連串的誤會引向悲劇的結局，也不願意她背棄自己的上帝。伏爾泰的這部悲劇情節曲折，悲涼悱惻，感人肺腑，演出後獲得極大成功，受到經久不衰的歡迎，連激烈反對戲劇的盧梭也承認它「具有魅力」。伏爾泰本人也對該劇的創作和演出效果十分滿意，他曾親自扮演過查伊爾的父親呂西央一角。

不過最能反映伏爾泰與天主教會鬥智鬥勇，把他的悲劇創作反宗教主題提高到徹底否定宗教形態的「神」和一切宗教迷信高度的，還要數又名《宗教狂熱》的《穆罕默德》一劇。這本是一個完全虛構的故事，與歷史上伊斯蘭教的創始人穆罕默德毫無關係。通過這個劇作，伏爾泰深刻地揭露了宗教欺騙、蒙蔽和奴役群眾的本性。劇本對宗教的攻擊是這樣直接和徹底，幾乎沒有獲准在巴黎上演的希望。爲此，伏爾泰於1741年初先試探性地在外省的里爾找到願意接受這個劇本的一位導演和一位主要演員，4

月10日該劇在里爾劇院上演受到熱烈歡迎，連續演出四場。順利上演和初步成功，使伏爾泰增強了信心，決心把它投入巴黎舞臺。在克服了一系列障礙、頂著不少教會人士反對的壓力，利用法國政府顧及普魯士的弗里德里希二世與伏爾泰的友誼不願爲此影響法德外交的微妙局面，1742年 8 月19日《穆罕默德》終於在巴黎公演。但是只上演了三場，伏爾泰便撤回了劇本，他不願過分刺激當局和狂熱的教士，以免造成永遠禁演的結局。事後他曾對弗里德里希解釋說，如果蘇格拉底的舉止同樣適度，他就不會自殺了。

雖然《穆罕默德》表面上講的是伊斯蘭教而不是基督教，伏爾泰深知自己指桑罵槐的手法難以眞正蒙蔽法國天主教會，於是他再施一計致書羅馬教皇本篤十四世，把劇本《穆罕默德》作爲「與異教徒鬥爭的禮物」獻給教皇。教皇沒有看出伏爾泰的用心，接受了這一禮物並贈給伏爾泰兩枚金質獎章。

伏爾泰如此煞費苦心，可見《穆罕默德》一劇飽含啓蒙意識，也顯示伏爾泰與教會勢力周旋的機智和十分高明的策略。鑄有教皇頭像的金質獎章堵住了法國教士的嘴，伏爾泰卻得意洋洋地說：「對善良的人進行迫害的那些人將會認識到，我披著聖衣保護自己。」❽

《布魯特斯》和《凱撒之死》集中表達了伏爾泰執著追求的另一主題：批判封建專制主義，歌頌民主政治和爲自由民主而獻身的品德。《布魯特斯》取材於羅馬歷史上共和派與貴族派的政治鬥爭。主人公布魯特斯是共和派中頗受尊敬的人物，他的兩個兒

---

❽ 轉引自阿·歐·奧爾德里奇：《伏爾泰與啓蒙運動》，英文版，頁130。

子被人引誘與被放逐的國王塔坤紐斯勾結背叛羅馬，布魯特斯大義滅親，親自判處兩個兒子死刑。在劇本中，伏爾泰把自己的政治信念形象化，熱情謳歌為反對專制主義不惜犧牲個人利益的理想精神。《凱撒之死》受到莎士比亞《尤里斯·凱撒》的影響，描寫羅馬歷史上忠於共和理想的布魯特斯等人與專制統治者凱撒的鬥爭。《布魯特斯》和《凱撒之死》這兩部政治性悲劇，上演後均受到觀眾熱烈歡迎，在啓蒙運動中起了很好的宣傳教育作用。它們所反映的作者對封建專制主義的憎惡感情和對民主自由的熱烈追求，激發了觀眾的革命情緒。《布魯特斯》是伏爾泰流亡英國期間創作的，半個世紀以後，在法國大革命高潮中，《布魯特斯》重新上演，有力地鼓舞了革命黨人的鬥爭，人們在劇終時還特意加上了「自由萬歲，共和國萬歲」的口號。

總結伏爾泰的悲劇創作，可以看到它們具有幾個鮮明的特點。首先，伏爾泰的創作帶著明確的政治目的，一切都是為了啓蒙宣傳任務的需要，通過藝術手段把觀眾引向政治眞理。特別是他所一再表達的反宗教主題，更是旗幟鮮明，洋溢著強烈的戰鬥氣息。其次，伏爾泰的悲劇雖然在形式上因襲了新古典主義的某些規則和傳統，卻具有結構嚴謹、情節動人的特色。他一貫主張悲劇要寫得引人入勝，富於悲涼情調，努力追求觀眾在思想感情上產生共鳴的藝術效果。最後，由於以上兩個特點，特別是由於伏爾泰十分重視悲劇的現實教育作用，在塑造人物方面有時顯得比較單薄和簡單化，缺乏莎士比亞筆下那種典型形象和複雜性格。換言之，伏爾泰的悲劇主要是以進步的主題思想和曲折情節取勝，當時代變遷之後，這些只適於當時形勢的主題和適應當時觀眾趣味的情節也容易失去原有的魅力，從而被歷史的塵埃遮掩而無法再現本來的光彩。在平庸的時代裡，人們可以冷靜地挑剔一部作品，他們喜歡精美；在躁動不安的革命時代，人們崇尙理想，珍視激情。

如果說伏爾泰的悲劇創作基本上是用「舊瓶新酒」的辦法改造利用新古典主義的文藝理論和歷史影響，那麼在喜劇方面，在他同樣賦予作品啓蒙內容的同時，也試圖在形式上衝破新古典主義的淸規戒律，開拓新的創作道路。

按照新古典主義的傳統，喜劇不能表現嚴肅的主題和高尙的情操，伏爾泰反對這種偏見。早在1731年，伏爾泰在一篇文藝評論〈趣味的殿堂〉中談到莫里哀時，在盛讚莫里哀善於刻劃「愚蠢的小市民」、「沒頭腦的侯爵」和「刁滑的法官」的同時，也批評他有時「流於庸俗的滑稽」，認爲莫里哀的有些笑劇只是沒有任何教育作用的無聊之作。伏爾泰譴責任何毫無意義的消遣作品。他主張創作趣味高尙、思想嚴肅、能起移風易俗作用的喜劇。在他自己的喜劇作品中，他就把可笑的和令人感動的成份很好地結合在一起。伏爾泰這種關於喜劇的見解，在我們的讀者看來似乎是不言而喻和不值得評論的東西，但是在十八世紀新古典主義陰魂未散的法國文壇，卻具有革命的意義。伏爾泰的意見曾經遭到堅持新古典主義美學規範的某些文人的攻擊一事就是明證。例如當時有一位詩人讓·巴蒂斯特·盧梭（不是《社會契約論》的作者讓·雅克·盧梭）曾經連續發表三封公開信與伏爾泰爭論，認爲把令人感動的東西和令人發笑的東西一起放在喜劇裡是「不成體統和不能容忍的」。

伏爾泰是諷刺大師，當他在喜劇創作思想上突破了傳統觀念的束縛和銳意開拓新道路的時候，便利用這種創作形式直接爲打擊封建統治者服務。他不但在自己大部分喜劇作品中都讓那些沒有靈魂的貴族紈袴子弟出乖露醜，而且在《不謙遜的人們》和《一些怪人》等劇作中集中嘲笑了貴族們荒誕怪癖的生活。伏爾泰在自己的喜劇中讓貴族們那種喜歡吹牛和愚蠢、荒淫、無耻的本性暴露無遺，無情地剝去傳統和習俗給貴族穿戴的「高尚」外衣，使特權等級的體面喪失殆盡；同時，他讓第三等級的形象在舞臺上站立起來，以他們淳樸、誠實和勤勞的本色贏得觀眾的尊敬。

最能反映伏爾泰喜劇創作新格調的是他的代表作《納尼娜》。納尼娜是貴族奧爾邦伯爵家的女僕。這個美麗善良的姑娘同時被伯爵和伯爵的園丁布勒茲所愛。伯爵承認布勒茲和自己一樣有愛納尼娜的權利，而且不認爲自己爲博取一個女僕的歡心而與園丁競爭有失體面。他說：布勒茲，他是一個人，他愛，難道有錯嗎？同時，當伯爵像對待一個貴族小姐那樣向女僕求愛而被他周圍的人指責爲貶損了貴族身份和破壞了等級原則時，他明確說：可是我發揚了博愛精神。顯然，伏爾泰在《納尼娜》裡提出了一個十分嚴肅的問題：平等和博愛原則，破除尊卑貴賤的封建等級觀念。通過喜劇情節和伯爵這個理想化了的形象，伏爾泰把平等主題鮮明地呈現於影響很大的巴黎舞臺，無疑具有重大社會意義，同時也博得第三等級廣大觀眾的喝彩。《納尼娜》在啓蒙時代屢演不衰。1778 年當伏爾泰流亡半生重返巴黎時，爲了歡迎他，《納尼娜》曾在法蘭西喜劇院上演；1791 年大革命高潮中巴黎群眾隆重舉行重葬伏爾泰儀式時又舉行了《納尼娜》紀念演出。可見伏爾泰的這個喜劇在思想上和藝術上都取得了成功。可以說，《納尼娜》與後來博馬舍的著名喜劇《費加羅的婚禮》有異曲同工之妙。二者在內容和形式上的相通之處不僅反映了啓蒙時代美學和文藝理論發展的思想軌跡，而且有力地駁斥了伏爾泰的現代批評者硬把他劃爲新古典主義的信徒和啓蒙文學中的保守派的論調。

四、伏爾泰詩作的戰鬥精神

利用新古典主義重視的史詩創作來宣傳啓蒙思想和爲新時代啓蒙文學爭奪陣地，促使伏爾泰年紀很輕就創作了著名史詩《亨利亞特》，並因此獨步啓蒙時代的法國詩壇，贏得「史詩詩人」的桂冠。《亨利亞特》是伏爾泰利用和改造新古典主義文學傳統的重要創作實踐。人們可以像批評他的悲劇作品囿於「三一律」一類「規則」那樣，批評他的詩句仍然嚴格遵循「亞歷山大格」，或者批評他過分拘泥於古代史詩的特色而在某些描寫中顯得不自然和不協調，以及其他種種缺點，但是無法否認這部史詩出版後不但在法國文壇引起巨大反響，而且很快被譯成英文、德文、意大利文、荷蘭文、拉丁文和俄文，並因此而使伏爾泰譽滿全歐。同時也無法否認影響如此深廣的這部史詩進步的思想內容所形成的對教權主義、宗教狂熱和封建制度的強大衝擊波。王朝政府把它列爲禁書就從反面證明，《亨利亞特》具有重大啓蒙價值，是啓蒙文學的重要成果。

主張信仰自由和宗教寬容，是伏爾泰畢生堅持的社會政治思想。在他看來，信仰自由和寬容異端既是使人民群眾擺脫天主教思想箝制和消滅宗教迫害、掃除宗教狂熱的思想前提，也是擯棄專制主義、實現民主政治的出發點。這個觀點構成伏爾泰許多著作的中心思想，在《亨利亞特》中則得到最集中、最強烈的表現。

《亨利亞特》以法國十六世紀的宗教戰爭爲題材，伏爾泰以雋永的語言描繪了法國歷史上最悲慘的一頁。十六世紀後半葉，法國歷經法蘭西斯二世、查理九世和亨利三世三個國王的統治，由於他們執行宗教迫害政策引起連綿不斷的內戰，宗教糾紛使國家分崩離析。直到波旁王朝的創始者亨利四世即位，頒佈〈南特敕令〉，宣佈信教自由，才結束了宗教戰爭，使國家和人民得到休養生息的機會。但是天主教會不能容忍寬容異教的原則，1610年亨利四世終於被一個宗教偏執狂拉瓦雅克刺殺。伏爾泰認爲這是法國歷史上眞正具有史詩價値的題材。他曾在《路易十四時代》一書中借他人之口宣稱:

> 在整個法國歷史上，除了偉人亨利消滅天主教聯盟這個主題之外，沒有真正史詩的主題。❾

伏爾泰決心像荷馬、維吉爾和塔索一樣，爲法國獻上一首民族史詩。在這部作品中，他把亨利四世理想化，作爲實施宗教寬容政策的開明君主加以歌頌。與此相對應，伏爾泰對宗教狂熱和宗教戰爭中殘殺無辜大張撻伐。1572年巴黎曾發生聖巴托羅繆慘案，史稱「聖巴托羅繆之夜」。這一年8月24日是聖巴托羅繆節日，胡格諾教徒的重要人物聚集巴黎參加首領那瓦爾的婚禮，天主教徒發動突然襲擊，是日前夜及凌晨，殘殺胡格諾教徒兩千餘人。伏

❾　同❸，頁484。

爾泰曾多次憤怒譴責這次大屠殺，認爲這是宗教狂熱最可惡的事例。他在《哲學辭典》中曾說：大腦一旦受到宗教狂熱的腐蝕，就幾乎是不可治癒的，巴黎的市民在聖巴托羅繆之夜急急忙忙去殺人，把那些沒有去做彌撒的同胞扔到窗外，剁成碎片。據說，伏爾泰對宗教狂熱份子的這次獸性發作如此深惡痛絕，以致於每逢這次慘案的紀念日他都要發燒，一生如此。在《亨利亞特》中，伏爾泰用大量篇幅描寫了聖巴托羅繆之夜的血腥屠殺，痛斥宗教狂熱和教會罪行，同時熱情歌頌理性的勝利。

在啓蒙時代，伏爾泰的《亨利亞特》無疑是投向教會和王朝的重型武器，自有它無可替代的份量，因而受到他的同道者的重視。熱情的讚揚和善意的批評都反映出它的影響。在這個時代之末，百科全書派的後起之秀、哲學家孔多塞曾就《亨利亞特》的內容說：「沒有一首詩會含有那麼深刻的哲理，那麼完美的德性，那麼崇高的、擺脫了世俗的情慾和偏見的人道主義精神。在所有史詩當中，只有《亨利亞特》才具有道德的宗旨，因爲它表達了對宗教狂熱的仇恨、對人類的寬容和熱愛。《亨利亞特》出現在理性的時代裡，理性越向前推進，這首詩的崇拜者就會越來越多。」❿但是，在這個時代之初，與伏爾泰並列的啓蒙前輩孟德斯鳩也一針見血地指出了《亨利亞特》在形式上的缺點，說：《同盟》(《亨利亞特》初版書名）一詩越是模仿《伊尼德》，就越不像它。孟德斯鳩指的是伏爾泰的史詩過於拘泥所謂「史詩的特點」，沒能衝破傳統規範，因而有時顯出雕琢之痕和理性主義的枯澀。其實伏爾泰自己也看到了這種舊的美學規範與時代精

---

❿ 同❻，頁131。

神的矛盾。他在《路易十四時代》一書中就說過:

> 既然適合希臘人、羅馬人、十五、十六世紀的意大利人寫史詩的修飾潤色的手段已經被法國人擯棄，既然寓言中的諸神、天啓、刀槍不入的英雄、鬼怪、妖術、變形奇遇等也已經不合時宜，那麼，適合於史詩的美便縮小到一個很狹窄的範圍之內了。⓫

總之，儘管在伏爾泰利用傳統體裁譜寫新篇的努力中存在一些不能盡如人意的地方，《亨利亞特》作爲伏爾泰詩歌創作的代表作，以它激進的內容和宏偉的氣魄，在啓蒙運動中發揮了巨大戰鬥作用。它的出現是十八世紀法國詩壇的一件大事，它的成就和缺陷則形象地反映了伏爾泰在十八世紀美學和文藝理論發展過程中的歷史地位。

伏爾泰詩作的戰鬥精神在他以英法百年戰爭中的法國女民族英雄貞德爲題材的另一首著名史詩《奧爾良的少女》中也得到充分反映。

1337年至1453年，英法兩國因王位繼承問題爆發「百年戰爭」。戰爭末期的1428年，英軍占領法國北部，並圍攻通往法國南方各省的門戶奧爾良城，形勢危急，少女貞德率領六千勤王義軍馳援，1429年重創英軍，奧爾良城解圍，扭轉了戰局。貞德（1412-1431）本是法國香檳省和洛林省交界農村的一個農家少女，愛國而篤信宗教，自發組織農民義軍抗擊英國入侵者。奧爾

⓫ 同❾。

良戰役後她又率軍光復了法國北方許多失地。戰鬥中這位少女總是奮勇當先，深受軍士愛戴，因解救奧爾良有功而被稱爲「奧爾良少女」，成爲法國人民愛國鬥爭的旗幟。法國貴族封建主擔心貞德影響擴大威脅自己的地位，竭力阻撓她的作戰行動。1430年貞德在貢比涅要塞戰鬥中擔任後衞，當她正要撤入城內時城門已被關閉，這一出賣行爲使貞德被英軍俘獲。一年以後，教會法庭秉承英人意旨，誣指貞德爲「女巫」，1431 年 5 月被處火刑。戰爭結束後法國教會宣佈貞德爲聖徒，成爲法蘭西民族女英雄。

伏爾泰根據這一史實創作的史詩《奧爾良的少女》，形式上仍遵循新古典主義的規範，用「亞歷山大格」寫成十音節嚴整詩句，節奏剛勁有力，詞藻華美莊重。但在內容上，伏爾泰一反過去法國文人和史學家總是把貞德描繪成「貞節聖徒」的傳統，而把女英雄塑造爲一個有著自己的愛情、分離、磨難諸般凡人情感和經歷的活生生藝術形象，譴責虛僞的宗教禁慾主義。同時，伏爾泰在詩中盡情傾吐了對宗教偏執和教會殘暴行爲的憎惡情緒，揭露和抨擊教士和貴族封建主的卑劣僞善，也鞭笞了他們的荒淫無耻。在這首長詩中,伏爾泰不僅重申了他對天主教會的批判,而且以古喻今攻擊在位的路易十五，使啓蒙時代的讀者在《奧爾良的少女》所描繪的國王查理七世和他的情婦阿涅・索瑞爾兩個形象身上，明白無誤地看到路易十五和他所寵幸的蓬巴杜爾侯爵夫人的面孔。《奧爾良的少女》寫於1729年，直到1755年才出版，在此之前一直以手稿形式流傳。在十八世紀，《奧爾良的少女》是伏爾泰最流行的作品之一。但是此書正式出版以後，很快就被當局判處焚毀，甚至排印這首史詩的印刷工人也被判服苦役。一首敍事詩竟引起統治勢力如此驚恐不安，伏爾泰詩作的戰鬥力由此可見一斑。

伏爾泰的詩作題材廣泛，形式多樣，除長篇力作之外，他還創作了大量諷刺短詩。這些諷刺詩有的在形式上完全遵循布瓦洛闡述的「規則」，更多的則是即興之作。然而無論哪一類作品都洋溢著強烈的戰鬥激情，都無情地打擊了伏爾泰始終不渝與之鬥爭的封建制度和教會黑暗勢力。伏爾泰詩才橫溢，出口成章，甚至他臨終前在病榻上所寫的《辭世辭》竟然也是一首最後刺向僧俗封建勢力的諷刺詩，可見他運用寫詩這一文學手段戰鬥，達到多麼成熟和多麼執著的程度。

五、伏爾泰哲理小說的歷史價值

在伏爾泰的文學創作中，如果說他在戲劇和詩歌領域還不得不以「舊瓶新酒」的方式摸索前進，那麼在小說的寫作方面，他卻開拓了嶄新的局面。這就是他所創造的哲理小說。可以說，哲理小說是伏爾泰經過多年文學實踐找到的、最適於表達他的啓蒙思想的文學藝術形式。

伏爾泰一生共創作了二十六篇中短篇小說，最著名的有《查第格》、《老實人》、《天真漢》等。這些頗具傳奇色彩的小說，不僅精煉、雋永、幽默，而且情節奇特，立意新穎，富於哲理，是啓蒙文學的傑作。在這些別具一格的小說中，伏爾泰像通過劇作和詩歌宣傳他的啓蒙思想一樣，用形象的語言闡發他的哲學和政治觀點，抨擊神學迷信，揭發教會罪行，暴露社會黑暗，痛斥專制主義，既在十八世紀發揮了很好的啓蒙作用，又在美學和文學史上產生了重大影響。

中篇小說《查第格》作於 1747 年。作品描寫古代巴比倫有一個優秀青年查第格，雖然深悉明哲保身的道理，卻不斷橫遭災禍。先是他心愛的人被權貴搶走，自己也被打瞎一隻眼睛，不久這個心上人竟對他負心背叛。他還因司法黑暗兩次無辜被捕。後來他做了宰相，得到國王信任並與王后阿斯達丹產生愛情。但好景不長，查第格又遭讒言而大禍臨頭，不得不趕快出逃，在流亡中歷盡磨難。最後，王國發生動亂，國王被殺，查第格與前王后阿斯達丹結婚，並被推爲國王。伏爾泰通過這樣一個似乎離奇的故事，一方面暴露封建專制統治下的法國社會現實的黑暗，例如通過查第格婚後不久妻子變心，甚至要割下他的鼻子爲情夫治病的情節，影射法國社會上層荒淫靡爛的生活；通過查第格兩次無辜被投入監獄險些喪生的遭遇，抨擊司法機構胡作非爲等等。另一方面，伏爾泰通過查第格的故事鼓吹開明君主政治。在小說中，查第格先當宰相，用哲學家方式治理國家，給人民言論自由和信仰自由，反對宗教狂熱和宗教偏狹行爲；後來查第格自己當了國王，以更大的權威推行開明政策，得到全國人民的擁護。

《查第格》生動簡要地表達了伏爾泰的政治哲學，在十八世紀中葉具有很大啓蒙價值。他反對封建專制統治的觀點不必贅言。他主張開明君主政治在當時不但具有進步意義，而且與盧梭以外的其他啓蒙學者的主張也是相同或相近的。前文已述，直到1789年法國社會內外矛盾空前激化以前，法國資產階級一直幻想依靠開明君主使法國社會和平過渡到資本主義。向英國人學習，建立君主立憲制政權是啓蒙時代絕大部分啓蒙思想家的主張，即使在哲學思想上相當激進的狄德羅、霍爾巴赫亦復如此。與狄德羅等人比較起來，伏爾泰甚至更爲激進一些。因此，那種認爲伏爾泰散佈開明君主政治思想減弱了《查第格》這篇作品的歷史價值的觀點是沒有根據的。

《老實人》作於1759年，是伏爾泰哲理小說中成就最高的一篇。故事描寫主人公「老實人」寄居在一個德國男爵家裡接受著名哲學家邦葛羅斯的教育。邦葛羅斯主張「一切皆善」，認爲世界完美無缺，萬物皆有圓滿歸宿。老實人起初很相信邦葛羅斯的說教，但是後來他的經歷使他懂得，這個世界一點兒也不完美。先是老實人因爲和居內貢小姐自由戀愛被貴族偏見極深的男爵趕出來；他被抓當兵遭受毒打；他看到戰場上兩軍廝殺，奸淫掠奪，無惡不作；他在流浪中所碰到的盡是宗教狂人、偷東西的神父和敲詐勒索的法官；他自己還險些被人當作異教徒活活燒死，後來又在巴黎遭到騙人的神父洗劫。他所愛的居內貢小姐的遭遇更爲悲慘。戰禍中全家被殺，她淪爲奴隸，被輾轉販賣，最後變爲醜陋的洗衣婦。老實人的老師邦葛羅斯雖然堅信「一切皆善」，在生活中卻碰得頭破血流。他先是染上髒病爛掉半截鼻子，後又險些被宗教裁判所燒死。面臨悲慘的現實，老實人不再相信邦葛羅斯的哲學，而得出了自己的結論：地球上滿目瘡痍，到處都是災難！

《老實人》這篇小說是伏爾泰針對德國十七世紀唯心主義哲學家萊布尼茲的哲學而創作的。萊布尼茲曾說上帝所創造的這個世界是一切可能的世界中最好的，還說在這個可能是最好的世界上，一切都趨於至善。伏爾泰所塑造的信奉「一切皆善」哲學的邦葛羅斯，就是萊布尼茲的化身。「一切皆善」的說教是維護現有秩序，爲統治階級服務的理論。伏爾泰通過《老實人》無情地嘲笑了這一爲神權和王權辯護的哲學，把他反對封建專制統治和宗教神學的啓蒙思想通過哲理小說的奇特形式深刻地表達出來。

作爲對「一切皆善」論調的回答，伏爾泰不但讓老實人、居內貢和邦葛羅斯本人以及他們周圍的普通人都經歷了各種危險和苦難，而且把諷刺和批判的鋒芒直指造成這些社會苦難的封建統治者，無情地揭示了貴族、僧侶和國王的醜惡靈魂。《老實人》中有一段關於邦葛羅斯如何傳染上性病的議論，辛辣地把教士、貴族生活荒淫、道德淪喪的醜行編織在一張罪惡的網中，暴露了這些「奉神的教士」和「高尚的貴族」的眞實面目。小說說，邦葛羅斯的病得之於侍女巴該德，巴該德的病是一個聖芳濟會神父送的，神父的病得之於一個老伯爵夫人，伯爵夫人得之於一個侍從，侍從得之於一個耶穌會神父，這個耶穌會神父當修士的時候，直接得之於哥倫布的一個同伴。伏爾泰還用象徵的手法，預言了封建專制統治必將崩潰，用一個歷史學家高瞻遠矚的眼光宣佈了造成這些痛苦的封建統治者必然滅亡的命運。爲此，他在小說中描寫了六個丟失王位的國王，名爲到威尼斯來過狂歡節，卻聚集在一個小旅館中，身無分文，窮困潦倒，甚至於其中之一不得不接受老實人的施捨。當他們在餐桌旁分手的時候，其餘五個落魄國王問道：這位是誰？一個平民居然拿得出一百倍於你我的錢，而且肯隨便送人！這一段神來之筆，不是從本質上概括了十八世紀法國君主專制政權搖搖欲墜，資產階級已經羽翼豐滿即將成爲社會主人的社會現實了嗎？

在《老實人》中，伏爾泰還描寫了一個持歷史悲觀主義的哲學家瑪丁。瑪丁與邦葛羅斯相反，向老實人宣傳「人性本惡，永遠不會改善」的觀點。他認爲人類沒有前途，生活只是「幻影和災難」。顯然，如果說邦葛羅斯是爲封建階級服務的哲學家，瑪丁則反映了當時法國社會上小生產者階層在資本主義生產方式衝擊下風雨飄搖、前途未卜、憂心忡忡的沒落情緒。伏爾泰從來相信歷史在前進，人類在文明進步中必將日趨完善，他反映的是革命時代法國資產階級蓬勃向上、對自己的前途充滿信心的樂觀情緒，所以他讓老實人拒絕瑪丁的悲觀主義，並讓老實人遊「黃金國」，最後安排老實人與居內貢結婚的美滿結局，還借老實人之口說:「工作可以使我們免除三大害處: 煩悶、縱慾、饑寒」⓬，因此「種咱們的園地要緊。」⓭小說的最後一句話早已成了伏爾泰的名言，它濃縮了伏爾泰健康的人生哲學，也充分體現了新興資產階級的進取精神。

伏爾泰的哲理小說幾乎每一篇都蘊涵了豐富的思想，耐人尋味，《查第格》和《老實人》可以說是這些哲理深邃、風格奇妙的優美作品的代表，卻不能全面反映伏爾泰在他所開創的文學園地裡培植的這些奇花異果。全面探討伏爾泰哲理小說的豐富思想內容，應該是一部學術專著的任務，這裡只能列舉它們的一兩個特點，使讀者重視它們的歷史價值。

⓬ 伏爾泰:《老實人》，見《傅雷譯文集》，頁123。
⓭ 同⓬，頁124。

第六章
伏爾泰的歷史哲學及其對西方史學的貢獻

一、伏爾泰豐富的歷史著作

伏爾泰是近代著名歷史學家，在史學理論和歷史著作兩個領域頗多建樹。在史學理論方面，伏爾泰主張以哲學的精神編撰歷史著作，他在歷史上第一次提出了「歷史哲學」的概念，成爲現代歷史哲學的先驅，又是十八世紀理性主義史學的創始人；他打破西方兩千餘年單純記述政治、軍事事件的治史傳統，開拓出歷史編纂學的新天地；他反對神學史觀，全面衝擊了中世紀以來基督教加諸西方歷史學的思想桎梏；他廣開視野，擯棄歐洲中心論的狹隘偏見，熱情謳歌東方各國文明，寫出了歷史上第一部眞正世界性的世界史。可以說，就「歷史學」卽史學理論來說，伏爾泰是近代第一位歷史學家，他把哲學的明燈帶進黑暗的歷史檔案庫，把西方歷史學引上了全新的道路。誠如著名伏爾泰研究家布倫菲特所言：伏爾泰「給歷史學帶來哥白尼式的革命」。[1]

在歷史著作編撰方面，伏爾泰也是成果累累，舉其犖犖大者計有：《查理十二史》、《路易十四時代》、《試論通史與各國

---

[1] J·H·布倫菲特：《伏爾泰：歷史學家》，牛津英文版，頁165。

人民的風俗和精神》、《彼得大帝治下的俄羅斯帝國歷史》、《路易十五時代概要》、《巴黎高等法院史》等多部。在這些史學專著中，伏爾泰以哲學家的睿智目光，啓蒙泰斗的博大胸懷，歷史學家的嚴謹治學精神和文學大師的生花妙筆，全面貫徹了他的史學理論，褒貶人物，評說往事，所表現出的治史才華，堪與他在哲學、政論或文學領域所取得的成就媲美。

伏爾泰第一部成熟的歷史著作是《查理十二史》，內容爲記述瑞典國王查理十二一生事跡。查理十二（1682-1718）是十七世紀末、十八世紀初歐洲歷史上著名的好戰國王。他在位期間，進行了長期的北方戰爭，對抗俄國、波蘭和丹麥1699年結成的三國聯盟。他曾戰勝丹麥，1700年締結〈特翁達和約〉；又擊敗薩克森和波蘭，1704 年扶植列琴斯基（1677-1766）爲波蘭國王；1707-1708年，查理十二再度進攻俄國，1709年在波爾塔瓦戰敗，後逃亡土耳其；兩年以後查理十二說服土耳其對俄作戰；查理十二於1714年回國，1718年進攻挪威時死於戰場。

伏爾泰的《查理十二史》寫於1728年，初版是1731年10月在里昂祕密出版的。全書分爲八卷，按年代順序記述了瑞典歷史、查理十二的童年、卽位、波蘭戰爭、在俄羅斯的失敗、土耳其人的囚徒以及1718年中流彈身亡等歷史事件，細緻生動地描繪了查理十二窮兵黷武、身敗名裂的一生。《查理十二史》著力描繪的另一重要歷史人物是俄國的彼得大帝。伏爾泰用大量篇幅評論彼得大帝對俄國的改造和向先進的西歐各國學習的情形。伏爾泰偏愛致力於建設的彼得，貶損只知一味征戰和破壞的查理。在伏爾泰看來，查理旣偉大又瘋狂，一半是亞歷山大，一半是唐・吉訶德。伏爾泰撰寫《查理十二史》的主旨是要表達他的這一信念:

征服者的政策是愚蠢的，戰爭和破壞有悖於社會的文明進步。

作爲一個卓有成就的歷史學家，伏爾泰治史的態度非常嚴肅認眞。這種良好的學風在他的第一部重要史學著作中已有充分表現。爲了寫作《查理十二史》，伏爾泰早在動筆十年前就已開始收集資料。1717年當查理十二還在世時，伏爾泰就結識了這位瑞典國王的心腹大臣哥爾玆，並與其保持密切往來。他還和查理十二的其他近臣法勃里斯、威爾隆格、菲耶威里、波尼亞都斯基等人建立了聯繫。1727年法勃里斯男爵抵達英格蘭，擔任英王喬治一世的侍從，此時伏爾泰也在倫敦，有機會與其長時間交談，得以詳細瞭解查理十二國王的性格、生活軼事和幾次戰役的具體經過。特別是法勃里斯曾陪查理十二在土耳其度過幾年俘虜生活，更使伏爾泰得以直接獲得有關事件的第一手資料。此外，他還拜訪過1715年查理十二被困於施特拉爾松時擔任法國駐該國大使的卡羅西和波蘭前國王斯坦尼斯瓦夫一世等與查理一生重大事件有關的知情人。這些人，有的口頭有的寫信告訴伏爾泰他們耳聞目睹的歷史眞相，甚或徑直把回憶錄寄給他，爲伏爾泰提供了豐富的史料。《查理十二史》出版以後，伏爾泰根據後來收集到的資料，又不斷修訂、充實這部著作，推出好幾個新版。他虛心聽取來自各方面的批評和建議，當收到普魯士國王弗里德里希的批評意見時伏爾泰曾這樣寫信致謝：我榮幸地從您那裡得到那些我一直渴望知道的世界著名人物的細節、人口的數字、新的法令和社會風尚，對您的批評我並沒有感到任何不快。正由於伏爾泰有這種嚴肅認眞的治學精神，使這部著作隨著每一新版的發行而日趨完善。

伏爾泰史學研究的代表作是《路易十四時代》。此書從收集資料到最終完成歷時二十餘年，是伏爾泰的嘔心瀝血之作。早在1714年二十歲的伏爾泰被父親送到聖昂熱侯爵科馬坦那裡學習法律時聆聽那位路易十四近臣訴說前朝掌故起，伏爾泰便開始積累路易十四時代的資料，除聖昂熱侯爵外，上至路易十五的首相弗勒里紅衣主教、從國外歸來的使臣、貴婦，下至巴士底的獄醫、宮廷僕役，都爲他提供了許多有用的史料；另一方面，他鍥而不捨地利用一切機會閱讀和摘錄文字記載，其中重要的即有：當若侯爵的回憶錄手稿四十卷（即後來出版的著名的《路易十四朝廷日記》）、維拉爾和托爾西元帥的回憶錄、路易十四的情婦曼特農夫人的回憶錄等；任宮廷史官期間，伏爾泰利用職務之便更查閱了大量官方軍事和外交檔案，包括國王對駐外大使的訓令和大使們發回的外交報告，以及1700年路易十四爲教育王孫勃艮第公爵而撰寫的回憶錄和書簡等。

《路易十四時代》於1751年在柏林初版發行，很快就在英格蘭、尼德蘭和法國出了十幾版。據說每印一版都是當日售罄，而且出現了許多盜印版，可見這本巨著在當時受歡迎的程度。事實上自此以後，伏爾泰這部著作一直受到西方學者的推崇，被譽爲近代第一部歷史著作和研究路易十四時代法國及歐洲社會的權威之作，成爲至今仍有重要學術價值的西方史學名著。

伏爾泰雖然下了很大功夫寫作《查理十二史》，但此時他自己的史學理論尚未形成，所以這部著作除個別章節外，總體上仍遵循了舊史學的治史傳統，用傳紀體記述了瑞典國王的一生，著眼於戰爭進程、外交活動、人物性格以及奇聞軼事，對於主人公活動的歷史背景、社會環境等廣濶的社會條件涉及不多。《路易十四時代》迥然不同。在《路易十四時代》裡，伏爾泰在盡可能準確敍述歷史事件的同時，不再對戰爭過程和人物家世進行冗長敍述，而是收集大量關於藝術、科學、哲學和經濟的材料，將所記述的人和事置於深厚的社會背景之前。在該書「導言」中，伏爾泰劈頭便說：

> 本書擬敍述的，不僅是路易十四的一生，作者提出一個更加宏偉的目標。作者企圖進行嘗試，不為後代敍述某個個人的行動功業，而向他們描繪有史以來最開明的時代的人們的精神面貌。❷

他在寫給哈維勳爵的信中更明確地宣稱：「我寫歷史更多地是寫一個偉大的時代，而不是一個偉大的國王。」❸根據這樣的原則，伏爾泰在《路易十四時代》一書中，實際上是以一個歷史人物爲線索爲一個時代立傳。伏爾泰認爲歷史著作離不開對人物活動和歷史事件的記述，否則就不是歷史了。因此在《路易十四時代》一書中，他記述了「太陽王」在位期間的政治、軍事、外交事件。但是，他沒有僅僅盯住路易十四和他的宮廷。他的眼界十分寬廣。在〈路易十四以前的歐洲〉這一章中，他分析了十七世紀上半葉歐洲各國的政治、經濟、宗教和文化藝術，涉及德意志、西班牙、葡萄牙、荷蘭、英國、羅馬和意大利的其他地區、北歐各國、土耳其人等；在談到法國自身時，專門闢出七章分別論述內政、法律、司法、治安、軍紀、財政及其規章制度、教會的糾紛、加爾文教、冉森教派、寂靜主義、天主教會在中國的傳教事

---

❷ 伏爾泰：《路易十四時代》，中文版，吳模信等譯，頁5。
❸ 同❷，〈中譯本序言〉，頁7。

務等廣泛的社會問題；尤爲突出的是，伏爾泰不惜占用七章篇幅，濃墨重彩、酣暢淋漓地記載了十七世紀法國和英國等其他歐洲國家在哲學、科學與文學藝術方面取得的輝煌成就。《路易十四時代》內容如此豐富，簡直是那個特定時代的百科全書，人們稱頌伏爾泰開闢了西方歷史學的新時代絕不爲過，《路易十四時代》被譽爲劃時代的歷史著作也是名副其實的。

有的現代伏爾泰研究家認爲《路易十四時代》是《哲學通信》的姊妹篇，指出：作爲啓蒙學者，伏爾泰在《哲學通信》中批評了攝政王和路易十五時代的法國，把它的偏狹和愚蠢與英格蘭的寬容和開明加以比較，是爲「橫向」對比；《路易十四時代》則把路易十四對藝術的保護和時代成就同路易十五時期法國藝術的衰落和政治的黑暗加以比較，是爲「縱向」對比。我們認爲這種說法有一定道理。分析伏爾泰的任何著作，絕對不能忘記伏爾泰作爲啓蒙運動統帥的歷史角色和他把研究歷史與撰寫歷史著作當作反對封建秩序總體戰略的一個重要組成部分和啓廸民智的一種重要手段，強調治史的現實社會效用，是古爲今用而不是泥古不化。應該說，《路易十四時代》是歷史著作學術性與思想性統一的典範。

正是伏爾泰史學著作的這一特點，儘管他把路易十四時代視爲「最接近盡善盡美之境的時代」❹，他在《路易十四時代》一書中，在全面肯定這一歷史時代社會進步成果的同時，也能大膽揭露時代的黑暗面，用一個知識份子的獨立精神，根據個人的認識揮灑自如地對「太陽王」和他治下的群臣、政府、高等法院、

❹ 同❷，頁7。

教會提出尖銳批評。他針砭王朝的腐敗奢侈，記述路易十四及其親信墮落生活的細節，斥責他們驕奢淫逸和窮兵黷武給國家造成的沈重經濟負擔，分析撤消〈南特敕令〉所付出的代價等等。這些否定的文字尖銳而深刻，與作爲主體的肯定的敍述渾然一體，把時代的全貌生動地呈現在讀者面前。

伏爾泰的另一部史學力作是《試論通史與各國人民的風俗和精神》，1756年正式出版，簡稱《風俗論》。早在西雷時期，伏爾泰便立意把哲學和敍事結合起來，寫一部世界通史，探索和體現他自己的史學理論，經過多年不懈努力，便產生了這部長篇巨作。根據法國的歷史和紀年，這部著作名義上從法蘭克加洛林王朝國王查理曼（742-814）寫到路易十三，但是伏爾泰要寫的是一部新型世界通史，從內容到編纂方法上與傳統的史學著作完全不同，所以在實際的時間跨度上是從古代世界直寫到伏爾泰生活的時代，涉及的地域和民族，除法國和歐洲各國之外，還包括東方各民族的歷史與文化，從伊斯蘭世界到印度、中國。《風俗論》貫徹始終的一個主題是歌頌文明進步。伏爾泰在他的所有作品中，無論是政論、文學還是歷史，都堅持人類理性和文明不斷進步的歷史樂觀主義觀點。他在《風俗論》中表明自己的寫作意圖說：人類在長期的歷史發展進程中，已逐步擺脫了偏見、迷信和奴役，儘管他們遇到過無數的錯誤和失敗，但總是向著理性和公正，向著物質和精神不斷改善的方向前進的。

《風俗論》是一部社會歷史，它不是以王朝興衰爲經緯，而是根據大量史料探討諸如封建主義的性質、君主世襲制度如何形成、貴族是怎樣產生的、十字軍東征的眞正動機、爲什麼某些資產階級份子被賜予貴族頭銜而成爲長袍貴族等問題，同時敍述商業、科學、文化的發展歷史和各個時代的風俗，從服飾到騎士制度和決鬥習俗等等，舉凡人類生活無所不談，此外還考察各個時代工藝的進步與科技的發明，從風車、眼鏡、鐘錶到造紙、指南針等等，涉獵極廣。伏爾泰說，我想發現什麼是人的社會，人們在家庭內部是怎樣生活的，人們培養了什麼藝術和技術。爲寫作《風俗論》，伏爾泰能夠直接利用的第一手材料限於西歐各國，但是經過長期努力，他也收集了大量旅行家和傳教士提供的東方各民族的史料，他不懷偏見地以東方各國人民是人類文明共同創造者的態度評論他們的歷史和文化，體現了啓蒙學者那種「解放全人類」的胸懷。他不但詳細論述了中國的社會和文化，高度評價了中國古代文明和孔夫子的哲學，而且對印度和阿拉伯文化也有相當深刻而獨到的見解。

《風俗論》開闢了西方歷史學的全新道路，客觀地描述了東西方的古代文明，是第一部眞正的世界史。這部別開生面的著作一出版就受到歐洲各國知識界的歡迎，從 1756 年到 1768 年短短十二年中就再版十六次以上。

除《查理十二史》、《路易十四時代》和《風俗論》之外，伏爾泰的其他歷史著作或是應他人之邀而作，或是任宮廷史官時所撰，其中雖不乏精彩之筆，但總體的研究水平、創新之處和在西方史學界的影響遠不能與上述三部巨著相比。它們之中值得重視的只是:《彼得大帝治下的俄羅斯帝國歷史》中的彼得大帝，是伏爾泰塑造的一個開明君主形象，寄託了伏爾泰的政治理想;《帝國編年史》是一部倉促完成的德國簡史，作爲一部歷史著作寫得並不好，但在此書中伏爾泰對歷史哲學問題頗多發揮，對研究伏爾泰的史學理論有一定價值，本章後邊談到伏爾泰的史學理論時還要提到它。

總之，通過伏爾泰的歷史編纂實踐，特別是通過他的《路易十四時代》和《風俗論》等代表作，可以看到伏爾泰對西方歷史學的發展作出了突出貢獻。這些貢獻大體上可以歸納爲四個方面，留待後邊分專題評述。

二、開拓歷史編纂學的新天地

編纂一部歷史書，無論是通史還是斷代史，應該收入哪些東西，或者說應當著重記載人類生活的哪些方面，不同國家不同地區早已形成不同傳統。西方史學自古希臘羅馬以來形成的傳統是，認爲歷史就是政治軍事史。這種傳統是從古希臘歷史學家希羅多德開始的。希羅多德（約西元前 484-前 425）被稱爲「歷史之父」,他所寫的《希臘波斯戰爭史》就是以戰爭和戰爭中的政治事件爲基本內容。不久以後古希臘另一位大史學家修昔底德（約西元前 460-前 396）編撰《伯羅奔尼撒戰爭史》，重複和鞏固了希羅多德開創的先例，歷史編纂以政治軍事史爲主要內容成爲古希臘史學傳統，古羅馬史學則延續了這一傳統。中世紀的西方史學爲教會服務，淪爲注疏《聖經》和教義的可憐角色，已無科學可言。文藝復興時代出現了一批人文主義史學家，他們在歷史編纂中不斷擯除荒誕迷信內容，把史學從天上引向人間，卻仍因循了政治軍事史的古代傳統。十六世紀宗教改革運動興起，史學變成新舊教派鬥爭的工具，歷史著作大都是關於教會史方面的，使西方史學更走上了偏狹之路。總而言之，從古希臘到十八世紀，舊的史學傳統統治西方史學兩千多年，已經嚴重束縛了西方歷史學的發展。於是伏爾泰出現了，他給西方史學帶來了革命性轉變。

伏爾泰認爲，編寫歷史不應僅限於政治和軍事，還應包括農工商業、科學技術、文學藝術、民情風俗乃至飲食起居、日常娛樂等等，人類社會生活的各個方面都應屬於歷史編纂的對象。他在《路易十四時代》一書中用了一半以上的篇幅記載政治和軍事以外的事情。在《風俗論》中更是全面舖開：對社會上層，按照自己的理論、原則和標準評點君王們的歷史功過，例如評述路易十一，稱讚他制定的法律維護了巴黎的秩序和商業，認爲假如他沒有發動十字軍東征的愚蠢行動，本來可以使法國成爲繁榮昌盛的國家；評述英王阿爾弗雷德，認爲他與法國的亨利四世一樣都是英明的君王；伏爾泰甚至把教皇也列爲他獨立褒貶的對象，認爲亞歷山大三世由於頒佈了要求基督徒釋放奴隸的法令而應列入對人類作出偉大貢獻的名錄中，等等。對社會下層，則努力反映社會習俗的細節和普通百姓的生活風貌，力圖全面記述各個時代人們的精神狀態。

伏爾泰開拓了歷史編纂學新天地的一個重要方面，是他在西方史學史上，第一次把文化史列爲史學研究的重要領域。《路易十四時代》充分反映了十七世紀文化領域的輝煌成就，開西方文化史先河。在《風俗論》中，伏爾泰不但重申撰寫文化史的重要性，而且具體考察了文藝復興運動，把文藝復興當作一場影響深遠的新文化運動來研究和探討。在伏爾泰之前，西方學者對文藝復興並沒有一個完整的概念，既缺乏綜合的敍述，也沒有對其本質進行探究，更認識不到它的歷史地位。正是伏爾泰，在西方近代史上第一次對文藝復興的歷史意義有了深刻理解，並在《風俗論》等著作中予以深刻說明。他獨具慧眼，把文藝復興放到歷史發展的長河中加以研討，彪炳其應有的歷史價值。他認爲文藝復興的重大意義不在復古，而在創新。文藝復興的巨大文化成果是意大利人的天才創造，而不是1453年君士坦丁堡被土耳其人攻陷、東羅馬帝國滅亡以後那些逃亡到意大利的學究們的功勞，他們僅僅是把希臘文教授給意大利人而已。他強調，雖然文藝復興時期的人文主義大師們以恢復希臘羅馬古代文化爲旗幟，他們在文學藝術各個方面所取得的輝煌成就，不僅在思想上衝破了中世紀的長期禁錮，而且在藝術上遠遠超出了古代的水平，構成了一場眞正的新文化運動。

由於伏爾泰對歷史編纂新領域的開拓，他對文化史研究的重大貢獻，特別是他對文藝復興運動歷史意義的領悟和闡發，使他不僅被公認爲西方文化史研究的鼻祖，而且爲後人進一步研究文藝復興舖平道路，尤其爲十九世紀中葉著名的瑞士歷史學家布克哈特創作《意大利文藝復興時期的文化》一書創造了理論前提。

三、衝破神學史觀的思想桎梏

伏爾泰是宗教和教會不共戴天的仇敵前已盡述，他這種反宗教立場在歷史研究工作中的反映，便是通過歷史編纂實踐衝破神學史觀加諸西方歷史學的思想桎梏。

在西方，神學史觀來源於西元五世紀的聖・奥古斯丁。聖・奥古斯丁（354-430）是羅馬帝國時期的基督教思想家，教父哲學的代表人物。他用柏拉圖主義的哲學來論證基督教教義，宣揚「原罪說」，鼓吹教權主義，在其所著《上帝之城》一書中，提出所謂「雙城理論」。奥古斯丁認爲，自從亞當犯下原罪以後，世界便被分爲兩個部分，一是上帝之城，爲上帝的信徒所歸屬；一是世俗之城，爲魔鬼撒旦所統治。在現世，這兩個世界是混雜在一起的，人類的歷史就是上帝的信徒與魔鬼的信徒之間不斷鬥爭的歷史。這種鬥爭的結果使人類不斷趨向上帝的天國，同時把魔鬼的信徒打入地獄。顯然，奥古斯丁宣揚的是神學史觀，它的核心是上帝支配人類的歷史和主宰人類的命運，這種歷史觀在很大程度上只是天意的神學解釋，實際上既沒有歷史，也沒有歷史學。奥古斯丁以後，西方史學長期被這種神學史觀束縛，宗教迷信代替了科學探索，無知偏見取代了信史實錄。神學史觀在文藝復興時期受到一定程度的衝擊，但是在法國，這種衝擊的力量十分微弱。因此在伏爾泰以前，通行的所謂「世界通史」，仍然把作爲「基督教文明」出發點的古代猶太人的歷史看得十分神聖，予以特別的關注和敍述，然後是希臘羅馬歷史，最後是歐洲各民族的歷史。1681年法國主教包紱埃（1624-1704）出版的《世界史論》一書，就是這種世界史模式的充分表現。包紱埃強調，無論世俗的歷史還是教會的歷史都是神的意志決定的，他所敍述的「世界史」，不僅仍然堅持奥古斯丁的「雙城理論」，而且仍然以《聖經》和神話傳說爲依據。

面對這種史學現實，伏爾泰從他的唯物主義自然神論哲學思想出發，在史學研究中貫徹反對神學迷信的批判精神，用自己的歷史著作和史學理論衝破了這種神學史觀。他不僅早已通過大量著作揭露了《聖經》內容的自相矛盾和荒誕不經，而且認爲以《聖經》內容和猶太人的歷史作爲世界史的重點可笑之至。他指出，比之於小小的、沒有任何根據認爲自己是優秀民族的古代猶太人，印度、中國等東方民族創造了源遠流長、時間早得多、地域大得多、文化含量無與倫比又有可靠的文字記載和實物可考的古代文明。伏爾泰把東方社會引入世界史，不但擴大了西方史學的研究領域，而且給神學史觀以毀滅性打擊，震撼了教會統治和神學迷信的歷史基礎。既然非基督教的中國、印度等地的文明比猶太人和基督教文化更古老更燦爛，《聖經》和教會的權威自然遭到挑戰，神學史觀也就不攻自破。

四、反對歐洲中心論的傳統偏見

在伏爾泰之前，西方傳統歷史編纂學除去只記帝王將相無休止的殺伐、征戰、與征戰相關的政治事件以及深受神學史觀束縛以外，還有一大缺陷，就是歐洲中心論。偏狹的歷史學家們坐井觀天，總以爲歐洲即是世界，儘管早已有了「新航路」和「地理大發現」，儘管商人和傳教士早已源源不斷地把在印度和中國等東方各民族所看到的古老文化和高度文明傳回歐洲，但是西方的歷史學家仍然宣揚世界歷史的發展應以歐洲爲中心，基督教史學家們也仍然堅持人類歷史不能逾越《聖經》所涉及的範圍一步。在他們的筆下，完整豐富的人類歷史僅僅成了希臘、羅馬、地中海東岸以及北非埃及等極爲狹小地域的編年史。這種「世界史」體系今人看來何其荒謬，但是遲至十七世紀，在歐洲仍然被尊爲正統而且堂而皇之地大書特書。包紱埃的《世界史論》便是這種歷史編纂體系的典型。在歷史學研究中，終於打破這種陳腐觀念的又是伏爾泰。

伏爾泰以史學革新者的姿態凛然崛起，指斥包紱埃等人只注意描述幾個早已消失了的小民族的歷史，他們所編纂的是忘記了眞實世界的「世界史」。伏爾泰認為，人類歷史的發展是一個統一的整體，各個民族和各國人民儘管在精神和習俗方面各不相同，但那只是具體表現形態的區別。早在1733年，當他談到各民族之間鑑賞習慣和藝術趣味的不同時就指出：如果歐洲各民族不再互相輕視，而能夠深入地考察研究自己鄰居的作品和風俗習慣，其目的不是為了嘲笑別人，而是為了從中受益，那麼，通過這種交流和觀察，也許可以發展出一種人們曾經如此徒勞無益地尋找過的共同的藝術欣賞趣味來。在伏爾泰看來，為了達到鑑賞趣味的這種大同境界，需要排除偏見，開擴視野，對各國的藝術進行整體研究。藝術趣味問題是這樣，歷史研究又何嘗不是這樣。

從人類歷史的發展是一個整體這種觀點出發，伏爾泰特別注意歐洲各國和亞洲各民族的共同特點，認為在這些共同特點中，可以找到人類歷史發展的普遍規律。他在《風俗論》一書中，以相當大的篇幅，用多年苦心積累的史料，盡可能詳細地描述了中國、阿拉伯、波斯、印度等歐洲以外地區，特別是亞洲各國的歷史，使這部著作成為西方史學中第一部用「世界歷史的觀點」來寫的世界歷史。

伏爾泰之所以能夠打破歐洲中心論的傳統偏見，寫出第一部兼容東西方文明發展的世界史，有主觀和客觀兩個方面的原因。從主觀方面說，作為一個啓蒙思想家，伏爾泰信奉人類理性的普遍性原則，認為有人的地方卽有理性，東西方社會並無本質不同，因而他較少民族偏見，胸襟寬廣，以鏟除人間不幸、解放全人類為己任。同時，為了與舊的思想體系劃清界限和在史學研究中貫徹與基督教傳統勢力鬥爭的總體戰略，伏爾泰熱心尋找一切能破壞「神聖歷史」威信的事實和史料，東方文化的古老和高超不能不引起他的極大興趣和被他充分利用。從客觀方面說，隨著新航路的開闢，通往東方各國的交通大爲改善，十六世紀以來，東方世界的神祕面紗在歐洲人眼前逐步掀開，歐洲對東方各國的情況有了更多瞭解，再加上美洲的發現和開發，歐洲人已經看到了整個世界。在伏爾泰之前，西方流行著許多各地見聞、五花八門的探險記等書籍，這些資料雖然零亂和帶著濃厚的獵奇色彩，但對歐洲人開擴眼界不無裨益，而且逐漸形成了從總體上瞭解東方,瞭解世界的渴求。換言之,對東西方歷史進行整體研究、突破西方史學偏狹傳統和落後狀態，編纂近代意義上的世界史，既已構成時代課題，又已具備基本條件。時代呼喚具有開拓精神，能把東西方歷史當作一個有機的統一體進行綜合研究的大手筆的出現。正是這種主觀條件和客觀需求的恰當結合，使得伏爾泰在史學研究中作出了突出貢獻。美國歷史學家湯普遜評價伏爾泰時說：「他是第一個把歷史當作一個整體來觀察的學者，並把世界各地所有偉大文化中心的歷史聯繫起來，其中包括了對人類生活有意義的各個方面的情況。」❺

五、《歷史哲學》與理性主義史學

現代史學通常把文藝復興時期的史學思想稱爲人文主義歷史學，而把十八世紀的啓蒙史學稱爲理性主義史學。二者都是新興資產階級反封建的思想武器，是適應西歐社會大變動時代不同歷

---

❺ 湯普遜:《歷史編纂史》，1942年紐約版，頁66。

史時期的客觀條件而興起的兩種進步史學思想。

意大利是文藝復興的中心，也是人文主義史學的發祥地。十五世紀以來，意大利在經濟上的率先發展，文藝復興對人的解放，再加上古典文化的薰陶，使意大利人較早地擺脫了中世紀的思想束縛，完成了一系列對外部世界發現的壯舉。當歐洲資本主義發展的中心轉移，意大利經濟繁榮的支柱對外貿易一蹶不振，航海和探險的狂熱也隨之降溫以後，意大利人憑藉解放了的頭腦、開拓精神和批判能力，開始了對人類歷史的反思。在相當一個時期，意大利的史學一直比歐洲其他地方發達。不僅第一部記述美洲新世界的《新世界史》是意大利人彼得・馬特（1455-1526）完成的，而且在文藝復興末期，意大利人把人文主義史學傳遍歐洲，幾乎歐洲各國按照人文主義史學原則撰寫的歷史都是意大利人的手筆。現代意大利歷史哲學家克羅齊（1866-1952）這樣描述意大利人文主義史學的這一輝煌時期：「歐洲其他各地最初的人本主義（應讀爲人文主義——引者注）歷史家都是意大利人，維羅那人保羅・埃米利奧替高盧人寫歷史，他在他的《論法蘭克人的功勳》中替法國人寫出了法國的人本主義史；波利多爾・弗吉爾同樣替英國人寫了英國的人本主義史；柳西奧・瑪里尼奧替西班牙寫了西班牙的人本主義史，其他許多人替其他許多國家寫了，直到出現了本國的專家，不再需要意大利人的幫助爲止。」❻毫無疑問，意大利人文主義歷史學家對西方近代史學的發展作出了重大貢獻。他們衝擊中世紀的神學史觀，芟除舊歷史著作中荒誕迷信成份，把史學從神學變爲人學。在這種努力使史

---

❻ 貝奈戴托・克羅齊：《歷史學的理論和實際》，中文版，傅任敢譯，頁181。

學世俗化的同時，他們還試圖探索歷史事件的因果關係，試圖寫出可信的歷史著作等等，凡此種種都是難能可貴的。

然而隨著時代的進步，特別是進入十八世紀以後，理性的旗幟在各個學術領域高高飄揚，意大利歷史學家的人文主義史學日益落伍。他們囿於傳統，脫離社會經濟文化背景大談帝王將相的個人價值、個人傳記、家族譜系和孤立地羅列政治軍事事件的歷史編纂體例早已變得令人厭煩，他們曾令人耳目一新的復興古代史學的口號而今也顯陳舊，他們言必稱希臘羅馬的學究氣更與朝氣蓬勃滿懷信心奔向未來的資產階級的精神狀態大相逕庭。

伏爾泰對文藝復興有著獨到見解和崇高評價，濃厚的治史興趣使他痛惜人文主義史學的沒落。當他蟄居西雷城堡時，夏德萊侯爵夫人曾對當時歷史著作的現狀有過一番十分尖刻的評論:「我在這種書中看到的只是一些亂七八糟的事件，一大堆缺乏連貫性的瑣碎事實，成千次什麼也解決不了的戰鬥……我拒絕再看這些枯躁空洞的東西，因爲它只會使智力疲倦而不會對智力有所啓發。」❼她請求伏爾泰用新的觀點和方法寫出一部內容廣泛的世界史。於是伏爾泰完成了《風俗論》。這部劃時代的著作與其說是應侯爵夫人的請求而作，不如說是應時代的要求而作。因爲侯爵夫人的感受和籲請，恰恰反映了啓蒙時代進步知識份子對舊史學著作的不滿。

有感於傳統史學的這種落後狀態，伏爾泰提倡將哲學與歷史結合起來，用哲學的精神編寫歷史著作，甚至認爲歷史應當讓哲學家來編寫。1765年伏爾泰寫了一部題爲《歷史哲學》的論著，1769年作爲《風俗論》的新版導言發表。這部論述遠古史的論著

---

❼ 轉引自索柯洛夫:《伏爾泰》，中文版，衆力譯，頁35。

集中闡發了伏爾泰史學理論的基本內容，是他對歷史學的重大貢獻。作爲哲學家關於人類命運和社會發展的歷史思考，伏爾泰因其在歷史上第一次使用了歷史哲學這一概念和初步探討了這一概念的內涵而成爲「歷史哲學」這個新的哲學分支學科的先驅；作爲歷史學家關於歷史事實和史學理論的哲學理解，伏爾泰因其所提出的新的治史原則和理性主義的史學理論在十八世紀具有普遍的方法論意義，從而開闢了歷史學的新紀元。恩斯特・卡西爾（1874-1945）在《啓蒙哲學》一書中指出：

> 伏爾泰的目的正是把歷史提高到超出過分人格化、偶然事件和純粹個人的水準。他的目的不是描述獨特的細枝末節，而是表現時代精神和民族精神。伏爾泰的興趣不在於事件的前後相繼，而在於文明的進步和它的諸因素的內在關係。❽

而伏爾泰在《歷史哲學》一書中則這樣訴說自己從事史學研究的動機和抱負：

> 您希望由哲學家寫古代歷史，因為您想作為一個哲學家來讀它。您只尋找有用的真理，您又講除了無用的謬誤以外您一無所獲。讓我們試圖相互啓發，讓我們從歷史的廢墟中挖掘一些寶貴的遺物吧。❾

---

❽ 卡西爾：《啓蒙哲學》，中文版，顧偉銘等譯，頁210。
❾ 伏爾泰：《歷史哲學》，見沃爾特・布萊克編《伏爾泰最著名的著作》，英文版，頁371。

伏爾泰提倡用哲學精神編寫歷史著作，其實就是用理性主義改造舊史學。因爲在十八世紀，在啓蒙時代，伏爾泰和他的反封建戰友們所理解的哲學精神就是理性精神。他們有時把自己生活的時代稱爲「理性的時代」，有時又稱爲「哲學的世紀」。在他們的筆下，哲學與理性幾乎是同義語。在他們看來，所謂理性，除去與「感性」相對應的認識方式或認識階段的一般認識論含義外，更重要的是指與宗教信仰對立的人的全部理智，是人類認識眞理的自然能力。他們認爲理性是「自然之光」。這種自然之光在中世紀被宗教的信仰主義遮蔽，愚昧、迷信、偏見支配了人類精神一千年。他們相信歷史賦予自己的使命就是恢復自然之光，用理性啓廸人類，使之從宗教迷誤和一切愚昧偏見中覺醒。他們繼承笛卡爾「普遍懷疑」的方法和理性人人天然均等的思想，主張用理性的尺度審查一切，衡量一切，批判一切，堅信旣然人人天然具有理性，發揚理性就能推進歷史前進。這種對理性的推崇和執著，是十八世紀法國啓蒙哲學最鮮明的特徵。伏爾泰首先把它應用於史學研究，在歷史發展的方向、歷史發展的動力、歷史研究的對象、歷史著作的效用等問題上，提出了一系列新的觀點，從而成爲理性主義史學的創始人。

讓我們就這幾個問題作一點具體分析。

希臘神話把人類歷史看成一個退化過程：由黃金時代下降到白銀時代，再降爲銅的時代，最後是鐵的時代。希臘歷史學家剛剛從半是傳說、半是神話的原始觀念中走出來面對歷史現實，他們還缺乏歷史感，他們的歷史著作與其說是認識歷史，不如說是記述現實。希羅多德講的是不久以前發生的波斯與希臘的戰爭，修昔底德記載的是他親身經歷過的伯羅奔尼撒戰爭，另一位古希臘歷史學家色諾芬（約西元前444-前354）最負盛名的歷史著作《遠征記》也不過是記述他自己參加的一次冒險性遠征。歷史的發展方向，或者說人類歷史發展的規律性問題，還沒有進入他們的視野。文藝復興時期的歷史學家批判了金變銀、銀變銅、銅變鐵的古代歷史退化觀念，確立了人是歷史主體的思想，頌揚了十五世紀以來社會在學識、地理和貿易上的光輝業績，但他們並沒有形成歷史進步理論，而是信奉歷史循環論。一方面記述了空前絕後的地理大發現和精美絕倫的藝術成果，另一方面又不承認人類文明不斷推進的規律性，產生這種奇怪現象的根源，在於人文主義的人性論。這些歷史學家相信歷史是人而不是神的歷史，同時又認爲人性永恆不變。人性不變，體現人性的歷史本質上也就具有不變的性質，表面的變化其實只是一種循環。在他們的眼中，人事滄桑，變化無常，卻離不開生死、善惡、福禍、盛衰的永恆主題。他們不同意以金銀銅鐵爲象徵的歷史時期的宏觀劃分，而把歷史看成受基本人性支配的人生瑣事的微觀循環：罪惡與美德、無知與智慧、惡毒與善良、失望與希望，循環往復，無始無終。總之人文主義的歷史觀否定了歷史退化論，卻陷入了循環論。

伏爾泰把啓蒙哲學引入歷史，用理性主義取代人文主義，把全部人類歷史看作理性與迷信、知識與愚昧鬥爭的過程，從而在「發展」的意義上突破了歷史循環論，樹立了歷史進步的觀念。伏爾泰把人類理智和知識的發展看作衡量歷史進步的尺度，既向文藝復興以來的崇古心理挑戰，也衝破了人性不變的循環論觀念。他在自己的著作中反覆強調，人類的理智能力不斷提高，科學、文化、藝術等各種知識和技能也在不斷積累和進步，因而理智必將克服野蠻，知識定然戰勝愚昧。理智和知識的不斷進取、積累和高揚，是人類歷史沿著進步的方向演變的可靠保障。伏爾泰利用一切機會頌揚文明進步，他是堅定的歷史樂觀主義者。他的這種信念，他為理性主義史學奠定的這種歷史進步論基調，充分反映了已經成長壯大起來的法國資產階級蓬勃向上、憧憬未來、追求「理性王國」、開拓歷史新局面的階級自信。

神學史觀是一種天命史觀，上帝的意志支配和推動人類歷史。人文主義史觀專注於王室興衰，戰爭勝負，拘泥於帝王將相的個人命運，歷史循環論限制了人文主義史學家站在哲學的高度探求歷史發展的動力問題。伏爾泰力主歷史進步論，歷史何以前進、社會依靠哪些要素發展，探索這些問題邏輯地成為他的史學理論題中應有之義。

伏爾泰早年認為少數傑出人物決定歷史進程。他在《查理十二史》中主要是根據查理十二和彼得大帝個人的意志行為解釋戰爭和其他事件。嚴格地說，此時的伏爾泰基本上還是沿著傳統史學的思路研究歷史。《路易十四時代》就有了很大變化。雖然在這本書裡，伏爾泰仍然情不自禁地突出了路易十四個人的業績，但他在論述那個時代社會各個領域的輝煌成就時，除溢美路易十四的個人作用之外，還探討了社會的、政治的和經濟的原因，力求作為一個整體來理解一個時代，而不是用一個君王來代替一個時代。在《風俗論》中，傳統的英雄造時勢的思想更有所消弱。當談到影響社會變遷的原因時，伏爾泰認為氣候、政府和宗教影響人的精神，從而影響歷史進程。他還在這部著作中用了許多筆墨探討商業和金融等經濟問題，強調工業和商業在促進社會發展中的作用，認為百年戰爭後法國的復興應歸功於金融家而不是奧爾良少女。《風俗論》對社會經濟生活的關注和對政治與經濟關係的考察，表明他關於歷史發展動力問題的探索有了更多收穫。這種收穫在《帝國編年史》中表達得更爲充分。在那本書中，伏爾泰試圖以經濟上的原因解釋十字軍東征和宗教改革。在伏爾泰看來，十字軍東征的根本原因並不是基督教徒討伐異教徒的宗教虔誠，而是爲了掠奪耶路撒冷人的財富；而宗教改革之所以能得到查理五世的支持、奧地利的馬克西米利安之所以給新教徒以自由，都是爲了錢，因爲當時他們均面臨財政困難。

伏爾泰試圖在歷史人物和歷史事件之外探尋歷史前進的客觀原因，用物質的經濟的需求解釋歷史現象，雖然仍很粗糙，卻是十分可貴的嘗試，爲西方史學注入了眞正的新思想，從而構成理性主義史學的重大特點之一。伏爾泰在史學新道路的探索中取得這樣的成績，正是他力圖把哲學引入歷史，在歷史研究中貫徹他的哲學思想的結果。早在《哲學通信》中他就認爲英國之所以空前強大，不僅因爲它有龐大的艦隊，而且因爲它有豐富的羊毛，出產優良的小麥，建立了許多工場和公司，在世界範圍內進行貿易等等，並且說這種經濟實力比軍事因素更重要，金錢是戰爭的神經。至於法國，伏爾泰說戰爭破壞了法國，是商人拯救了它。同時也應指出，伏爾泰對歷史事件形成原因的解釋是多元的，他看到和重視物質的、經濟的背景因素很深刻，很了不起，但是在他關於歷史前進動力問題的全部思想中，重視經濟、生產、物質因素仍然只占次要地位。主宰伏爾泰歷史觀的並不是歷史唯物論，他也沒有眞正跳出英雄造時勢的舊史學窠臼，因爲伏爾泰雖然在晚期歷史著作中越來越強調歷史決定論，強調歷史發展的物質因素，貶低帝王將相在歷史事件中的作用，但是理性主義本身的性質和伏爾泰對理性產生和傳播的謳歌恰恰表明他的立足點和基本傾向仍然是一種唯心主義歷史觀，只不過在他看來，推動歷史前進的主力不是某一君王，而是站在這位君王身後爲他提供理性指導的思想家或哲學家。他說：「理性必須首先在首要人物頭腦裡確立，然後逐步下達，最後主宰百姓。百姓對理性並不瞭解，但是由於看到他們的長上已經變得溫和節制，於是群起仿效。」⑩在伏爾泰的思想中，能夠提供理性的是哲學家、思想家，他們借開明君主之手推動歷史進步。他雖然不再像早年那樣強調帝王將相個人是歷史的主宰，但他絕對沒有貶低理性和產生理性的「頭腦」的作用。

伏爾泰不僅在《歷史哲學》等著作中，對歷史發展的方向、歷史發展的動力等問題提出了新的觀點，而且如前所述，在《路易十四時代》、《風俗論》等歷史著作編撰實踐中，對歷史研究的對象和歷史編纂的範圍也採取了與西方傳統史學完全不同的方針，開拓了歷史編纂學的新天地。此外，在他新開創的理性主義史學體系中，對歷史著作的效用問題也提出了非常具有時代特徵的見解。

所謂歷史著作的效用，就是研究歷史、編撰歷史著作的目的。作爲啓蒙學者，伏爾泰認爲研究歷史是爲了改變現實，史學應該成爲啓蒙的工具，歷史著作的寫作目標是借鑑古代，糾正現實的謬誤。他信奉英國自然神論哲學家博林布羅克的名言：「歷史是用例子來教導的哲學。」他認爲歷史學家首先應爲讀者提供確切的事實，排除傳說等一切虛妄不實之詞。其次還要善於區分重要的

---

⑩　同②，頁545。

和不重要的歷史事實，抓住、維護和陳述重要的、對啓廸民智有用的事實，盡力排除無用的細節。一個眞正的歷史學家的天職，不是爲黑暗的歷史辯護，而是揭露歷史上的謬誤和罪行，促進社會進步。最後，伏爾泰認爲歷史學家應該把主要精力用於研究現代史。他反對迷信古代，對中世紀也片面地絕對化地採取全盤否定的態度。在他看來，古代歷史淹沒在神話傳說之中，中世紀在封建勢力和教會統治下一片黑暗，沈醉在這些歷史塵埃中無助於激揚理性和教育群眾。總之，伏爾泰十分注重歷史著作的社會效益，直言歷史研究應該服從於和服務於啓蒙這個時代課題。他不但這樣說，而且這樣做。他的歷史著作的選題和內容，無不以是否有利於啓蒙運動定奪。就這一點而言，狄德羅在讀完《風俗論》之後寫給伏爾泰的信中的一段話，也許最集中地表達了伏爾泰理性主義史學的啓蒙本質。狄德羅寫道:

> 其他歷史學家敘述事實只是為了給我們指出這些事實。您敘述事實是為了激起我們的內心深處對虛偽、黑暗、假仁假義、迷信、宗教狂熱和暴政的憤慨。⑩

⑪ 轉引自阿爾塔蒙諾夫:《伏爾泰傳》，中文版，張錦霞、蘇南譯，頁62。

第七章　伏爾泰與中國傳統文化

一、傳教士東來與中西文化交流

在伏爾泰的諸多著作中，論述中國、中國文明、中國知識份子、中國哲學和傳統文化等內容，占有相當重要的份量。爲什麼伏爾泰對遙遠的中國如此感興趣？這既涉及伏爾泰時代中西文化交流的歷史情況，也關係伏爾泰所投身的法國啓蒙運動的現實需要。事實上，在十八世紀，不僅伏爾泰，整個法國都對中國感興趣。可以說在當時法國的政治、文化和宗教生活中，「中國」是一個經久不衰的熱門話題。只是伏爾泰對這個話題談得最多，最熱情，影響也最大。還在伏爾泰最早的哲學著作《哲學通信》中，他就讚揚了中國人發明種牛痘預防天花的智慧，後來在《風俗論》、《路易十四時代》、《無知的哲學家》、《歷史哲學》、《中國通信》、《哲學辭典》、《咏自然法則》等重要哲學和歷史著作中，一再論述中國的政治、經濟、文化，特別是以孔子（前551-前479）爲代表的儒家哲學和道德學說。他創作的悲劇《中國孤兒》更風靡法國舞臺，屢演不衰。伏爾泰推動了十八世紀法國的「中國熱」，並且把法國人當時這種對遠東大國的興趣與啓蒙運動緊密結合在一起。

伏爾泰一生經歷了法國波旁王朝路易十四、十五、十六三個國王的統治。在三位國王的治下，法蘭西盛極而衰，但餘威尚存，仍是歐洲大陸最強大的國家。與此同時，在中國，正値清王朝鼎盛時期，恰巧也是三個皇帝相繼臨朝，他們是康熙、雍正、乾隆。經過三位皇帝「勵精圖治」，地大人多的中國渡過明末淸初的戰亂再現繁榮。表面看來，在十七、十八世紀，中法兩國各居東西強國之首，相互吸引和交往理所當然。然而它們之間又有很大差異。在法國，資產階級作爲新的社會力量正在崛起，在社會矛盾日益加深的同時，科技文化事業也有很大發展，一場生產方式、生活方式乃至社會制度的翻天覆地的大變動正在醞釀之中；在中國，傳統的封建制度依然如故，社會付出巨大代價所換來的，不過是又一次改朝換代的歷史循環。封建關係所能容納的生產力已達極限，而新的生產方式和新的階級力量極爲微弱，科學、技術、文化、教育仍然停留在數百年上千年前的水平。中國古代文化輝煌燦爛，但它早已停滯不前。

距今二三百年前的中法兩國，就像封建之樹上的兩個巨大果實，一個卽將墜地，一個尙牢掛枝頭，儘管它們都早已熟透。談到當時兩國的關係，還得從中國和西方交往之始這個大背景講起。

在歐亞航線和美洲新大陸發現以前，中國和包括法國在內的西歐各國彷彿是世界的兩極。相距遙遠和交通困難，使兩極之間相當膈膜。雖然，中國人早在漢代就知道西方有個大秦——羅馬帝國；中國的絲綢經過輾轉販運也曾被羅馬貴族披在身上以炫耀財富和地位；甚至古代東西兩大帝國也曾有過官方往來：中國史籍記載，東漢和帝永元九年（西元 97 年），西域都護班超遣甘英使大秦，臨海受阻而回，幸而桓帝延熹九年（西元166年）大秦皇帝安敦遣使來華，中國和羅馬帝國終於有了正式外交。史籍載，晉武帝太康年間（280-289）大秦曾又遣使來華通好。但是，羅馬帝國滅亡和歐洲陷入中世紀黑暗歲月以後，兩極的聯繫斷絕竟達千年之久。

十三世紀以後，隨著中國古代四大發明造紙、印刷術、火藥、指南針傳入歐洲，意大利等西歐先進地區首先從中世紀沈睡中甦醒，中國和西歐開始恢復聯繫。那時中國正值元朝，蒙古鐵騎遠征也促進了中西交往。不少教士和商賈東來，神祕的東方大國對剛剛踏入文藝復興時代的意大利和其他歐洲人極具吸引力。這些促進中西文化交流的先行者中，首推馬可・波羅。

威尼斯人馬可・波羅（1254-1324）隨父叔於1271年東行經商，1275年至元上都，得到元世祖忽必烈信任，在元朝任仕十七年，遊歷幾遍神州，並曾奉旨出使緬甸和印度各國。他於1292年初始離中國，1295年末輾轉返抵故鄉威尼斯，1298年在威尼斯與熱那亞戰爭中被俘，於獄中口述東方見聞，獄友魯狄梯謙筆錄成書，是爲《馬可・波羅行紀》。馬可・波羅通過親身經歷，第一次客觀全面地在歐洲人面前展開了一幅東方大帝國地大物博、文明昌盛的宏偉畫卷，使歐洲人大開眼界。《馬可・波羅行紀》被翻譯成歐洲各種文字，十四、十五世紀風行各地，產生了多方面的影響。但是馬可・波羅畢竟是商人之子，他所關心和推崇的主要是當時中國的財富、物產和農工商業經濟生活，對於中國的歷史文物、典章制度、哲學倫理、風俗文化等等精神文明和傳統文化的介紹和研究，歷史留給了後來更具科學文化素養的耶穌會傳教士來完成。

天主教耶穌會士在十八世紀的法國是百科全書派的死敵，頑固維護教權主義，反對宣傳科學與民主的啓蒙思想，但是他們在中國的傳教事業中，卻機會主義地採用了「科學傳教」的手段，利用歐洲數學、天文學、製圖術、製砲術等新興近代科技成果，極力影響與他們接近的中國士大夫，甚至成爲宮廷貴客。在中國明淸兩朝之交的二百多年間，耶穌會士頑強地力圖使中國基督教化，雖然最後以失敗告終，卻在中國傳播了西洋科學文化知識，手段與目的相悖，傳教的目的沒有達到，卻成爲西學東漸的先鋒。他們爲在中國傳教，努力學中文，孜孜研究中國傳統文化，並根據自己的研究心得或翻譯中國經典，或著書介紹中國的政治、經濟、歷史、文藝，他們關於中國的書信和專著譯著紛紛在西歐出版，又成爲促使中學西漸的最早的漢學家。

十六、十七世紀來華耶穌會傳教士中，早期著名人物有意大利人利瑪竇（1552-1610）、德國人湯若望（1591-1666）、比利時人南懷仁（1603-1688）等。僅就利瑪竇而言，他是一位意大利耶穌會士，1582年來華，1600年（萬曆二十八年）晋見明朝萬曆皇帝，因貢自鳴鐘、地輿圖、西洋樂器等新奇之物博得萬曆好感，待以上賓之禮，准其留居京師傳教，1610年卒於北京寓所。利瑪竇既有學問又富心計，神學之外，兼通天文、地理、曆算、幾何之學。來中國之後，他學中文，著儒服，鑽研中國經典。他投合中國皇帝和士大夫「中央帝國」盲目自大心理，在所製世界輿圖中，將中國放在正中。他熟讀四書五經，善於引證中國經典附會天主教教義。他廣泛結交中國學者官僚，藉講授數學物理等西洋科學之機傳教，李之藻、徐光啓等一批中國士大夫先後接受洗禮，傳教四五年即有新入教者二百餘人。他所著《中國札記》是繼馬可·波羅之後在歐洲出版的全面介紹中國的巨著，共出版過四種拉丁文版，三種法文版。

在來華傳教士溝通中西文化的過程中，法國耶穌會傳教士發揮了很大作用。在十七世紀，葡萄牙、荷蘭、英國、法國等先後爭奪海上霸權，各有一套通商、拓展殖民地的東方政策，瞭解和研究印度、中國、日本等東方各國情況成爲當務之急，利用耶穌會士以傳教手段深入東方各國是他們共同的戰略。法王路易十四爲與列強爭雄，在柯爾柏任首相時也開始派遣法國耶穌會士東來。法國選派的傳教士均爲具有各門科學知識和文化素養的一流教士，有些還有法蘭西學院院士，除傳教外，並明確負有研究中國地理、文物制度、工藝美術等學術課題。1688年法國正式派遣的李明、張誠、白晉、洪若瀚、劉應五名耶穌會士攜帶天文儀器來到北京。時值清康熙二十七年。康熙好西學，早年曾從湯若望、南懷仁研究數學。五位法國傳教士來到北京，康熙令留張誠、白晉二人在京學習滿文以備進講，其餘往各省傳教。幾年以後，張誠、白晉將歐幾里得和阿基米德的《初等幾何學》、《應用幾何學》二書譯成滿文，每日爲康熙講解，樊國梁《燕京開教略》一書中說他們每日進講，自朝至暮，孜孜不已。醉心西學的康熙皇帝從他們那裡學了測量學、靜力學、天文學、數學、醫學、解剖學等許多近代科學知識，甚至在宮中設立實驗室以研究化學和藥學。1693年康熙忽患瘧疾，張誠、白晉以所帶金雞納霜進呈，使清帝迅速康復，康熙對傳教士更有好感。在康、雍、乾三帝中，康熙對傳教士採取比較寬容的態度，與他熱心學習、研究西方科學知識不無關係。雍、乾二帝則對傳教活動或禁止或嚴加管束，不過此是後話。康熙信任張誠、白晉，1697年還命白晉回國招聘博學的傳教士，兩年後白晉帶回馬若瑟等十人，使法國耶穌會傳教士在中國的勢力大增。

自利瑪竇以來，耶穌會士在中國傳教取得一定進展，引起也先後東來傳教的天主教其他教派如多明我會、方濟各會的嫉妒和不滿，自十七世紀三四〇年代始，來華傳教的天主教各派之間和耶穌會內部爆發了一場關於中國禮儀問題的爭論。這場持續百年的所謂中國禮儀之爭，雖然只是教會內部的爭執，卻對中西文化交流，對中學西漸，對歐洲人瞭解中國和介紹、翻譯、研究中國文化典籍起了很大促進作用，特別是一些耶穌會傳教士爲了替自己在中國傳教的言行辯護，大量地、不懷偏見地介紹了中國的歷史、地理、政治、經濟、文化、習俗等各方面的情況，其中關於儒家經典和孔子哲學的翻譯介紹，更在客觀上爲十八世紀法國啓蒙學者提供了思想借鑒和理論武器。正與耶穌會士在中國採取「科學傳教」的機會主義策略形成目的與手段的矛盾一樣，他們在歐洲，在羅馬教廷面前爲自己辯護而大量介紹中國哲學和中國文化，其結果是有利於啓蒙學者的自然神論和無神論，而嚴重損害了基督教信仰體系和教會勢力，這是與耶穌會士的狂熱宗教立場相矛盾的，這樣的客觀社會效果也是他們所始料不及的。伏爾泰十分重視這場教會的中國禮儀之爭，在《路易十四時代》一書中，他專門在第三十九章即全書最後一章，以「關於中國禮儀的爭論，這些爭論怎樣促使中國取締基督教」爲題作了精闢分析。

具體來說，中國自古以來有敬祖之禮、祭孔之禮和祭天之禮等禮儀風俗，蕭若瑟《天主教傳入中國考》概括爲：中國敬孔子及敬亡人之禮，指跪拜供獻，及立牌位等而言。受洗入教的中國人能否繼續履行和參與這些中國禮儀呢？利瑪竇等人認爲中國人祭孔子不過是敬其爲人師範，並無求福佑之意，敬祖先牌位不過是盡人子孝思之誠，也不是認爲祖先靈魂即繫於牌位之上，這樣的禮俗與基督教反對偶像崇拜的教義並不矛盾，可以容忍不必深究，否則基督教難以在中國傳播。大多數耶穌會士支持這種意見。法國傳教士馬若瑟、白晉、傅聖澤共同研究《易》、《中庸》、《春秋》、《老子》、《莊子》、《性理》、《淮南子》等書，努力發現其中與基督教教義相合的思想，更倡導中國文化與基督教文化契合論，企圖以此支持利瑪竇等人對中國禮儀妥協的立場，馬若瑟爲此還專門寫了一本書《中國古書中基督教教義之遺跡》。反對派則認爲中國禮典中多有涉於異端者，加入天主教的中國人不能再遵從中國禮俗。例如另一位早期耶穌會傳教士龍華民（1559-1654），長期研究中國經典之後，用西班牙文寫作《關於中國宗教之幾點疑問》一書，認爲根據中國經典的注釋和諸儒之說，可以認定儒家學說是唯物論和無神論，而中國的禮俗是偶像崇拜，是異端。在早期傳教的耶穌會士之間還就基督教所信仰的上帝的中文譯名問題上爭論不休。利瑪竇一派認爲，爲便於傳教不妨利用中國人傳統的「上帝」、「天」等稱呼。龍華民等人則認爲，中國人所祭的「天」是物質的蒼天，不是造化天地的皇天，不能與基督教的信仰混同，他甚至認爲用「天主」二字都不妥，而主張譯爲「泰初」。

1645年多明我會修士就中國禮俗問題向羅馬教廷提起訴訟，來華耶穌會傳教士起而答辯。自此關於中國禮儀問題引起西方各界注意。歷任教皇或禁止向中國禮俗妥協，或默認耶穌會的傳教策略，並多次派教皇特使來中國調查和宣講教令，特使還幾次覲見中國皇帝。自1645年（清順治二年）教皇英諾森十世頒佈有關中國禮俗的教令到1742年（清乾隆七年）本篤十四「特頒斷諭」將禁止禁禮列爲入教首要條件，爭論長達百年。本篤十四的斷諭結束了中國禮儀之爭，中國朝廷則禁止在中國傳教。康熙晚年已有「禁止可也，免得多事」的朱批，雍正時將各省大小教堂拆毀盡淨，乾隆年間更「部議私入傳教處以極刑」。至此耶穌會士在中國的傳教事業以完全失敗告終。至於後來基督教在中國的再度傳播，那是鴉片戰爭以後的事了。

雖然耶穌會傳教士在中國二百餘年的傳教活動和在所謂中國禮儀之爭中一敗塗地，他們在促進中西文化交流中卻獲得意外成功。他們孜孜不倦地將大批中國古籍譯成歐洲各種文字，他們關於中國的書信和研究中國的學術著作的陸續出版，都爲歐洲人瞭解中國提供了豐富的資料，爲法國啓蒙運動提供了思想武器，客觀上起了進步歷史作用。據戈爾遜《中國學書目》所載，這一時期歐洲出版的有關書籍達二百六十二部，未能出版的日記、文書、著作手稿尚有數百種。這些成績凝聚了耶穌會傳教士的心血。利瑪竇是譯四書的第一人。金尼閣（1577-1628）是譯五經的第一人。其後各種中國古籍《論語》、《詩經》、《春秋》、《大學》、《中庸》、《孝經》、《禮記》、《易經》、《書經》、《老子》、《孟子》、《淮南子》等經典以及有關音樂、舞蹈、天文、曆算等方面的書籍一再有人譯爲拉丁文、法文等多種文字在歐洲出版。其中法國傳教士因得到路易十四支持和由政府組織而來，在研究中國各方面情況和介紹中國古代文化方面成績最大。現代西方漢學家公認的十七、十八世紀中學西漸的三大代表作《中國通志》、《耶穌會士書信集》、《北京耶穌會士中國紀要》均爲法國人編撰。《中國通志》，杜赫德編，1735年在巴黎出版，全書四卷，是由二十七位傳教士的報告而編成的中國百科全書。第一卷記中國各省地理，並作從夏至清二十三個朝代的歷史大事記；第二卷論中國的政治經濟，並涉及中國的經書古籍和教育，對《易》、《書》、《詩》、《禮記》、《大學》、《中庸》、《論語》、《孝經》、《小學》，均有內容簡介，對《孟子》更作詳細評述；第三卷論中國的宗教、道德、醫藥、博物，並載元雜劇《趙氏孤兒》的法譯；第四卷記滿洲、蒙古，並涉及朝鮮、西藏研究。此書規模宏大，內容豐富，並挿入白晉等測繪的中國地圖、孔子和康熙的肖像、北京觀象臺等十餘幅鋼版挿圖，十分精美。這部著作的出版極受歡迎，第二年即再版，很快又有兩種英譯本、一種德譯本、一種俄譯本出版，產生很大影響，伏爾泰和其他法國啓蒙思想家孟德斯鳩、霍爾巴赫、魁奈等人關於中國的論述均取材於此。《耶穌會士書信集》，1703-1776 年在巴黎陸續出版，以後又多次增補再版。此書卷帙浩繁，收錄耶穌會傳教士用通信形式所作的報告，前十五卷收集在近東、美洲印度傳教的耶穌會士的信，十六卷到二十六卷均爲中國來信，傳教士將考察所得關於中國的政治制度、風俗習慣、歷史地理、哲學思想、工商情況等均詳加報告。因通信作者無不具有一定水準的學術素養，且論述內容或據中國文獻，或依實際考察，內容充實可信，得到法國和歐洲知識界的信賴和好評，伏爾泰、霍爾巴赫等人從此書獲益匪淺。《北京耶穌會士中國紀要》，1776-1814 年在巴黎出版，共十六卷，是《耶穌會士書信集》的續作，唯體裁不同，《書信集》是通訊集，此書爲論文集。

除以上三大名著外，法國傳教士的其他著作也對促進中西文化交流，特別是使歐洲人瞭解中國古代文化的博大精深和理性明智起了很大作用。例如白晉呈獻路易十四的《中國皇帝傳》(西元1699年)。在這部著作中，白晉論述康熙的風格爲人，認爲路易十四和康熙是東西兩英主。他以康熙近臣的資格，極力讚美這位中國皇帝，把康熙寫成一個仁慈公正、愛護人民、服從理性、節制情慾、熱愛科學、保護學術的理想的君主，一個哲學家君王，並述及康熙承認儒學與基督教的一致性。白晉自己也主張基督教與儒家學說都遵從自然法，二者思想上並無不同。其他如伏爾泰在《路易十四時代》一書中稱道的李明（勒孔德）所著《中國紀事》（1690，巴黎）和四位傳教士奉路易十四敕令編著、1687年出版的《中國哲學家孔子》等，對推動法國人研究中國也起了很大推動作用。

二、十八世紀法國的「中國熱」

伴隨中西海上貿易的初步開展和耶穌會傳教士介紹中國國情及中國文化的著作大量出版，十八世紀的法國形成了一股持續不斷的「中國熱」。這股熱潮始於宮廷波及民間，由追求中國精美的工藝品到推崇中國悠久的精神文明，最終演變爲伏爾泰等啓蒙思想家借助耶穌會士的報告，把中國話題變爲反對天主教神權統治和封建專制主義的思想論壇。

自十六世紀初歐亞海運開通，始而葡萄牙人壟斷中西方貿易，後來又有英、荷兩國與葡萄牙人競爭。葡萄牙商人將中國的絲綢、陶瓷、漆器和各種工藝品販運至歐洲各國，引起歐洲特別是德法兩國上層社會對中國手工業產品和工藝美術品的愛好。路易十四時代柯爾柏創立法國的東印度公司，中國產品更直接大量輸入法國，逐漸形成了社會上層的某種「中國趣味」。中國精美的絲綢錦緞、實用和裝飾瓷器、刺繡和服裝、山水畫及園林藝術等，神祕東方眩目的手工業品和異國情調的造型藝術，令法國宮廷、貴族和平民癡迷。傳教士大量發回的中國報導更誘惑著法國人的好奇心。於是全國上下都捲入了中國熱。似乎中國的一切都令人感興趣。「中國」成爲十八世紀法國人的熱門話題。

1685年法國和暹羅締結外交條約，暹羅國王從自己的王室收藏中精選出絲綢、錦繡、瓷器、漆器、繪畫、屛風等大量中國產品饋贈法國國王，路易十四十分高興，將其中一部分贈予王族寵臣，於是刺激起整個上層社會對中國文物的收集熱潮。凡爾賽宮和其他宮殿不僅裝飾了花瓶、瓷人等許多中國工藝美術品，而且庭園中還仿造中國的樓臺亭塔。法國的商船不僅從暹羅轉口中國產品，而且直接駛往廣州，至少每年一次運回中國貨。文件記載，法國商船阿姆菲特賴奇號 1703 年一次從中國運回的貨物即有:銅、生絲、茶葉、藥品、香料和打包裝運的各種工藝品，包括瓷器一百四十二捆、屛風四十五捆、雕漆衣櫃三十五捆、漆茶盤二十二捆、南京七寶燒一捆、燈籠十二捆、扇子四捆、陶瓷漆器樣本一捆、化妝用品七箱，以及兩廣總督所贈武器、古瓷等禮品。不僅路易十四，路易十五、十六也保持著這種對中國工藝品的嗜好，裝飾宮廷的需要和上流社會群起仿效，使中國產品供不應求，於是許多法國工藝師起而仿造中國工藝品謀利，更使這種中國熱從宮廷波及民間。

1697年來華耶穌會傳教士白晉在巴黎出版《中國現狀志》一書，稱頌遠東風俗，讚賞漢滿服裝。此書主要內容是中國文武官吏和貴婦人的服飾圖繪，作者奉勸法國人仿效。於是法國王室貴族也流行起中國服裝。一次慶典，路易十四化裝成中國人出席，令參加者大為驚奇。1699年某公爵夫人舉辦舞會，返法傳教士李明著中國服裝參加，博得全場喝彩。除服裝外，點中國燈籠、放中國烟火、玩中國鞦韆、持中國折扇、吃中國食品、演中國皮影戲等等也一時成為時髦。蓬巴杜爾夫人養有數尾中國金魚，又引起上流社會養中國金魚風，使十八世紀法國風行的中國趣味更趨濃郁。

中國題材的戲劇也盛行一時，中國式的喜劇和滑稽戲更受到法國觀眾的歡迎。如，1692年12月意大利劇團在巴黎上演五幕大戲《中國人》；1713 年上演鬧劇《道士隱形術與中國宮廷》；1723年上演喜劇《道士·獅子狗·塔·醫生》；1729年上演《中國女王》等等。據戈爾遜《十八世紀中國與法國》一書載，1692 1723、1729、1753、1754、1755、1764、1765、1778、1779各年均有中國題材的新戲上演，其中最成功的當屬伏爾泰的《中國孤兒》。

十七、十八世紀巴黎和法國其他地方並沒有出版過眞正中國小說的譯本，但是社會上流傳著許多托名中國的小說和其他通俗讀物。如1642年巴黎出版拜爾作《著名的中國人》；1712年里昂出版維爾提厄和笛查爾丹著《中國小說情史集》；1744年出版卡桑格《中國間諜歐洲偵察記》等等。其他非小說類通俗讀物大都是一些托名中國的諷刺作品和中國遊記。諷刺作品中包括一些鼓吹革命的著作，遊記則有巴黎1615年出版的拉發爾《遊記》、巴黎1628年出版的葡萄牙人平托《冒險旅行記》法譯本、巴黎1636年出版的腓內斯《從巴黎至中國之旅行記》和巴黎 1663-1672 年出版的四卷本《旅行逸話》等等。

以上可見，十八世紀法國形成的中國熱和中國趣味涉及的範圍十分寬廣。但是無論王公貴族對中國工藝品趨之若鶩，還是平民百姓對中國題材戲劇小說的熱烈歡迎，都只能說是這股中國熱的表層現象，深層的東西蘊含在禮儀之爭中耶穌會傳教士通過在中國長期深入的親身體驗、觀察瞭解和比較研究所生發的對中國文化的敬仰之情中，更體現在啓蒙學者根據耶穌會士的大量著作對中國的政治經濟、歷史文化進行全面分析探討所形成的中國文化觀上。

在羅馬天主教中，耶穌會從成立之日起就不是一個正統的教派。它興起於十六世紀新教出現、基督教世界大分裂的時代，以反對宗教改革、充當聖教干城自命。耶穌會首領羅耀拉倡導用新的方式方法維護舊的教會勢力。與其他教派不同，耶穌會沒有特殊的會服，沒有特別的會址，也沒有特別的宗教禁忌，全憑會士內心信念而不是自苦修行維護會內團結和對外活動。實際上耶穌會士奉行的原則是機會主義和實用主義。他們聲稱爲了維護教會的榮譽，採取什麼手段都是好的。由於耶穌會具有這樣的特點，在明末清初來華傳教的基督教各教派教士中，只有耶穌會士獨具活力。爲了達到傳教目的，他們絕不拘泥古板，既能學中文、穿儒服、「科學傳教」，又主張使基督教適應中國的禮儀風俗，甚至苦心孤詣鑽研中國經典，宣傳儒家思想與基督教的一致性，「考證」六經所言「上帝」、「天」即是基督教所信奉的天地萬物的主宰。同樣，由於耶穌會自身的特點，在傳教士們長期居留中國、深入研究中國文化的過程中，也必然程度不同地受到中國文化一脈相承的理性主義的影響和薰陶，他們原來的宗教狂熱和歐洲人的優越感逐漸淡化，而代之以對中國文明的尊重。他們越是深入瞭解中國文化的豐富內涵和深邃底蘊，越是自覺或不自覺在這種傳統文化的人文魅力面前折服，甚而傾倒。特別是法國傳教士來自中國趣味盛行的國度，本身又具科學素養和學者人格，發生這種嬗變的幾率更大。唯其如此，來華耶穌會士才能在他們的通訊和著作中，高度讚揚中國社會和中國文明，爲歐洲人描繪了一個東方烏托邦。李明在《中國紀事》中讚美中國政治爲古代世界絕無僅有者；讚美中國擁有燦爛文化，說「中國遵循最純潔的道德教訓時，歐洲正陷於謬誤和腐化墮落之中。」❶ 他把孔子的格言十四種譯成法文，在對這些格言的批注中（見《中國紀事》第七封信）將孔子哲學與西方古代哲學進行比較後說：在孔子哲學裡，理性遍及一切時間和地點，即使是塞涅卡也沒有說過孔子的這些名言。白晉不僅在《中國皇帝傳》中稱頌中國的康熙皇帝是有史以來世界上最完美的君主，而且在他與萊布尼茲的長期通信中，向德國數學家和哲學家詳細介紹中國的哲學和文化，在萊布尼茲形成自己崇尚東方文明的中國文化觀中起了很大作用。特別是白晉向萊布尼茲熱情推薦《易經》和八卦圖，使後者得以用他所發明的二進制數學解釋八卦，以大數學家的權威在歐洲學術界高揚了中國古代智慧。四位耶穌會士奉路易十四之命編撰的《中國哲學家孔子》一書，更把中國文明描寫得完美無缺，宣傳中國是值得讚美和模仿的理想國家。實際上不少傳教士在中國文化的長期薰染下早已偏離了他們原來的基督教立場，以至於他們關於中國的許多著作在歐洲或者根本不能出版，或者只能匿名發表。例如僅1688年就有至少兩部關於孔子哲學的著作《中國哲學家，

❶ 伏爾泰：《路易十四時代》中文版，吳模信等譯，頁597。

孔子的道德》和《中國哲學家，論孔子道德教育的書函》在巴黎匿名出版，而像雷孝思的《經學研究緒論》、劉應的《法譯書經》和馬若瑟的《中國無神思想論》等著作，小部分直到本世紀初才出版，大部分至今仍未問世，塵封在梵蒂岡和巴黎的歷史檔案室。總之，耶穌會士本來就不墨守天主教嚴格的教義教禮，他們長期在中國生活和鑽研中國經典，被中國傳統文化的人文精神感染本在情理之中，而他們在中國禮儀之爭中為反擊其他教派攻擊大量翻譯和評介中國古代文化精華，在促使十八世紀法國的中國熱昇溫和昇華中，確實起了很大作用。

促使十八世紀法國的中國熱向深層次發展，由主要是物慾的興趣昇華為精神的追求，除耶穌會傳教士的著作外，法國啓蒙思想家有關中國的大量論述起了更為重要的作用。

在十七、十八世紀，英國和法德兩國對中國和中國人的印象很不一樣。在英國，與中國人有接觸的主要是一些商人。英國商人到過中國沿海的某些窮鄉僻壤，他們關於中國的遊記和報導大都是說中國商人不誠實和中國貧窮落後。德國人由於普魯士王弗里德里希二世本人的文化興趣和德國哲學家萊布尼茲、沃爾夫（1679-1754）都是中國文化的讚美者而對中國和中國文化充滿崇敬之情。法國啓蒙學者通過法國傳教士的著作，除孟德斯鳩和盧梭以外，大都對中國心馳神往。不過不論這些法國啓蒙思想家對中國的政治和文化採取何種態度和發表什麼言論，所依據的都是「他山之石可以攻玉」的同一原則，談論遙遠的東方大國的目的無不圍繞啓蒙運動所面臨的現實問題和為了實現反對法國封建統治的歷史任務。

與伏爾泰齊名的啓蒙學者孟德斯鳩在其名著《論法的精神》

中，對於中國清朝康、雍、乾時代的政治、經濟、法律、文化、宗教、道德、風俗、人口等問題有過不少論述。這些論述與大多數耶穌會士對中國文明的讚美稱頌相反，基本上採取的是批判的態度，特別是批判中國封建專制主義。按照孟德斯鳩的政治學說，古今各個國家的政體可以劃分爲三種，即共和政體、君主政體、專制政體。他認爲中國屬於專制政體。按照他的說法，「專制政體是旣無法律又無規章，由單獨一個人按照一已的意志與反覆無常的性情領導一切。」❷他說，中國的封建專制主義極其殘暴，它像一切專制政權一樣以「恐怖」爲原則，維繫這種統治靠的是「棍子」。他認爲中國雖然形式上也有法律，但這種法律很不完備，條文含混不淸，流弊甚多。他以「大逆罪」爲例說，中國的法律規定任何人對皇帝不敬就要處死，但法律並沒有明確規定什麼叫「不敬」，所以任何事情都可拿來作藉口去剝奪任何人的生命。

盧梭以應徵獲獎論文〈論科學與藝術〉一舉成名。在這部著作中，他否定人類的文明進步有利於淳風化俗。他舉科學與藝術發達的中國古代文明爲例論證他的「文明否定論」。他說：在亞洲就有一個廣濶無垠的國家，在那裡文藝被人尊崇。如果科學和藝術可以淳風化俗，如果它們能教導人們爲祖國流血和鼓舞人民增長勇氣，那麼中國人就應該是聰明的、自由的和不可征服的，然而事實上科學與藝術旣不能矯正中國人的惡德，也不能使他們免遭異族征服。文人學者的榮譽和文明進步的結果不過是使中國「住滿了奴隸和爲非作歹的人」❸。在盧梭爲《百科全書》撰寫

---

❷ 孟德斯鳩：《論法的精神》中文版，張雁深譯，上册，頁3。
❸ 盧梭：《論科學與藝術》中文版，何兆武譯，頁9。

的「政治經濟學」這個辭條中，他也舉出許多有關中國的材料，其結論也是中國社會不好。

由於孟德斯鳩和盧梭在十八世紀的法國知識份子群中具有廣泛影響，他們有關中國的言論與耶穌會士關於中國的報導又如此不同，自然更引起法國人對中國的興趣。就啓蒙學者隊伍內部而言，除孟德斯鳩和盧梭之外，其他啓蒙學者都是中國傳統文化的熱情讚美者。讚揚派的首領當然是伏爾泰。下面我們將要比較詳細地討論伏爾泰的中國文化觀。伏爾泰之外則首推重農學派的兩位代表魁奈和杜爾閣。

魁奈被稱爲「西方的孔夫子」，他於1767年匿名發表的《中國專制政治論》一書，以《中國通志》、《耶穌會士書信集》和李明《中國紀事》提供的資料爲依據，全面論述中國的政治制度和經濟關係，認爲中國的政治制度與重農學派提倡的「合法專制政治」十分契合，中國的君主受自然法和儒家德治思想支配，儒家經典普及社會深入人心，加上諫議制度，皇帝不能爲所欲爲，所以中國的政治制度是一種理想的「合法專制」。魁奈還特別讚賞中國的重農主義，由於他和法國宮廷其他重農主義者的極力鼓吹，法王路易十五1756年居然仿效中國皇帝舉行了一次親耕「籍田」的儀式。杜爾閣與中國文化的關係更爲密切。他的代表作《關於財富的形成和分配的考察》就是專爲兩位當時在法國留學的中國青年寫的。自耶穌會士開始在中國傳教，就陸續有入了教的中國人隨回國傳教士到歐洲，特別是到法國留學。杜爾閣所接觸的兩個中國青年學者，一爲高類思（1733-1780），一爲楊德望（1734-1787），二人均生長於北京，1751 年經教會派遣赴法，1765年回國。杜爾閣與他們兩人相識，通過他們瞭解中國文化和中國國情，並開列了五十二個有關中國的問題請他們回國後進行調查給他答覆。爲了使高、楊二人更好地領悟這些問題的要義，杜爾閣撰寫了《關於財富的形成和分配的考察》一書贈予他們。其他啓蒙學者狄德羅、霍爾巴赫等人也是中國文化的讚揚派。他們根據耶穌會士的著作也把中國理想化，用東方文明和孔子哲學的理性主義，反襯法國封建專制制度的不合理和歐洲宗教狂熱的迷妄野蠻。以百科全書派首領狄德羅爲例。《百科全書》中關於中國的辭條有兩個最重要，即「中國」和「中國哲學」，都是狄德羅本人手筆。從這兩個辭條中可見狄德羅相當廣泛地涉獵了當時已譯爲拉丁文和法文的中國經典。在狄德羅所撰寫的辭條中，他力圖獨立地冷靜客觀地看待中國和中國文化。他評論中國人口過剩所造成的社會問題，批評中國商人狡猾，指出中國人文科學發達自然科學落後等事實，表明他堅持分析和批判的精神。他在「中國哲學」辭條中簡明論述了中國哲學發展史，從孔子、老子講到明末。關於宋明理學的性質，他認爲由於語言翻譯上的困難，難於判定其究竟是無神論、有神論還是多神論，在禮儀之爭引發的關於中國哲學是不是無神論的爭執中，持冷靜愼重的態度。他讚揚孔子學說尊重理性，認爲孔子思想簡明可愛，不談奇蹟，不云靈感，憑藉理性追求治國平天下，暗喻高於基督教文化。在「中國」辭條中，他對中國所下的結論是：中華民族，其歷史的悠久，文化、藝術、智慧、政治、哲學的趣味，無不在所有民族之上。

綜上所述，十八世紀法國的中國熱，由上流社會中國趣味越來越濃厚、中國題材的作品在民間通俗文化中廣泛流傳、耶穌會傳教士對於中國經典和中國文化的熱情介紹、啓蒙思想家借題發揮利用中國話題進行啓蒙宣傳等多種因素形成，並且由於上上下下各個階層各類人等的參與而持續不斷。這是中西文化關係中一段蔚爲壯觀的歷史。正是在這樣的歷史條件和社會氛圍下，才可能孕育出伏爾泰關於中國文化的一系列論著。

三、伏爾泰的中國文化觀

伏爾泰像其他啓蒙思想家一樣主要是通過耶穌會士的著作瞭解中國。不過早在大路易中學讀書時他就會晤過六名留學法國的中國青年，他後來曾談到這些中國學生「講法語時沒有異國語調」。大路易中學還有一些與入華傳教士保持通信往來的神父和教師，其中有一位叫蘇熙業的神父是數學家，與中國保持頻繁的通信；另一位教師圖爾納米納，更是白晉在法國的通訊聯繫人，伏爾泰與他們關係密切，直到中年以後對他們都還很敬重。這些點滴情況說明伏爾泰十幾歲時已經接觸了中國話題。在《風俗論》第一章，伏爾泰明確談到他與著名法國耶穌會傳教士傅聖澤的交往。傅聖澤原名勒·普·富凱，曾與白晉一起在康熙宮中研究和翻譯《易經》等中國經典，伏爾泰說傅聖澤在華二十五年後變爲耶穌會的敵人。除去這些與中國有關人士的交往外，通過伏爾泰在凡爾那的藏書目錄，人們知道伏爾泰爲研究中國，讀過《中國通志》、《耶穌會士書信集》等耶穌會士的著作和他們翻譯的中國典籍。他還參閱過來華多明我會傳教士明閔我激烈反對耶穌會士的論著，以及許多旅行家的遊記，包括1748年倫敦出版的安松《環球遊記》和瑞典人勞倫特·朗格的遊記，後者 1721-1722年曾受彼得大帝的派遣出使中國。總之，伏爾泰長期關注中國，孜孜不倦研究中國文化，在法國持續的中國熱氣氛中，他貪婪地大量閱讀、摘錄了很多資料，從而爲他全面論述自己的中國文化觀打下堅實基礎。

伏爾泰啓蒙活動的中心內容，是批判基督教信仰體系和天主教會的神權統治，他研究中國文化的首要目的和他關於中國文化的觀點，正是爲了更好地與教會鬥爭。在伏爾泰看來，遙遠東方的中國古代文化，是基督教產生以前的文化和基督教以外的文化，高度發達的中國文明的存在本身，就是對基督教教義和教會一系列無知妄說的否定，因而他在許多著作中熱情讚美中國，雖然有時這種熱情也有「過火」之嫌，他筆下的中國變成了「理想國」，但總的來說他的中國文化觀是公允的，他力圖避免孟德斯鳩和盧梭作爲中國文化批判者的偏頗立論。例如：在《路易十四時代》中，伏爾泰譴責教皇和天主教會在禮儀之爭中妄論中國文化和風俗禮儀；揭露教士們自相矛盾，一方面說中國人是無神論者，另一方面說中國禮儀搞偶像崇拜。其實，在伏爾泰看來，這場「激烈而又幼稚的爭吵」十分荒唐可笑。他說，中華民族有著悠久而眞實可靠的歷史和高度文明的古代文化，「當高盧、日耳曼、英吉利以及整個北歐沈淪於最野蠻的偶像崇拜之中時，龐大的中華帝國的政府各部正培養良俗美德，制訂法律，只承認一個上帝，對這個上帝的樸素的信仰始終不渝。」❹但是伏爾泰並沒有盲目肯定一切。他認爲中國人在哲學和文學方面，現在仍然處於歐洲兩百年前所處的狀態。中國人尊崇先師，行事必須止於那條他們不敢逾越的界限，因而限制了中國文化的進一步發展。

---

❹ 同❶，頁598。

科學的進步是時間和大膽精神的產物。由於道德和治國比科學容易理解，而且這兩種東西在中國已經臻於完善，其他百工技藝還未達到這個程度，於是產生這種情況：中國人因爲兩千多年來故步自封、停滯不前，所以在科學方面碌碌無爲，由於它是世界上最古老的民族，它在倫理道德和治國理政方面，堪稱首屈一指。

伏爾泰的中國文化觀集中體現在《風俗論》、《歷史哲學》和《哲學辭典》有關中國和中國文化的辭條中。在這些著作裡，伏爾泰廣泛論述了中國的歷史、法律、政治、宗教、科學、哲學和習俗。前邊討論伏爾泰的歷史哲學和理性主義史學時我們已經談到，《風俗論》一書是伏爾泰按照自己新的史學理論撰寫的世界史。《風俗論》全書四十章，頭兩章和最後一章專門論述中國，前言中又高度讚賞孔子哲學，可見他把中國放在世界史的最突出位置。在《歷史哲學》一書中，伏爾泰專門利用一章（第十七章）論述中國歷史和古老的文明。在《哲學辭典》中，他不但在「中國」等條目中全面發揮了他的中國文化觀，而且在其他條目中也一再談到中國。

綜述伏爾泰關於中國文化的思想，大致可以概括爲如下幾個方面：

第一，伏爾泰雖然認爲中國在近代科學技術方面已經落後於歐洲，但他讚揚中國古代高度發達的物質文明和許多重大科技發明的歷史價值。他認爲造紙術、印刷術、養蠶術、紡織術、精美陶瓷和漆器的製造等等，都體現了中國古代物質文明發達的水準。他像魁奈一樣讚賞中國的重農主義，認爲中國重視農業，以農爲本，舉世無雙。他在《哲學辭典》的「農業」辭條中說，歐洲各國的大臣們應該讀一讀耶穌會士關於中國皇帝重視農業、隆重進行「親耕」儀式和慶祝豐收舉行國家祭典的報導，歐洲的君主們知道了中國皇帝的做法後，應該讚美、慚愧、再加上模仿。他讚揚中國古代的建築和工程技術，認爲中國遠在西元前三百年就有了萬里長城，這不僅是世界建築史上的奇蹟，而且這個宏偉的工程比埃及的金字塔更爲有益。他嘆服中國古代開鑿貫通全國的大運河，認爲這項工程爲世界僅有，極大地便利了中國的交通和中國古代文明的發展，即使以修築大道著名的羅馬人也沒有這樣的魄力和計畫。

第二，伏爾泰不同意孟德斯鳩對中國政治制度和法律的批評，他認爲中國的皇帝統治不是專制政治。他給專制政治下的定義是：「專制政治是君主不遵守法律，任意剝奪人民的生命財產的政治。」❺他說中國人講究「君君臣臣父父子子」的秩序，中國君主遵從德治主義，所以中國老百姓把君主或官吏看作家長，願爲他盡力，「這個龐大帝國的法律和安寧建築在既最合乎自然而又最神聖的法則即後輩對長輩的尊敬之上」❻，而君主、官吏、政府當局以增進人民福利爲義務，負責修築道路、開鑿運河、維護河防、防災賑濟、保護學術等等。君主愛護人民，人民敬重皇帝，並養成了順從的美德。在《風俗論》的最後一章，他詳細敍述了中國政府的構成和運作，稱讚中國政府各部門相互關聯，諫議制度更是對君主權力的制約機制，皇帝雖高高在上卻不能專斷胡爲。他特別稱讚中國的科舉制度，認爲通過考試獲得官職是中國政治制度的優點。他曾說：人類智慧不能想出比中國政治還要

❺ 伏爾泰：《古今歷史》（即英譯《風俗論》），《伏爾泰全集》英文版，第20卷，頁145-146。

❻ 同❶，頁595。

優良的政治組織。

讀者在這裡可以看出，伏爾泰極力美化中國的封建專制主義，像他美化太陽王路易十四的專制主義一樣，是爲了反對路易十五、路易十六的專制統治的政治思想鬥爭的需要。這是歷史的曲筆。肯定就是否定。可以用斯賓諾莎的這個著名哲學命題解釋伏爾泰何以竭力美化中國的君主統治。伏爾泰本人的政治主張是實行開明君主政治，他到處尋找「開明君主」。在西方，他曾先後寄希望於弗里德里希二世和葉卡捷琳娜二世，在東方，他便看中了中國皇帝和中國的政治體制。

伏爾泰同樣盛讚中國的法律，認爲中國法律充滿「仁愛」精神。他說，在中國，無論怎樣偏遠的地方，非經官廳或御前會議的裁決，雖賤民亦不能處以死刑，有了這樣的法律，我不能不主張只有中國是世界上最公正的、最仁愛的民族。在《路易十四時代》一書中，他稱道康熙皇帝「聖懷寬濶」、「善良仁慈」，讚美雍正皇帝：「雍正降旨，帝國各地處理重罪案件，未呈皇上本人親覽(甚至需呈上三次)，不得對人犯處以極刑。頒佈這一敕令理由有二。兩者均與敕令同樣可敬。其一爲：不得視人命如草芥。其二爲：君王對百姓須愛民如子。」❼中國的老百姓，特別是中國的知識份子，對雍正和明清兩朝大興文字獄，動輒株連屠戮數萬人的殘酷專制統治有切膚之痛，絕不會贊同伏爾泰的議論，反而認爲孟德斯鳩關於中國封建法律「大逆罪」的看法更接近事實。但是，伏爾泰不是法學家，他談論中國法律不是研究法學討論法理，他的現實目的是借中國之劍刺法國專制王朝的肌體。我

❼ 同❶，頁601。

們如果聯想一下卡拉案件或拉·巴爾案件，就可以窺見伏爾泰稱頌雍正皇帝的良苦用心了。

第三，作爲歷史學家，伏爾泰特別讚賞中國擁有悠久的歷史和中國歷史著作的理性主義特色。在歷史學研究中，伏爾泰既反對歐洲中心論，又反對基督教的神學史觀，而倡導理性主義史學。在他看來，中國歷史的客觀事實，最生動不過地論證了他的史學理論。伏爾泰指出，早在西元前兩千多年，中國就開始了天文學研究，對日蝕進行了連續不斷的觀測記錄，當其他民族還處於神話時代時，中國就已經有了有文字記載的歷史。他認爲在各個民族中，中國歷史最可信，最有價值。他利用天文和曆法上的證據，證明中國古代史的確實性。他在《風俗論》一書中說，從前歷史著作都因荒唐的杜撰而使歷史失去本來面目，自從中國歷史被發現以後，進步人士無人再信以《舊約》爲根據的世界史的謊言了。伏爾泰稱讚中國歷史不記載超自然的事物和所謂「接受神啓」的半神人物，也很少談論世界的起源等諸般神話，而是自有文字開始就只記下合理的事實。他說，中國古書中沒有任何奇蹟和預言之類的內容，也就是說，遠在四千年前，中國文化已經吐露理性主義的光輝。

第四，關於中國人的宗教信仰問題。伏爾泰是自然神論者，只承認一個超自然的神的存在而否定一切具體形式的宗教。他認爲中國傳統文化中的宗教意識與他的宗教思想十分接近，似乎遙遠、悠久、龐大的中華民族在宗教信仰上也證實了他自己的宗教主張。伏爾泰在《路易十四時代》中說:

> 中國的讀書人，除了崇拜某一至高無上的上帝以外，從來

別無其他宗教信仰。❽

他說，中國人無法瞭解上帝授予亞伯拉罕和摩西的一系列律法，以及所謂彌賽亞的法典，他們只知道「尊崇正義公道」。在《歷史哲學》中，他稱讚中國人的道德完美無缺，中國人的宗教簡單、智慧、莊嚴，擺脫了一切迷信和野蠻痕跡。在《風俗論》中，他力駁禮儀之爭中教會把中國人說成是「無神論者」或崇拜偶像的異端等誣衊言論。總之伏爾泰在這幾部著作中讚揚中國人「原有的」宗教信仰充滿理性和道德精神，不談靈魂不死，不承認來世的報應懲罰，既沒有皇帝的宗教，也沒有可恥的宗教審判，沒有僧侶與皇帝爭吵的煩惱，沒有宗教改革引起的社會震盪，更沒有宗教迫害和宗教戰爭。伏爾泰特別羨慕中國人享有宗教信仰自由，稱讚中國皇帝、官吏和政府的宗教寬容政策。他寫道：「中國文人崇拜唯一的神，卻任人民沈迷於和尚的迷信，他們寬容老子的宗派、佛教和許多其他教派，官吏認爲人民可以享有來自任何國家的宗教，就像他們以粗糧維生一樣。官吏寬容和尚，保護他們。」❾

綜上所述，伏爾泰全面肯定了中國文化，儘管他是根據「爲我所用」的原則來談論中國的一切，在不少問題上美化了二百年前的中國社會，並不符合歷史事實，但是作爲一個崇拜理性、歌頌文明、胸懷世界的啓蒙巨人，他超越了民族、時代和階級的局限，在西方列強躍躍欲試欺凌、掠奪、奴役東方老大帝國的前夜，對

---

❽ 同❶，頁597。
❾ 伏爾泰：《歷史哲學》，見《伏爾泰最著名的著作》，英文版，頁411。

中國人表達了一腔赤誠眞情。誠如伏爾泰在《風俗論》中所言:

> 歐洲的君王和商人在東方所發現的僅僅是財富，而哲學家在那裡則發現了一個新的道德和物質的世界。

讀了這樣的話，今日的中國讀者對伏爾泰怎能不肅然起敬。

四、伏爾泰論孔子和儒家學說

伏爾泰推崇中國文化，當然不能不論及孔子和儒家學說。與他的中國文化觀一致，伏爾泰給孔夫子以崇高評價，對儒家學說的理性主義深表敬仰之情。

伏爾泰說:「我讀孔子的書，並作筆記，我覺得他所說的只是極純粹的道德，既不談奇蹟，也沒有荒謬的寓言。」[10] 這幾句話也許十分準確地概括了伏爾泰對孔子的認識。他在好幾部著作中詳細論述了這種認識，其中《風俗論》最爲詳盡。在該書第二章，他這樣寫道:

> 孔夫子，也就是我們西方人所說的孔子，生活在距今二千二百年前，是一個比畢達哥拉斯（約前580-前500）出現得更早一些的哲學家。他所創立的宗教，目的在於使人遵守舊的道德規範。他一生中，不論是作諸侯國的相國，即高官厚祿之日，還是過著貧困潦倒的流放生活，即顛沛流離

---

[10] 伏爾泰:《哲學辭典》，見《伏爾泰全集》，英文版，第4卷，頁82。

> 之時，都從未放棄過傳授和推行他那一套說敎的使命。他生前共有弟子五千人。這些人在他死後，有的當了國王，有的當了閣老，還有一些成了文人。總之，他們當中沒有一個人是平民百姓。

伏爾泰說，孔子在他的著作中首先指出，凡治理國家的人，必先改造自己的禀性，如同鏡子上蒙了灰塵，必須擦拭一樣。孔子認爲只有治國者不斷求得進步，才能使自己成爲百姓的楷模，進而引導全體百姓進步。伏爾泰認爲，孔子學說的全部內容，都是爲了這個目的。孔子從不以預言家自居，也不自詡爲先知先覺。他對人們最大的啓示，就是要他們「克己復禮」，不斷克制自己的慾望。他的每篇著作都是聖賢之篇，因此中國人也就把他奉爲聖人。他的道德思想像古羅馬強調「忍耐、自制」的斯多葛派哲學家愛比克泰德的一樣純正、嚴肅和人道。伏爾泰說，孔子奉勸人們待人要寬容，不要忘記別人做過的好事，主張人與人之間應該友愛謙遜。在他的教導下，他的弟子親如手足。所以，天下最幸福、最值得推崇的年代，莫過於大家都遵從孔子的倫理道德的年代。

從以上這一番議論可以看到，伏爾泰推崇孔夫子，首先在於孔子的倫理學說。他欣賞「子不語怪力亂神」,不講神道講人道，不講來世重今世，不講迷信求眞理、只談人生道德倫理。伏爾泰於1760年 4 月25日寫給得比內夫人的信中說,孔子鍾天地之靈氣，能分淸眞理與迷信，而只站在眞理一邊。孔子不媚帝王，不好淫色，實爲天下唯一師表。伏爾泰稱頌孔子「以直報怨，以德報德」的格言，認爲西方的格言和教理根本無法與這種純粹的道德相比。伏爾泰特別看重、多次講到孔子「己所不欲，勿施於人」的教誨，認爲這種道德境界遠遠超過了基督教的任何戒律，基督未曾說過這樣的話，《聖經》沒有這樣的字句，耶穌不過禁止人們作惡，而孔子勸導人們行善。伏爾泰說，孔子常說仁義，如若所有的人都遵循這種道德，世界上就不會有戰爭了。爲了表達對孔子的敬意，伏爾泰在他的凡爾那住宅的牆上，掛著一幅這位中國聖人的畫像。

伏爾泰敬重孔子，還因爲孔子是人不是神。伏爾泰在《風俗論》中說，由於孔子的崇高的道德哲學和天下先師的風範，使他在中國享有極大的榮譽，這種榮譽爲任何一個中國人所不曾享有。他說，孔子的家族一直延續下來，在這個只有現任官吏才稱得上是貴族的國家裡，孔家仍不失爲名門貴族，這是因爲人們始終懷念其祖先的緣故。但是，伏爾泰強調說，人們對於孔子的信仰不同於對神的膜拜。人們之所以尊敬他，是因爲他爲人類創造了最崇高的思想，中國人並沒有把他看成神，而只是奉他爲聖人。伏爾泰說，中國人對孔子的崇拜與對皇帝、官府及先輩賢人的崇拜完全是一回事。孔子所做的一切，只是莊嚴地向大家宣講美德，他沒有在人們中間散佈任何神祕的東西，在《論語》一書中，人們看不到任何粗俗的語言和滑稽可笑的寓意之類的玩意兒。

在《風俗論》的前言中，伏爾泰還非常有見地地指出，人們有時把孔子的學說稱爲孔教或儒教，這是很不適宜的。孔子沒有發明新的宗教儀式，他是師表，而不是教主。這裡牽扯到伏爾泰對儒家學派、中國知識份子和教會禮儀之爭中關於中國人是無神論者還是偶像崇拜者的爭論。伏爾泰在這些問題上的意見，實際上同意利瑪竇、白晉、李明等一派耶穌會傳教士的觀點，認爲中國人崇拜孔子先賢，並無祈福求佑之意，並不是偶像崇拜，純粹是向一個古代偉人表達敬意。

如前所述，在來華耶穌會傳教士與天主教其他教派「原教旨主義者」的中國禮儀之爭中，嚴守教規派認爲孔子及其信徒，包括中國官吏和儒生，都是無神論者。在西方，在那個時代，教會宣佈一個人是「無神論者」，就等於宣佈此人沒有道德人格，爲社會所不齒。貝爾的論斷「一個由無神論者組成的社會是可能的」居然成爲轟動百年的大膽哲學命題，而狄德羅由於《供明眼人參考的談盲人的信》一書有無神論傾向便被投入巴士底獄，可見「無神論」在當時是一個多麼嚴重的罪名。十七世紀末，教皇從巴黎外方傳教會選派過一個名叫查理・墨克羅（1652-1730）的教士以代牧主教的身份前往中國主持傳教事宜，這位教皇駐中國的宗座代表根據《論語》一句「天生德于予」，宣佈孔子和中國的讀書人爲無神論者；1700年10月，巴黎大學的索邦學院經過幾場辯論後也宣佈：凡相信中國人爲有神論的人都是異端，因爲中國人所崇拜的「天」是指物質的蒼天。

伏爾泰對教會的爭論極感興趣。他也研究中國人所謂的「天」、「上帝」的字義。他發現中國皇帝的詔書中常用「天」這個字眼兒。他說，乾隆詔書所引孔子「天地之心」一語，譯成西文雖有無神論的味道，但從孔子其他言論看他並未否定超自然的「天」的存在，可見孔子所說的「天」是冥冥之中統治蒼天的皇天。伏爾泰舉出其他許多例證，如康熙御書「敬天」匾額和臨終遺詔、雍正的詔書、中俄尼布楚條約紀念碑銘等，均表明中國皇帝和中國政府確認神的存在，中國人所說的「天」、「上帝」是神的異稱。伏爾泰在《風俗論》中說，入華二十五年的傳教士傅聖澤不止一次對他講過，中國幾乎沒有無神論哲學家。伏爾泰在《路易十四時代》中又引用傳教士李明在其所著《中國紀事》一書中的話說：

> 這個民族將近兩千多年以來，始終保持著對真神的認識。他們在世界最古老的寺廟中祭祀造物主。⓫

經過這一番考察論證，伏爾泰再次肯定孔子和他的後世弟子創立的儒家學派，以及遵奉孔子遺教的中國皇帝、官吏和知識份子，既不是偶像崇拜者，也不是無神論者，而是信奉一種非常古老的、以道德爲內容的理性宗教。他說，中國哲學家看重道德，在他們看來，對神的知識可以不要，道德卻非要不可。在《哲學辭典》中，他讚美孔子和儒生說：讓我再說一遍，學者的宗教是令人欽佩的。沒有迷信，沒有荒謬的傳說，沒有那些侮辱理智和自然的、僧人們給予了一千個不同解釋的教義，因爲他們本來就沒有教義。四千多年以來，最簡單的崇拜在他們看來是最好的。他們滿足於和世界上所有的智者一起崇拜一個上帝。

總而言之，伏爾泰推崇孔子以道德爲本，儒家學說和中國知識份子的理性主義令他欽佩。這裡我們姑且不論伏爾泰對孔子、儒家學派、中國士大夫天道觀的認識是否準確，在他的有關論述中，他力圖把孔子塑造成一個自然神論者的意圖卻是十分明顯的，他要讓東方的聖人支持自己的哲學信仰，用孔子壓倒耶穌，

⓫ 同❽。

用儒家道德說教對抗基督教神學迷信。

五、從《趙氏孤兒》到《中國孤兒》

伏爾泰通過幾部重要歷史著作，充分肯定了中國歷史和中國文化，對東方文明滿懷敬愛之情，描繪了一幅理想化的中國畫卷。作爲一個一生傾心悲劇創作的劇作家，把這種中國理念形象化，用藝術的形式表達出來，是一種早晚要產生的創作衝動。驗證這種伏爾泰創作思路邏輯分析的歷史事實，便是他於 1750 至 1753年之間創作的著名悲劇《中國孤兒》。

1750年至1753年伏爾泰正在普魯士宮廷。這期間發生的好幾件事都與他創作《中國孤兒》相關。一是他爲寫作《路易十四時代》最後一章關於耶穌會士在中國的傳教事業和教會的中國禮儀之爭，正潛心研究中國經典和傳教士的著作，特別是利用弗里德里希二世王家圖書館豐富的中國文化藏書研究孔子和儒家學說，對孔子的道德文章和中國文化充滿敬仰憧憬感情。二是在此期間裡內奧爾盜印了伏爾泰早在西雷時期開始寫作的《風俗論》部分手稿，以《通史概要》書名出版，這個盜印版充滿錯誤並摻雜了別人寫的內容，伏爾泰十分氣憤，決心盡快完成這部著作正式出版以正視聽，由於中國在《風俗論》中占有突出地位，進一步觸動了他的「中國情結」。三是，1750年盧梭出版《論科學與藝術》一書，標新立異宣揚「文明否定論」，對中國文明進行了尖銳批評，伏爾泰讀後非常反感，除直接寫信給盧梭作出激烈反應外，用盧梭所詆毀的戲劇形式針鋒相對公開反駁盧梭的立論，是伏爾泰必然的選擇。此外，還有兩個因素對伏爾泰精心創作《中國孤兒》產生重要影響: **第一**,當時法國正處於「中國熱」的高潮中,中國題材的戲劇受到觀眾歡迎,但沒有出現一部像樣的悲劇,作爲文壇泰斗和悲劇大師的伏爾泰不能對此無動於衷; **第二**,此時伏爾泰對中國文化已有全面而深入的瞭解,對中國人早在三千年前已有自己獨立發展的戲劇敬佩之至,認爲這是堪與希臘悲劇媲美的另一人類文藝之源。中國那麼早就有了戲劇,表明它完善悠久的文明,伏爾泰在《中國孤兒》劇本的序言裡曾明確表達了這樣的看法。再加上中國戲劇勸善罰惡的傳統與他強調文藝作品教化功能的美學思想和文藝理論契合一致,使他對中國戲劇的評價很高。總之,上述多種情況、條件、因素的集合、交匯、醞釀,促成了悲劇《中國孤兒》的誕生,使伏爾泰給中西文化交流的歷史長鏈綴上一顆璀璨的寶石。

《中國孤兒》脫胎於中國戲劇《趙氏孤兒》。《趙氏孤兒》全名《冤報冤趙氏孤兒》,一作《趙氏孤兒大報仇》,爲中國元朝劇作家紀君祥創作的元雜劇。雜劇《趙氏孤兒》故事根據《史記・趙世家》編寫,講的是春秋時期晉國權臣屠岸賈殘殺趙盾全家,搜索孤兒趙武,企圖斬草除根,趙家門客程嬰與公孫杵臼定計救出趙武,由程嬰撫養成人,最後報了寃仇。劇本文詞豪放悲壯,戲劇性強,很有感染力。《趙氏孤兒》由耶穌會傳教士馬若瑟於 1732-1733 年間譯成法文,收進《中國通志》第三卷。伏爾泰先是從《法蘭西信使報》上看到有關劇情介紹,引起他的興趣,後在《中國通志》裡反覆研讀了劇本。伏爾泰的藏書上留有印記,表明後來他創作的《中國孤兒》,的確取材於這個中國劇本。伏爾泰在《中國孤兒》1755年出版時附在劇本前的獻詞中也公開聲明: 我是不久前在讀了馬若瑟神父譯的《趙氏孤兒》一劇後萌發了創作此劇的念頭的。不過他認爲原作過於複雜，「趙氏三百口人滿門抄斬」血腥味太濃，同時原劇缺少戀愛情節，不能適應法國觀眾的趣味，也不合乎「三一律」，於是根據新古典主義悲劇的標準對《趙氏孤兒》作了脫胎換骨的再創作。

伏爾泰把劇本背景從西元前五世紀後推一千八百年，改爲發生在蒙古人建立的元朝；把戲劇衝突由諸侯國家內部文武不和變爲兩個民族之間的文野之戰；把故事的時間跨度由二十五年變爲一日之內；把故事發生的地點改爲汗八里（元大都，現北京）距王宮不遠的大臣私宅裡；至於人物，幾乎全部重新設計。原作中弄權、作難、除奸、報仇等情節也全部刪除，只保留了最基本的情節：搜孤救孤。伏爾泰之所以對《趙氏孤兒》如比大動手術，除去適應法國演員和觀眾的要求之外，更重要的原因是他要通過戲劇表達他對中國文化的看法，批駁盧梭對文明的攻擊和對中國悠久文化的否定。

伏爾泰所創作的悲劇《中國孤兒》故事梗概是：韃靼征服者成吉思汗鐵木眞攻占北京，中國皇族被屠殺殆盡，只留下一個孩子。成吉思汗下令搜出這個「中國孤兒」並把他也殺死，以滅絕整個中國朝廷。遺臣張惕從入侵者的屠殺中救出這個孤兒，爲保住這個帝國法定繼承人，與妻子易達梅一起決心用自己的孩子頂替皇子以應付搜查。當成吉思汗見到張惕一家，意外發現張妻原來就是自己年輕時來北京求學曾經愛上的姑娘易達梅。當時由於易達梅父母反對，他們不得不分手，易達梅後來順從父母意願嫁給張惕，內心仍保留了對鐵木眞的衷情。兩位舊情人邂逅相遇，產生一連串感情衝突，成吉思汗時而想以武力排除障礙，殺死孤兒，強佔易達梅，時而又感情脆弱不知如何決斷。最後他要求易達梅與夫君離婚，委身自己，這樣可以挽救張惕、孩子和帝孤的生命，否則全部處死。易達梅拒絕了成吉思汗提出的交易。張惕和易達梅臨危不懼，要求允許他們訣別，成吉思汗同意了這對夫婦的要求。易達梅拿出匕首，要丈夫將她殺死，然後自殺。夫妻以雙雙自盡的決心，在暴君面前展示了靈魂的高潔。張惕舉起匕首，千鈞一髮之際成吉思汗破門而入，繳下了他手中的兇器。顯然，成吉思汗在門外聽見了張惕夫婦的對話。由於易達梅的魅力和中國朝臣一家寧死不屈的英雄行爲，使粗魯但願意接受高尚思想的成吉思汗大爲感動，決定赦免張惕夫婦和兩個孩子，並說：我十分佩服你們，你們已經將我征服。當易達梅問他是什麼因素使他變得如此寬厚時，成吉思汗回答：你們的德行。這是點睛之筆，也是作品的主題所在。這不單是成吉思汗個人的文明化，成吉思汗將率領他的同胞皈依正統。被征服者征服了征服者。文明征服了野蠻。中國的文化和道德使入侵者降服。成吉思汗決定保留張惕的職務。全劇以成吉思汗對張惕夫婦說的幾句韵白結束（第五幕第六場）：

請用理性、公正和習俗教化百官，
讓被征服的民族統治征服者，
以他們的智慧統帥勇氣，
將國家治理。⑫

劇本《中國孤兒》有一個副標題「五幕孔子道德劇」。伏爾

⑫　本段及下文所引《中國孤兒》臺詞，均見伏爾泰：《中國孤兒》《伏爾泰全集》英文版，第8卷。

泰正是要通過這個戲，弘揚中國文明和儒家道德學說。他曾說：「《趙氏孤兒》是一篇寶貴的大作，它使人瞭解中國精神，有甚於人們對這個大帝國所曾作和將作的一切陳述。」⑬ 他所說的「中國精神」，指的就是儒家學說的道德力量。伏爾泰熟悉中國歷史，瞭解紀君祥創作《趙氏孤兒》的時代背景「宋元鬥爭」，瞭解南宋儒臣張世傑、陸秀夫、文天祥等人英勇頑強抗擊侵略者的光輝事跡。在他看來，無論紀君祥在《趙氏孤兒》中塑造的那些獻身保國的藝術形象，還是南宋儒臣英勇不屈的歷史形象，都是孔子哲學和儒家思想孕育出來的英雄，他們身上體現的文明教養和傳統美德，正是崇高的「中國精神」。伏爾泰之所以特別欣賞《趙氏孤兒》，之所以決心改編這個中國劇本，即是領悟了這種「中國精神」並決意在歐洲表現、傳播和弘揚這種精神。他在 1755 年致友人的信中不止一次提到劇作《中國孤兒》是爲了在舞臺上「大膽傳授孔子的道德」，他甚至設想過在舞臺上懸掛孔子的畫像，把男主角張惕設計成孔門後代，讓他以孔夫子的口吻講話，只是考慮到法國觀眾的欣賞習慣他才沒有這樣作。儘管如此，觀眾在《中國孤兒》所塑造的忠君保孤的大宋遺臣張惕和在強權面前寧死不從的易達梅兩個形象身上不難發現儒家美德的光芒。

如上所述，《中國孤兒》是針對盧梭否定文明，認爲藝術和科學的發展使人墮落、給人帶來不幸的論點而創作的。盧梭曾以中國爲例，說高度發達的中國文化只是使這個東方大國充滿罪惡和遭受韃靼人的蹂躪。他嚮往人類的原始狀態，認爲未受文明腐蝕的野蠻人才眞正具有良俗美德。在《論科學與藝術》一書中，

---

⑬ 轉引自《中國比較文學》雜誌，1987年第 4 期，頁163。

他引用一句拉丁文作題頭語:「我在這裡是個野蠻人。」爲反駁盧梭,伏爾泰在《中國孤兒》中特別點到「野蠻人」。他告訴盧梭,征服中國的韃靼人正是他所讚美的「野蠻人」。當成吉思汗威脅要殺死易達梅的丈夫和兩個孩子時,女主角向他喊道:「野蠻人!」成吉思汗則回答:「我正是野蠻人!」不僅如此,伏爾泰在劇中還告訴觀眾,盧梭自詡的「野蠻人」究竟意味著什麼。他讓成吉思汗有一刻也對韃靼人的野蠻行徑表現出厭惡(第四幕第三場):

我周圍所見,皆是餓鬼、兇手,
血迹斑斑,
他們聽從屠殺的號令,為的是搶刼蹂躪;
他們生來就為了征戰,絶非為我的朝政。
我痛恨他們。

這些占領者到處殺人放火,只會破壞,這就是野蠻人的眞實面目,這樣的野蠻人有何良俗美德可言?相反,文明可以淳風化俗,只有像中國這樣具有古老文明的國家才可能有高尚的道德和優良的禮俗。伏爾泰把成吉思汗塑造成一個野蠻而又不甘心野蠻的韃靼人首領,用意頗深。似乎藉成吉思汗之口反駁盧梭更有說服力。在《中國孤兒》中,當成吉思汗燒了那麼多城池,殺了那麼多人,終於占領中國以後,他卻發現了一個與韃靼人迥異,令人不能不慨嘆的民族(第四幕第二場):

我看到一個古老的民族,
地大物博,靈巧勤勞,

歷代皇帝的權威建立在大睿大智之上，
就連鄰國的君王也恭順地稱臣，
他們不用武力就能統治天下，
以良俗美德治民理國。

伏爾泰不僅通過劇中人物之口反駁盧梭、讚美中國文明，而且利用戲劇衝突和情節轉換以及正面人物經受考驗表達他的中國文化觀，特別是塑造孔子道德和儒家經典浸潤培育的英雄人物的愛國情操和民族自豪感。是什麼精神促使主人公張惕決意捨棄自己的親生兒子以救帝孤？是忠君報國的儒家道德信念。是什麼力量支持張惕雖受嚴刑拷打卻寧死不屈？是「士可殺不可辱」的凜然正氣和人格尊嚴。伏爾泰讓劇中行刑者這樣形容張惕（第五幕第二場）：

什麼危險都不能使他動搖。
什麼好話都打動不了他的心。
……
他冷眼觀望著酷刑，
嘴裡只重複著責任、正義；
他無視我們的勝利，
那講話的語調就像他是法官，
向我們宣講法律。

至於作者鍾愛和著意刻劃的女主人公易達梅，更在戲劇衝突一開始就表達了文明終將戰勝野蠻的堅定自信（第一幕第一場）：

我也曾私下轉過一個念頭，
想用我們中國文化的力量，
把這一隻野心勃勃的獅子收服過來，
用我們的禮教道德感化這個野蠻的韃子，
讓他歸化中國。

當劇情逐漸推向高潮，伏爾泰更讓他的女主人公直白了他所推崇的「中國精神」(第四幕第四場)：

我們的國朝建立在父權上，
建立在倫常的忠信、正義、榮譽
和守約的信義上。
換一句話說，
孝悌忠信禮義廉耻
就是我們立國之本。
我們大宋朝雖已被推翻，
可是中國精神永遠不會滅亡。

似乎這還不夠。爲了深化主題，伏爾泰還要讓征服者成吉思汗從野蠻和不甘野蠻的性格特徵再進一步：向文明轉變。他對女主人公說（第五幕第六場)：

大宋朝的法律、風俗、正義和真理
充分表現在你的身上。
你可以把這些寶貴的教訓，

向我的人民宣講。
現在打了敗仗的人民要來統治
打勝仗的君王了，
忠勇雙全的人値得全人類尊敬。
我要以身作則，
從今天起我要改用你們的法律。

《中國孤兒》於1755年8月20日在法蘭西喜劇院首次正式公演，立即轟動巴黎，觀眾反映異常熱烈。一位當時的劇評家甚至這樣描寫演出盛況：「全國都來了，上演伏爾泰的一齣悲劇是件國家大事。」[14]此後直至十九世紀中葉，這齣戲一直作爲法蘭西喜劇院的保留節目不時演出，總計高達一百九十場次。進入二十世紀以後，法國的藝術家們又兩次使它再現舞臺，一次是1918年，另一次是1965年。1990年7月，伏爾泰的《中國孤兒》由天津人民藝術劇院在中國天津首次公演，至今仍活躍在中國舞臺上的「趙氏孤兒」，終於見到了他的法籍兄弟。

---

[14] 普瓦齊內：《就＜中國孤兒＞一劇致一位守舊派的信》，載《法蘭西水星報》，1755年9月份，轉引自《天津大學學報》1990年第5期，頁58。

伏爾泰年表

1694年　誕生

11月21日伏爾泰生於巴黎，姓阿魯埃（Arouet），名弗朗索瓦·馬利（François-Marie）。伏爾泰（Voltaire）是他的筆名。

他的祖先是呢絨和皮革商人。父親是巴黎夏德萊區法院的公證人。母親瑪麗·馬格麗特。兄名阿爾芒，妹瑪利亞。

1701年　7歲

母親去世。

1704年　10歲

10月，進耶穌會辦的大路易中學讀書。這是一所貴族學校，教授內容以傳統的神學和人文學科爲主，保持著文藝復興時代的習慣，經常舉行拉丁語和法語的戲劇表演，培養了伏爾泰對戲劇的愛好，打下了良好的文學功底。伏爾泰在大路易中學讀了七年書，期間深受自由主義思潮影響。在他的同學當中，有些貴族子弟後來成了王朝大臣，如達讓松兄弟、達讓塔爾、里舍利厄等，他們在未來伏爾泰陷入困境時，程度不同地給他以幫助。

1711年　17歲

8月，中學畢業。迫於父命，續讀法科學校。

在大路易中學讀書期間，伏爾泰結識了巴黎一群稱爲「聖殿集團」的貴族紈袴子弟。這批人的首領是法蘭西大修道院院長菲力浦·德·望都姆公爵。在他的周圍經常聚集一些不得志的王公貴胄，終日飲酒作樂，賦詩言志，譏諷朝政，不敬神明。不久以後成爲攝政王的奧爾良公爵有時也參加他們的聚會。伏爾泰混跡於「聖殿集團」，喜歡與他們一起高談濶論。

1713年　19歲

9月，伏爾泰從法科學校退學，以隨員身份隨教父沙多納夫的兄弟、法國新任駐尼德蘭大使沙多納夫侯爵赴海牙。

12月，因不服大使管束被遣送回國。隨即開始在巴黎一家律師事務所作見習律師。

1714年　20歲

伏爾泰以寫諷刺詩開始其文學生涯，其父深恐愛子舞文弄墨招惹是非，令他住到古馬爾丁侯爵的鄉間別墅，跟隨侯爵學習法律，同時聽這位資深大臣講述路易十四朝歷史典故。伏爾泰開始構思和寫作史詩《亨利亞特》與悲劇《俄狄浦斯王》。

1715年　21歲

路易十四逝世，年幼的路易十五繼位，由其叔祖菲力普·奧爾良公爵攝政。攝政王生活腐化，賣官鬻爵，政治黑暗，伏爾泰寫了兩首諷刺詩諷刺奧爾良公爵。

1716年　22歲

因兩首諷刺詩獲罪，被攝政王命令放逐到巴黎迤南的蘇里，10月獲准返回巴黎。

1717年　23歲

5月，因寫諷刺詩《我曾看見》和《幼主》觸怒攝政王，5月16日伏爾泰被捕，在巴士底獄囚禁了十一個月。在獄中，他完成了悲劇《俄狄浦斯王》，並繼續創作史詩《亨利亞特》。

1718年　24歲

4月11日獲釋。用「伏爾泰」作筆名發表處女作《俄狄浦斯王》。11月18日該劇公演受到好評。

1721年　27歲

夏天，遭人襲擊受傷。

1722年　28歲

1月，父親去世，伏爾泰獲得一部分遺產。以後他又從事各種經營活動，不久致富。

同年發表〈贊成和反對〉一詩。

年末到蘇斯拜訪僑居法國的英國政治家博林布羅克，聽講自然神論哲學。

1723年　29歲

2月，到魯昂找同學西德維爾，安排《亨利亞特》出版事宜。秋天該詩祕密出版於魯昂，並運入巴黎。

1724年　30歲

寫悲劇《瑪麗安娜》和喜劇《冒失鬼》。

1725年　31歲

12月，遭貴族洛昂騎士侮辱。

1726年　32歲

3月28日，由於洛昂騎士誣告再入巴士底獄。

5月初被押送到加來，渡加來海峽，流亡英國。會見英國諸多名流。

1727年　33歲

3月，參加牛頓葬禮。

1728年　34歲

《亨利亞特》在倫敦再版。

寫《查理十二史》和《哲學通信》。

1729年　35歲

4月，回到巴黎。寫作《奧爾良少女》。在英三年，學習洛克哲學，考察英國君主立憲政治體制，伏爾泰終於形成自己自然神論的哲學思想和民主政治理想，回到法國以後，更自覺地開始了反對教權主義和封建專制的鬥爭。

1730年　36歲

3月，女演員勒庫弗勒去世，教會不准葬於墓地，伏爾泰極爲悲憤，寫〈勒庫弗勒小姐之死〉以表抗議。

12月，於英國創作的悲劇《布魯圖斯》上演獲得成功。

1731年　37歲

10月，《查理十二史》在魯昂祕密出版，並運入巴黎。

開始寫悲劇《凱撒之死》。

1732年　38歲

8月，伏爾泰反宗教狂熱的著名悲劇《查伊爾》公演受到歡迎。這一年中，他還完成另一悲劇《愛麗菲勒》和評論文章〈趣味的殿堂〉，並著手寫《路易十四時代》。

1733年　39歲

《哲學通信》英文版在倫敦出版。

夏天，結識夏德萊侯爵夫人。

1734年　40歲

《哲學通信》法文版在魯昂出版，遭教會攻擊，巴黎高等法院下令燒毀該書。伏爾泰於5月逃往西雷城堡避難，6月《哲學通信》出版商諾爾下獄。10 月夏德萊侯爵夫人到西雷與伏爾泰會合。這一年的夏季，伏爾泰隻身在西雷撰寫《形而上學論》、《論人》，並完成悲劇《雅勒齊爾》，《雅勒齊爾》兩年後公演。

1735年　41歲

3 月，經友人疏通，國王撤消對伏爾泰的密札通緝，允許他返回巴黎。

1736年　42歲

第一次申請法蘭西學院院士，落選。

喜劇《浪蕩子》演出成功。

1737年　43歲

與夏德萊侯爵夫人一起參加法蘭西科學院組織的有獎徵文活動，伏爾泰提出的論文題爲〈論火的性質〉，結果未獲獎。

寫悲劇《梅洛普》。

1738年　44歲

《牛頓哲學原理》在荷蘭出版。

發表哲理詩《論人》。

1739年　45歲

完成哲理小說《米克洛梅格》。這一年在巴黎遇到愛爾維修，邀請他去西雷。在此之前，愛爾維修已與伏爾泰通信，伏爾泰對其熱情指導和鼓勵。

1740年　46歲

伏爾泰早已與普魯士王太子弗里德里希通信往來，這一年王太子卽位，伏爾泰應普魯士新國王弗里德里希二世之邀短期訪問柏林，11月成行，12月 2 日返法。

1741年　47歲

完成悲劇《穆罕默德》，4月在里爾上演。

1742年　48歲

8月，《穆罕默德》在巴黎公演。

年底，出使普魯士。

1743年　49歲

1月，第二次競選法蘭西學院院士，仍被阻撓未成。2月，《梅洛普》公演。3月，巴黎高等法院下令取締此劇。6月，再次出使普魯士，11月回國，被允許返回巴黎。11月，當選爲英國皇家學會會員。

1744年　50歲

年初返回西雷。秋天再去巴黎，應老同學里舍利厄公爵之邀助其籌辦王太子的婚禮，伏爾泰爲此創作《納瓦爾公主》。與法王路易十五的關係有所好轉。

1745年　51歲

2月，伏爾泰篤信冉森派教義的兄長阿爾芒病逝。4月，伏爾泰擔任宮廷史官。5月，寫頌詩〈豐特諾瓦〉。也是在這一年，伏爾泰結識達朗貝。

1746年　52歲

4月，第三次競選法蘭西學院院士成功，5月9日發表就任院士例行演說。

這一年伏爾泰當了路易十五的侍臣。與此同時，他加強了與新一代啓蒙學者的聯繫，除達朗貝外，又結識馬爾蒙代爾和讓・雅克・盧梭。

創作方面，著手寫《如此世界：巴蒲克所見的幻象》、《查第格，或命運》、《門農》等哲理小說。

1747年　　53歲

元旦，因一首詩得罪王后，只得返回西雷。

1748年　　54歲

年初，與夏德萊侯爵夫人一起拜訪住在呂內維爾的波蘭前國王。

8月，悲劇《塞米拉米斯》公演。

1749年　　55歲

出版劇本《塞米拉米斯》，將致基里尼紅衣主教的一封信作爲序言收入該劇本，題爲《論悲劇》。伏爾泰的一喜一悲兩個劇作分別於6月和8月上演。它們是《納尼娜，或戰勝了的成見》和《得救的羅馬》，同時完成另一悲劇《俄瑞斯特》的創作。

伏爾泰在這一年裡與狄德羅建立聯繫，開始參與《百科全書》的編撰工作。

9月10日，夏德萊侯爵夫人逝世，伏爾泰承受了難言的哀痛，10月離開物在人亡的西雷城堡，回到巴黎。

1750年　　56歲

1月，德尼夫人與伏爾泰住在一起。德尼夫人是伏爾泰妹妹的女兒，婚後孀居。此後，她充當伏爾泰的管家，陪伴舅舅二十餘年，最後繼承了伏爾泰的遺產。

5月，發表《聖賢和百姓的聲音》，第一次使用「消滅敗類」的口號。

6月，應邀去普魯士宮廷任職。

1751年　　57歲

這一年，《百科全書》第一卷問世，法國啓蒙運動高潮來臨。伏爾泰在柏林出版嘔心瀝血之作《路易十四時代》。

1752年　58歲

發表《爲英國紳士博林布羅克辯護》，並準備撰寫《哲學辭典》。

因參與柏林科學院院士柯尼希與院長莫柏都依的糾紛，伏爾泰與僞裝「開明君主」的弗里德里希二世發生衝突，寫《教皇御醫阿卡基亞博士的諷刺》，12月24日普王下令公開焚毀此書。

1753年　59歲

伏爾泰決心離開普魯士。3月26日起程，幾經波折，7月初始抵法國的美因茲，後轉往科馬爾小住，寫哲理小說《老實人》和《回憶錄》。

1754年　60歲

完成悲劇《中國孤兒》。

1755年　61歲

1月，購買日內瓦附近的德利斯。伏爾泰幾年來一直在尋覓一個定居地，德利斯是第一處。這年夏天，《中國孤兒》在巴黎上演，大獲成功。早已創作的《奧爾良少女》也公開出版。

11月，葡萄牙首都里斯本發生大地震，死傷慘重，教士乘機興風作浪，歐洲各地人心惶惶。

1756年　62歲

針對地震引起的迷信和混亂，伏爾泰寫了《里斯本的災難》，連同1752年作《咏自然法則》一起發表，宣傳科學精神，批判宗教迷誤。

這一年中，伏爾泰另一史學力作《試論通史和各國人民的風俗和精神》簡稱《風俗論》出版。

1757年　63歲

《百科全書》第七卷出版，其中達朗貝作「日內瓦」一條引起百科全書派內訌，伏爾泰盡力說服大家團結爲重。

2月，接受俄國伊麗莎白女皇約請，撰寫《彼得大帝史》。

1758年　64歲

4月，購置凡爾那和圖爾納兩處地產。

1759年　65歲

完成《唐克萊德》和《蘇格拉底》兩劇本。

反擊耶穌會士對《百科全書》和《咏自然法則》的攻擊，伏爾泰發表〈耶穌會士貝蒂埃患病、懺悔、死亡和顯靈的紀錄〉一文。

《彼得大帝治下的俄羅斯帝國史》第一卷出版。

1760年　66歲

「小品詞之戰」，還擊蓬皮尼昂對百科全書派的攻擊。7月諷刺政敵佛勒龍的喜劇《蘇格蘭女人》公演。

1761年　67歲

發表《向歐洲各國人民號召》。

出資重建凡爾那小教堂，並建成凡爾那劇院。

年末，西班牙思想家奧拉維德來訪十天。1778年此人犧牲於西班牙宗教裁判所。

1762年　68歲

摘編梅里葉《遺書》，在日內瓦出版。

發表《五十個說教》。創作悲劇《奧林匹亞》。

3月，開始爲卡拉寃案平反的活動。

1763年　69歲

爲爭取卡拉平反全力以赴。《俄國史》第二卷出版。

1764年　　70歲

出版哲理小說《讓諾和科蘭》。

《哲學辭典》在日內瓦匿名出版，並運入巴黎。

1765年　　71歲

完成《共和思想》。3月9日巴黎高等法院爲卡拉正式平反，伏爾泰領導的這一平反冤案鬥爭大獲全勝。

1766年　　72歲

出版《無知的哲學家》。

寫《記拉·巴爾騎士之死》。

1767年　　73歲

完成中篇哲理小說《天眞漢》。

1768年　　74歲

出版《有四十個金幣的人》、《巴比倫公主》、《甲乙丙對話錄》和《日內瓦內戰》。9月，巴黎高等法院下令沒收《有四十個金幣的人》。

1769年　　75歲

出版《巴黎高等法院史》。寫悲劇《祆教徒，或寬容》。

發表《致王國全體行政官員的請願書》和致信俄國女皇葉卡捷琳娜二世，讚揚她的法律改革。

1770年　　76歲

《關於百科全書問題》出版。

爲平反蒙巴伊夫婦冤案而鬥爭，發表《阿拉斯法院的謬誤》。

4月，內克爾夫婦提議，狄德羅、達朗貝、愛爾維修等人參加發起爲伏爾泰塑像募捐活動。

9月，達朗貝、孔多塞來訪。

1771年　77歲

寫悲劇《米諾法典》。

1772年　78歲

發表《假裝正經的女人》、《哭的讓和笑的讓》、《米諾法典》等。

1773年　79歲

博馬舍在所著《回憶錄》中，揭露法院貪汚受賄內幕，得到伏爾泰有力支持。

1774年　80歲

5月，路易十五去世，路易十六繼位。

9月，杜爾閣出任財政總監，著手經濟改革，得到伏爾泰熱情支持。

1775年　81歲

寫《理智史讚》。

1776年　82歲

《終於得到解釋的聖經》出版。

1777年　83歲

寫悲劇《伊雷娜》和《阿加多克爾》。

1778年　84歲

2月10日返回闊別二十九年的巴黎，會見狄德羅、杜爾閣、富蘭克林等。

3月30日，上午出席法蘭西學院院士會議，當選爲以後三個月的主席，組織編寫法語辭典；下午觀看法蘭西喜劇院演出《伊雷納》。

5月11日，生病。

5月26日，寫最後一信，致拉利將軍之子，對拉利將軍得到昭雪表示祝賀。伏爾泰曾爲平反拉利寃案盡力。

5月30日晚11時去世。

參考書目(一)

路易・莫蘭編:《伏爾泰全集》,巴黎,1877-1885,法文版。

威廉・弗萊明編:《伏爾泰全集》,紐約,1929,英文版。

沃爾特・布萊克編:《伏爾泰最著名的著作》,紐約,1927,英文版。

伏爾泰:《哲學通信》,上海,1961,高達觀等譯,中文版。

伏爾泰:《路易十四時代》,北京商務,1982,吳模信等譯,中文版。

伏爾泰:《形而上學論》,王太慶節譯,載《十八世紀法國哲學》,北京商務,1963,中文版。

伏爾泰:《哲學辭典》,北京,1991,王燕生譯,中文版。

伏爾泰:《伏爾泰小說選》,北京,1980,傅雷譯,中文版。

約翰・莫利:《伏爾泰》,載《伏爾泰全集》,英文版,紐約,1929。

安德列・莫洛亞:《伏爾泰傳》,巴黎,1935,法文版;中譯見傅雷:《傅譯傳記五種》,北京三聯,1983。

阿爾塔蒙諾夫:《伏爾泰評傳》,北京,1958,馬雍譯,中文版。

西奧多・柏斯特曼:《伏爾泰》,芝加哥,1976,英文版。

阿・歐・奧爾德里奇:《伏爾泰與啓蒙時代》,普林斯頓,1975,

英文版。
彼得・蓋伊:《伏爾泰的政治學: 現實主義詩人》，普林斯頓，1959，英文版。
布倫菲特:《伏爾泰: 歷史學家》，牛津，1958，英文版。
埃德納・尼克松:《伏爾泰與卡拉案件》，倫敦，1961，英文版。
王樹人、李鳳鳴編:《西方著名哲學家評傳》第五卷，山東，1984。
李鳳鳴、姚介厚:《十八世紀法國啓蒙運動》，北京，1982。
葛力、姚鵬:《啓蒙思想泰斗伏爾泰》，北京，1989。
瓦爾特・恩格曼:《伏爾泰與中國》，萊比錫，1932。
安田樸:《十八世紀哲學家們的東方》，巴黎，1957-1959。
朱謙之:《中國哲學對於歐洲的影響》，福建，1983。
索科洛夫:《伏爾泰》，上海，1960，眾力譯，中文版。

參考書目㈢

Beaumarchais:

Œuvres complètes, 70vols, Basle, Kenl, 1784-1789.

Louis Moland:

Œuvres complètes de Voltaire, 52vols, Paris, 1877-1885.

Theodore Besterman:

The Complete Works, Genève, 1968-

Voltair's Correspondence, 107vols, Genève, 1953-1965.

Voltairés Notebooks, 2vols, Genève, 1952.

William F. Fleming:

The Works of Voltaire, a contemporary version, 22vols, New York, 1929.

Theodore Besterman:

Voltaire essays and another, Oxford, 1962.

Voltaire:

The Best Known Works, New York, 1927.

Alfred Cwen Aldridge:

Voltaire and the enlightment Century, Princeton,

1975.

Theodore Besterman:

Voltaire, Chicage, 1976.

George Morris Cohen Brandes:

Voltaire, New York, 1934.

Edna Njxon:

Voltaire and the Calas case, New York, The Vanguard Press, 1962.

Thompson, Tames Westfall & Holm, B. J.:

A History of historical writing, New York, Macmillan, 1942.

Walter Engemann:

Voltaire und China, Leipzig, 1932.

索　　引

一、人名索引

二　　畫

四　　畫

五　畫

六　畫

七 畫

八　畫

九 畫

十 畫

十一畫

十 二 畫

十三畫

十四畫

十五畫

十六畫

十七畫

十八畫

十九畫

二十畫

二十一畫

二十四畫

二、書名索引

一　畫

二　畫

三　畫

四　畫

五畫

六畫

七　　畫

八　　畫

九　畫

十　畫

十一畫

十二畫

十三畫

十四畫

十五畫

十六畫

十七畫

十八畫

十九畫

二十畫

二十四畫

世界哲學家叢書(九)

書名	作者	出版狀況
馮・賴特	陳波	撰稿中
赫爾	馮耀明	撰稿中
帕爾費特	戴華	撰稿中
梭羅	張祥龍	撰稿中
愛默生	陳波	撰稿中
魯一士	黃秀璣	已出版
珀爾斯	朱建民	撰稿中
詹姆斯	朱建民	撰稿中
杜威	葉新雲	撰稿中
蒯因	陳波	已出版
帕特南	張尚水	撰稿中
庫恩	吳以義	排印中
費耶若本	苑舉正	撰稿中
拉卡托斯	胡新和	撰稿中
洛爾斯	石元康	已出版
諾錫克	石元康	撰稿中
海耶克	陳奎德	撰稿中
羅蒂	范進	撰稿中
喬姆斯基	韓林合	撰稿中
馬克弗森	許國賢	已出版
希克	劉若韶	撰稿中
尼布爾	卓新平	已出版
默燈	李紹崑	撰稿中
馬丁・布伯	張賢勇	撰稿中
蒂里希	何光滬	撰稿中

世界哲學家叢書(八)

書名	作者	出版狀況
馬賽爾	陸達誠	已出版
梅露·彭廸	岑溢成	撰稿中
阿爾都塞	徐崇溫	撰稿中
葛蘭西	李超杰	撰稿中
列維納	葉秀山	撰稿中
德希達	張正平	撰稿中
呂格爾	沈清松	撰稿中
富科	于奇智	撰稿中
克羅齊	劉綱紀	撰稿中
布拉德雷	張家龍	撰稿中
懷特海	陳奎德	已出版
愛因斯坦	李醒民	撰稿中
玻爾	戈革	已出版
卡納普	林正弘	撰稿中
卡爾·巴柏	莊文瑞	撰稿中
坎培爾	冀建中	撰稿中
羅素	陳奇偉	撰稿中
穆爾	楊樹同	撰稿中
弗雷格	王路	排印中
石里克	韓林合	已出版
維根斯坦	范光棣	已出版
艾耶爾	張家龍	排印中
賴爾	劉建榮	撰稿中
奧斯丁	劉福增	已出版
史陶生	謝仲明	撰稿中

世界哲學家叢書(七)

書名	作者	出版狀況
普列哈諾夫	武雅琴	撰稿中
約翰彌爾	張明貴	已出版
狄爾泰	張旺山	已出版
弗洛伊德	陳小文	已出版
阿德勒	韓水法	撰稿中
史賓格勒	商戈令	已出版
布倫坦諾	李河	撰稿中
韋伯	陳忠信	撰稿中
卡西勒	江日新	撰稿中
沙特	杜小真	撰稿中
雅斯培	黃藿	已出版
胡塞爾	蔡美麗	已出版
馬克斯・謝勒	江日新	已出版
海德格	項退結	已出版
漢娜鄂蘭	蔡英文	撰稿中
盧卡契	謝勝義	撰稿中
阿多爾諾	章國鋒	撰稿中
馬爾庫斯	鄭湧	撰稿中
弗洛姆	姚介厚	撰稿中
哈伯馬斯	李英明	已出版
榮格	劉耀中	排印中
柏格森	尚建新	撰稿中
皮亞傑	杜麗燕	排印中
別爾嘉耶夫	雷永生	撰稿中
索洛維約夫	徐鳳林	已出版

世界哲學家叢書㈥

書名	作者	出版狀況
洛克	謝啓武	撰稿中
巴克萊	蔡信安	已出版
休謨	李瑞全	已出版
托馬斯・銳德	倪培林	撰稿中
梅里葉	李鳳鳴	撰稿中
狄德羅	李鳳鳴	撰稿中
伏爾泰	李鳳鳴	已出版
孟德斯鳩	侯鴻勳	已出版
盧梭	江金太	撰稿中
帕斯卡	吳國盛	撰稿中
達爾文	王道遠	撰稿中
施萊爾馬赫	鄧安慶	撰稿中
康德	關子尹	撰稿中
費希特	洪漢鼎	排印中
謝林	鄧安慶	已出版
黑格爾	徐文瑞	撰稿中
叔本華	鄧安慶	撰稿中
祁克果	陳俊輝	已出版
尼采	商戈令	撰稿中
彭加勒	李醒民	已出版
馬赫	李醒民	已出版
迪昂	李醒民	撰稿中
費爾巴哈	周文彬	撰稿中
恩格斯	李步樓	撰稿中
馬克斯	洪鎌德	撰稿中

世界哲學家叢書(五)

書名	作者	出版狀況
楠本端山	岡田武彥	已出版
吉田松陰	山口宗之	已出版
福澤諭吉	卞崇道	撰稿中
岡倉天心	魏常海	撰稿中
中江兆民	畢小輝	撰稿中
西田幾多郎	廖仁義	撰稿中
和辻哲郎	王中田	撰稿中
三木清	卞崇道	撰稿中
柳田謙十郎	趙乃章	撰稿中
柏拉圖	傅佩榮	撰稿中
亞里斯多德	曾仰如	已出版
伊壁鳩魯	楊適	撰稿中
愛比克泰德	楊適	撰稿中
柏羅丁	趙敦華	撰稿中
聖奧古斯丁	黃維潤	撰稿中
安瑟倫	趙敦華	撰稿中
安薩里	華濤	撰稿中
伊本・赫勒敦	馬小鶴	已出版
聖多瑪斯	黃美貞	撰稿中
笛卡兒	孫振青	已出版
蒙田	郭宏安	撰稿中
斯賓諾莎	洪漢鼎	已出版
萊布尼茨	陳修齋	已出版
培根	余麗嫦	撰稿中
托馬斯・霍布斯	余麗嫦	已出版

世界哲學家叢書㈣

書名	作者	出版狀況
世親	釋依昱	撰稿中
商羯羅	黃心川	撰稿中
維韋卡南達	馬小鶴	撰稿中
泰戈爾	宮静	已出版
奥羅賓多・高士	朱明忠	已出版
甘地	馬小鶴	已出版
尼赫魯	朱明忠	撰稿中
拉達克里希南	宮静	撰稿中
元曉	李箕永	撰稿中
休静	金煐泰	撰稿中
知訥	韓基斗	撰稿中
李栗谷	宋錫球	已出版
李退溪	尹絲淳	撰稿中
空海	魏常海	撰稿中
道元	傅偉勳	撰稿中
伊藤仁齋	田原剛	撰稿中
山鹿素行	劉梅琴	已出版
山崎闇齋	岡田武彥	已出版
三宅尙齋	海老田輝巳	已出版
中江藤樹	木村光德	撰稿中
貝原益軒	岡田武彥	已出版
荻生徂徠	劉梅琴	撰稿中
安藤昌益	王守華	撰稿中
富永仲基	陶德民	撰稿中
石田梅岩	李甦平	撰稿中

世界哲學家叢書(三)

書名	作者	出版狀況
澄觀	方立天	撰稿中
宗密	冉雲華	已出版
永明延壽	冉雲華	撰稿中
湛然	賴永海	已出版
知禮	釋慧嶽	排印中
大慧宗杲	林義正	撰稿中
袾宏	于君方	撰稿中
憨山德清	江燦騰	撰稿中
智旭	熊琬	撰稿中
康有爲	汪榮祖	撰稿中
譚嗣同	包遵信	撰稿中
章太炎	姜義華	已出版
熊十力	景海峰	已出版
梁漱溟	王宗昱	已出版
胡適	耿雲志	撰稿中
金岳霖	胡軍	已出版
張東蓀	胡偉希	撰稿中
馮友蘭	殷鼎	已出版
唐君毅	劉國强	撰稿中
牟宗三	鄭家棟	撰稿中
宗白華	葉朗	撰稿中
湯用彤	孫尚揚	撰稿中
賀麟	張學智	已出版
龍樹	萬金川	撰稿中
無著	林鎮國	撰稿中

世界哲學家叢書㈡

書名	作者	出版狀況
胡五峯	王立新	撰稿中
朱熹	陳榮捷	已出版
陸象山	曾春海	已出版
陳白沙	姜允明	撰稿中
王廷相	葛榮晉	已出版
王陽明	秦家懿	已出版
李卓吾	劉季倫	撰稿中
方以智	劉君燦	已出版
朱舜水	李甦平	已出版
王船山	張立文	撰稿中
眞德秀	朱榮貴	撰稿中
劉蕺山	張永儁	撰稿中
黃宗羲	吳光	撰稿中
顧炎武	葛榮晉	撰稿中
顏元	楊慧傑	撰稿中
戴震	張立文	已出版
竺道生	陳沛然	已出版
眞諦	孫富支	撰稿中
慧遠	區結成	已出版
僧肇	李潤生	已出版
智顗	霍韜晦	撰稿中
吉藏	楊惠南	已出版
玄奘	馬少雄	撰稿中
法藏	方立天	已出版
惠能	楊惠南	已出版

世界哲學家叢書(一)

書名	作者	出版狀況
孔子	韋政通	撰稿中
孟子	黃俊傑	已出版
荀子	趙士林	撰稿中
老子	劉笑敢	撰稿中
莊子	吳光明	已出版
墨子	王讚源	撰稿中
公孫龍子	馮耀明	撰稿中
韓非子	李甦平	撰稿中
淮南子	李增	已出版
賈誼	沈秋雄	撰稿中
董仲舒	韋政通	已出版
揚雄	陳福濱	已出版
王充	林麗雪	已出版
王弼	林麗真	已出版
郭象	湯一介	撰稿中
阮籍	辛旗	撰稿中
嵇康	莊萬壽	撰稿中
劉勰	劉綱紀	已出版
周敦頤	陳郁夫	已出版
邵雍	趙玲玲	撰稿中
張載	黃秀璣	已出版
李覯	謝善元	已出版
楊簡	鄭曉江	撰稿中
王安石	王明蓀	已出版
程顥、程頤	李日章	已出版